中央财政支持高等职业学校提升专业服务能力项目成果教材

农产品营销实务

朱京燕　主编

中国农业大学出版社
·北京·

内容简介

本书以现代市场营销原理为基础，从农产品生产经营者的视角，以农产品营销活动过程要完成的各项任务为主线，从操作层面上介绍农产品营销系列活动的内容、程序及方式方法，内容涉及认识农产品市场、分析农产品营销环境、开展农产品市场调查、选择农产品目标市场、创造农产品价值、创建农产品品牌、农产品包装和标识、农产品销售渠道选择与管理、农产品网络营销、农产品促销活动、农产品物流配送及销售队伍设计与管理等几大部分。

全书在每项任务中列举了大量的阅读案例、资料，内容丰富，资料翔实，理论与实践结合紧密，实用性强。在每项任务之后安排有讨论及技能训练，以帮助使用者进一步巩固和掌握完成农产品营销各项任务的关键点和技能要求。本书适合作为高职院校市场营销专业、农业经济管理专业和相关专业教材，也适合作为政府部门领导、农业企业人员、农民专业合作社人员的自学和培训用书。

图书在版编目(CIP)数据

农产品营销实务/朱京燕主编. —北京：中国农业大学出版社，2013.8(2021.10 重印)
ISBN 978-7-5655-0803-5

Ⅰ.①农…　Ⅱ.①朱…　Ⅲ.①农产品-市场营销学-高等职业教育-教材　Ⅳ.①F762

中国版本图书馆 CIP 数据核字(2013)第 198683 号

书　名　农产品营销实务
作　者　朱京燕　主编

策划编辑　康昊婷　　**责任编辑**　洪重光
封面设计　郑　川　　**责任校对**　王晓凤　陈　莹
出版发行　中国农业大学出版社
社　址　北京市海淀区圆明园西路 2 号　　**邮政编码**　100193
电　话　发行部 010-62818525,8625　　读者服务部 010-62732336
编辑部 010-62732617,2618　　出　版　部 010-62733440
网　址　http://www.cau.edu.cn/caup　　**e-mail** cbsszs @ cau.edu.cn
经　销　新华书店
印　刷　北京时代华都印刷有限公司
版　次　2013 年 9 月第 1 版　　2021 年 10 月第 5 次印刷
规　格　787×1 092　16 开本　14.25 印张　354 千字
定　价　38.00 元

编写人员

主　编　朱京燕（北京农业职业学院）

副主编　李伟伟（北京农业职业学院）
车红丽（北京农业职业学院）

参　编　张天琪（北京农业职业学院）
关晓飞（北京农业职业学院）
王绍飞（北京农业职业学院）
薛晓燕（北京农业职业学院）
万晓明（北京首农集团）
刘景荣（北京市香御四季农业发展有限公司）

前言

农产品营销是市场经济实践中必须把握好的一个重要命题，其核心理念是以消费需求为导向，以标准化生产、质量管理为抓手，以品牌经营为核心，以高效率流通业态为载体，达到有效经营和管理农业的目的。

农产品的营销是一个既关系到农民增收，也关系到消费者利益的问题。

从当前和今后一段时间看，我国农产品整体上已经出现了供大于求的状况，农产品生产者如果只是进行生产，而不顾市场的变化，就会造成更为严重的产品过剩。一段时间来，中央经济工作会议多次强调保增长、扩内需、调结构是今后经济工作的首要任务，其中促进农民持续增收和最大限度拓展农村内部增收空间的工作离不开农产品的生产与营销。

与此同时，人们的食物结构经历了细粮化、副食化的演变已进入主食优质化阶段，选购食品也越来越注重食品的特色、营养成分、安全卫生和易加工性，并且农产品的品牌消费已经成为趋势。另外，由于生活节奏的加快，消费者普遍倾向于节省时间、方便的购买方式。在新经济和网络经济背景下，消费者的需求日益个性化，消费者对农产品营销渠道过程渗入程度越来越高，信息技术为异地交易提供了物质基础，便利的交通运输大大提高了农产品物流的速度，消费者可以在市场上根据自己的需要购买农产品。很显然，消费者对农产品需求的差异性促使农产品生产经营者必须从以生产或推销为中心向以消费者为中心的现代营销观念转变。

实际上，要做好农产品营销，必须认真开展市场调研和分析预测，掌握农产品经营的主动权。随着国家一系列惠农政策的出台，农产品供求关系出现了转折性的变化。因此，加强对农产品市场供求的调查分析，从客户、市场、报刊、网络多渠道搜集市场信息，关注农产品国内、国际市场变化，关注农产品现货、期货行情，研究农产品生产发展动向、发展趋势，准确把握农产品市场走向，抢抓机遇，捕捉商机显得尤为重要。同时，加强对农产品市场营销渠道的调查，深入了解和分析合作伙伴和竞争对手的实力和营销策略，根据市场变化及时调整营销策略，在扩大农产品销售的同时确保经营安全同样是农产品经营者必须面对的问题。

市场的竞争，最终体现在产品的竞争上。因此，要求农产品经营者提高农产品新产品开发能力，挖掘自身产品特色，凭借当地的自然环境和文化背景进行有成效的创新，突出产品人无我有，人有我精，人精我异的特色，积极培育名优产品。

随着市场不断地发展，农产品生产经营者和中介组织对品牌、商标功能的认识已有了很大的进步，开始从识别功能和促销功能向信息传递功能、价值功能、形象功能的综合功能转变。虽然目前农产品商标在商标总量中所占比重较小，但农产品品牌化意识的增强和商品从其基本功能向综合功能的转变，表明品牌营销已在农业领域初露端倪。

现阶段情况下，农产品要积极推进现代流通方式，积极发展农产品连锁经营和物流配送，适时发展冷链配送系统，在城市开设农产品连锁专卖店，扩大对超市、大专院校、餐饮业的农产品配送业务，形成在主产地采购，在城镇超市配送销售的农产品业务经营体系，增强企业农产品营销能力。同时，农产品营销还要积极实施“走出去”战略，通过组织举办和参加各类农产品交易会、展销会、洽谈对接会，广交海内外客商；加强与系统内外批发商、批发市场、生产加工企业、连锁超市等渠道的互访沟通，抓住实力强、经营好的大客户，诚信经营，建立长期稳定的合作伙伴关系；采取到外埠开设农产品展销中心、设点直销、代理销售等方式，开辟新的销售网络，根据产品特点和当地消费习惯，有选择、有针对性地开展产品促销，分割和占领销区市场，推进农产品深购远销。

针对当前农产品营销的新形势，《农产品营销实务》以现代市场营销原理为基础，从农产品生产经营者的视角，以农产品营销活动过程为主线，将农产品营销过程整合为 12 项任务，任务内容涉及认识农产品市场、分析农产品营销环境、开展农产品市场调查、选择农产品目标市场、创造农产品价值、创建农产品品牌、农产品包装和标识、农产品销售渠道选择与管理、农产品网络营销、农产品促销活动、农产品物流配送及销售队伍设计与管理。全书在每项任务中列举了大量的阅读案例、资料，内容丰富，资料翔实，理论与实践结合紧密，实用性强。学习者通过完成 12 项工作任务和在每项任务之后安排的讨论及技能训练，可以从操作层面上掌握农产品营销的系列活动内容、程序及方式方法的关键点和技能要求。

本书适合作为高职院校农业经济管理专业、市场营销专业和农业技术类专业农产品营销课程的教材，也适合作为政府部门领导、农业企业人员、农民专业合作社人员自学和培训用书。

本书由北京农业职业学院经济管理系教师与农产品生产经营企业市场营销人员共同努力完成。具体编写人员及分工如下：车红丽（任务一、任务十二），李伟伟（任务二、任务十），王绍飞（任务三），朱京燕（任务四、任务五、任务八），关晓飞（任务六、任务七），薛晓燕（任务九），张天琪（任务十一）。本书由朱京燕、万晓明、刘景荣策划，万晓明、刘景荣参与了各项任务的内容策划。初稿完成后，由朱京燕统稿并担任主编，李伟伟、车红丽任副主编。

在本书的编写中，得到北京首农集团北京荷美尔食品有限公司经理万晓明、北京市香御四季农业发展有限公司经理刘景荣的大力支持。同时，本书的编写还参考了大量关于农产品营销的书籍和网络信息，得到了同行和领导的支持。最后，本书的出版得到了中国农业大学出版社的鼎力支持，在此一并表示衷心的感谢。

由于时间紧迫，作者水平有限，敬请广大读者对书中的错误和不当之处提出批评指正。

编　者

2013 年 8 月

目 录

任务一　认识农产品市场

◈ 任务目标

通过完成本任务，你应该能够：

1. 了解农产品的品质分类和分级；

2. 了解农产品市场的特殊性和市场准入制度；

3. 熟悉影响消费者购买行为的因素；

4. 掌握农产品需求特点，并根据消费者购买特征来组织农产品经营活动。

◈ 引导性案例

从西瓜这样卖看农产品营销智慧

长丰县小庄村的小庄西瓜近几年开始出名，这要归功于该村曾经的种田大户，现在的小庄西瓜合作社社长刘半山。刘半山种植西瓜已经好多年了，从自家的10亩* 土地，到后来开始承包别人的责任田，他培养种植西瓜的规模越来越大，收入也越来越高。2010年，面对旺盛的客户需求，他想扩大规模，却找不到合适的地。直到土地流转政策下来，他带领大家开办小庄西瓜合作社，农民以土地和现金入股，合作社每年租用农民的土地并付给租金。可是，突然暴增的产量，一时却找不到那么多的客户，眼看就要烂在地里了，刘半山只好求助于网络，总算把损失降到了最低。从此，他就迷上了网络，有空的时候就会泡在网上，琢磨着如何通过网络更好地卖西瓜。第二年，他开始了一系列令人眼花缭乱的表演。

首先，为小庄西瓜申请商标，有别于别人购买的标准化种子，他的西瓜可是自己培育优选的，绝对原生态，通过申请商标，让自己的西瓜有了品牌基础。

然后，他开始采取网络预售与个人定制，在播种前就让别人买下来并印上自己喜欢的文字，这样不仅由客户垫付了一部分种植费用，又提前锁定了销路。

接着，在南京开了一家专卖店，当时大家都说他疯了，哪有西瓜开专卖店的，不过，这就是他的妙处。有了这家专卖店，小庄西瓜的品牌形象提升了不少，并且，多了一个销售渠道与物流批发点。现在不少单位喜欢节日发放福利，刘半山正是看中了这一点，提出与他们搞合作特供，打上单位的名称与感谢语，发给员工，一举多得。

很多年轻人喜欢西瓜，却不喜欢那么大的，刘半山特别研制了小型迷你西瓜，深得都市年轻男女的喜爱。

然后，他又打起了旅游的主意，暑假正是西瓜上市的时候，也是儿童放暑假的日子，如果能把孩子吸引到自己的西瓜地里，既赚了西瓜的钱，又赚了旅游的钱。于是，他毅然办起了西瓜庄园，隆重推出西瓜采摘游，市民们带着孩子可以来这里亲手采摘西瓜、钓鱼、游泳、休闲，吃着

---

* 1亩≈667 m^2。

西瓜沙拉、喝着西瓜汁，住在西瓜风情的寨子里。

最后，他还费尽心思联合当地政府开办西瓜节，组织一些与西瓜有关的表演，还会邀请明星献歌，在参加的小朋友之中评选西瓜王子和西瓜公主，他们的形象会制成Q版漫画形象印在西瓜包装上，成为当季的小庄西瓜形象代言人。最绝的还是压轴环节——拍卖西瓜王，全县最大的西瓜将会在这里被拍卖，可能卖到几千上万元。

这些还不够，刘半山根本闲不住，他接着又投入研发西瓜的衍生产品。比如西瓜汁、西瓜果酒、西瓜沙拉罐头等。

这么多新鲜招数，刘半山的小庄西瓜总是供不应求，甚至邻县的西瓜种植户都慕名前来，争相请求刘半山帮忙卖他们的西瓜。

（资料来源：http://www.cncmmo.com/newsite/pages/hangyedongtai/20130527093223.html）

思考：

刘半山西瓜营销成功给我们的启示是什么？

子任务1　了解农产品品质分类及分级

农产品是来源于农业的初级产品，即在农业活动中获得的植物、动物、微生物及其产品，农产品是人们生存需要的必需品。

【知识链接1-1】

农产品特点

1.农产品具有多用途。果、粮、油、麻、丝、茶、糖、菜、肉等农产品具有消费资料和加工资料的双重用途。

2.季节性和地域性。农产品生产周期长，有一定的生育期，且受到土壤、气候等自然因素的影响，所以具有较强的季节性和地域性。

3.产品储存难、运费高。许多农产品都有鲜嫩、易腐等特点，储存运输和保鲜防腐等费用都较高，并有一定的风险性，很难管理。

4.需求弹性小。由于人们对粮油蛋奶菜等农产品的消费都有一定的量，在其需求饱和之后，就会稳定下来，少了不行，多了不需要，所以农产品的需求弹性一般很小。此外，同类农产品一般都可以相互替代，从而使任何一种农产品的需求都不会出现大起大落。

5.安全性要求高。农产品从生产到消费的各个环节中，对质量安全的要求极为严格。许多国家都颁布了农产品安全法，以限制农产品当中的有害物质和病菌，防止被污染，以确保消费者的身体健康。

一、农产品品质分类

开展农产品营销活动，应该对农产品的品质类型有基本了解。目前，我国将农产品品质大致分为普通农产品、无公害农产品、绿色农产品和有机农产品。

(一)普通农产品

品质优良的普通农产品应该具有良好的食用品质和商品价值,作为加工原料的农产品还有一些另外的质量要求。农产品是人们生活不可缺少的食物,因此它的食用品质应该放在首位。

◆ 农产品的食用品质一般包括它的新鲜度、成熟度、色泽、芳香、风味、质地以及内含营养成分等指标。

◆ 农产品的商品价值除了它食用品质的高低外,为了获得更好的经济效益和满足人们生活的各种需要,还应包括它的商品化处理水平,在储藏、运输、销售过程中的抗逆性和耐储性,商品的货架寿命等指标。

◆ 作为原料的农产品,其质量要求除上述有关指标外还有如:含水量、含杂量、加工适应性强、有效成分含量等要求。

(二)无公害农产品

无公害农产品是产地环境、生产过程和产品质量均符合国家有关标准和规范的要求,经认证合格获得认证证书并允许使用无公害农产品标志的未经加工或者初加工的农产品。无公害农产品执行的是国家质检总局发布的强制性标准及农业部发布的行业标准。产品标准、环境标准和生产资料使用准则为强制性国家或行业标准,生产操作规程为推荐性行业标准。目前,国家质检总局和国家标准委已发布了 4 类无公害农产品的 8 个强制性国家标准,农业部发布了 200 余项行业标准。

(三)绿色农产品

绿色农产品(Green Agriculture Products)是遵循可持续发展原则、按照特定生产方式生产、经专门机构认定、许可使用绿色农产品食品标志的无污染的农产品。绿色农产品标准主要包括绿色农产品食品产地的环境标准,即《绿色食品产地环境质量标准》,绿色农产品生产技术标准,绿色农产品产品标准,绿色农产品包装标准,绿色农产品储藏运输标准等。以上标准对绿色农产品产前、产中、产后全程质量控制技术和指标作了明确规定,既保证了绿色农产品的产品无污染、安全、优质、营养的品质,又保护了产地环境,并使资源得到合理利用,以实现绿色农产品的可持续生产,从而构成了一个完整的、科学的标准体系。

(四)有机农产品

有机农产品(Organic Agriculture Products)是根据有机农业原则和有机农产品生产方式及标准生产、加工出来的,并通过有机食品认证机构认证的农产品。目前,有机农产品在我国消费群体较小,产品主要用于出口。虽然我国也发布了一些有机农产品的行业标准,但我国的有机农产品执行的标准主要是出口国要求的标准。目前,欧盟、美国、日本、澳大利亚、加拿大、墨西哥、阿根廷、韩国等都已制定了有机农业及产品生产、加工准则性的标准。有机农产品的标准集中在生产加工和储运技术条件方面,无环境和产品质量标准。

中国农产品认证质量标志如图 1-1 所示。

无公害农产品　　绿色农产品　　有机农产品

图 1-1　中国农产品认证质量标志

【阅读案例 1-1】

新疆的农产品

新疆位于祖国西北边陲，是一个由汉、维吾尔、哈萨克、蒙古、回族等 47 个民族组成的大家庭。新疆地貌总的轮廓是“三山夹两盆”，北面是阿尔泰山，南面是昆仑山，天山横贯中部，将新疆分为北疆、南疆。阿尔泰山和天山之间是准噶尔盆地，天山和昆仑山之间是塔里木盆地。在天山东部和西部，还有被称为“火洲”的吐鲁番盆地和被誉为“塞外江南”的伊犁谷地。

新疆水土光热资源丰富，农业必需的光、热、水、土条件得天独厚，属典型的温带大陆性干旱气候，日照长、辐射强、积温高、温差大、无霜期长。独特的气候条件非常利于各种作物的生长，丰富的水土资源蕴藏着巨大的发展潜力。这些独特优厚的自然地理条件非常适合发展无公害、绿色、有机农产品。在新疆土地上生长出来的水果、蔬菜等各种特色农产品，以其口味甘甜、纯正、绿色、有机的独特品质和优良特性而名扬全国、享誉海外。新疆各类名、特、优、新、稀等特色农产品蕴藏着巨大的市场空间和发展潜力。

近年来，新疆依托得天独厚的地理条件，大力实施优势资源转换战略，成为国家粮食、棉花、林果、畜牧产品的生产基地，农产品以其绿色、有机、优质的特质在国内外市场上显露出特有的竞争力。

（资料来源：http://www.cnwest.com）

二、特色农产品和地理标志农产品

（一）特色农产品

特色农产品是具有一定地域特色的农业产品。如新疆哈密瓜、香梨，舟山海蜇，北京平谷大桃等。特色农产品包括：

◆ 产品特色。由于天然的地理气候条件生产出其他地区同类产品所不具有的特点。

◆ 工艺特色。引进先进的生产技术和工艺生产出其他产品所不具有的特点。

◆ 营销特色。可以是已有的销售方法或是创新的，要在产品营销中体现其特色。

◆ 售后特色。产品销售后对产品的品质和质量做到有保证，使产品在人们心中留下独特的印象。

（二）地理标志农产品

地理标志（图 1-2）农产品指来源于特定地域，产品品质和相关特征主要取决于自然生态环境和历史人文因素，并以地域名称冠名的特有农产品标志。农业部负责全国农产品地理标志的登记工作，农业部农产品质量安全中心负责农产品地理标志登记的审查和专家评审工作。省级人民政府农业行政主管部门负责本行政区域内农产品地理标志登记申请的受理和初审工作。农业部设立的农产品地理标志登记专家评审委员会，负责专家评审。

图 1-2　中国农产品地理标志

申请地理标志登记的农产品，应当符合下列条件：

◆ 称谓由地理区域名称和农产品通用名称构成；

◆ 产品有独特的品质特性或者特定的生产方式；

◆ 产品品质和特色主要取决于独特的自然生态环境和人文历史因素；

◆ 产品有限定的生产区域范围；

◆ 产地环境、产品质量符合国家强制性技术规范要求。

农产品地理标志是集体公权的体现，企业和个人不能作为农产品地理标志登记申请人。

符合下列条件的单位和个人，可以向登记证书持有人申请使用农产品地理标志：

◆ 生产经营的农产品产自登记确定的地域范围；

◆ 已取得登记农产品相关的生产经营资质；

◆ 能够严格按照规定的质量技术规范组织开展生产经营活动；

◆ 具有地理标志农产品市场开发经营能力。

使用农产品地理标志，应当按照生产经营年度与登记证书持有人签订农产品地理标志使用协议，在协议中载明使用的数量、范围及相关的责任义务。

【阅读案例 1-2】

“三品一标”成为安全优质农产品主导品牌

近年来，我国“三品一标”农产品保持了良好的发展势头，有效改善了食品安全环境，促进了城乡消费结构升级转型。农业部的调查显示，国内消费者对无公害农产品和绿色食品品牌的认知度分别超过70%和80%，超过六成的消费者愿意选购“三品一标”产品。

安徽芜湖野树林生物科技有限公司致力于食用菌科研、开发、生产、加工、销售一体化，先后组织认证了鸡腿菇、茶树菇、杏鲍菇等10个国家绿色食品。公司70%以上的产品是绿色食品，成功进驻沃尔玛、欧尚等超市，行销全国13个省市，每年销售绿色食品约1 500吨。

安徽肥东县建华农业专业合作社，主要从事大棚蔬菜和莲藕种植。2010年通过莲藕无公害农产品认证，种植面积从2 000多亩增加到8 000余亩。认证提高了知名度，过去只在省内销售，现在已远销至东北、河北、北京等地。

（资料来源：http://www.gov.cn/jrzg/2012-12/07/content_2285282.htm）

三、农产品分级

农产品分级是按农产品商品质量的高低划分的商品等级。它是生产者能否将产品投入市场的重要依据，也是经营者便于质量比较和定价的基础。农产品的分级根据事先制定出的质量标准进行。

(一)粮食的分级

粮食的原始品质主要决定于粮食品种、完善粒状态、杂质和水分。为了保障加工产品质量的一致性,为了更好地进行粮食营销,有必要对收购的粮食进行分级分等,分别管理。不同粮食品种分级依据不同。例如,根据 GB 1351—2008 小麦的分级,如表 1-1 所示。

表 1-1 各类小麦质量要求

等级	容重/(g/L)	不完善粒/%	杂质/%		水分/%	色泽、气味
			总量	其中矿物质		
1	≥790	≤6.0	≤1.0	≤0.5	≤12.5	正常
2	≥770					
3	≥750	≤8.0				
4	≥730					
5	≥710	≤10.0				
等外	<710	—				

注:“—”为不要求。其中容重为定级指标,3 等为中等。

(二)果蔬的分级

果蔬的分级方法有人工操作分级和机械操作分级两种。

◆ 人工操作分级又有两种:一是单凭人的视觉判断,按果蔬的颜色、大小将产品分为若干级,这种分级能最大限度地减轻果蔬的机械损伤,但工作效率低,级别标准有时不严格;二是用选果板分级,选果板上有一系列直径大小不同的孔,根据果实横径和着色面积的不同进行分级,这种分级基本能做到同一级别果实的大小一致,偏差较小。

◆ 采用机械操作分级,不仅能够消除人为的心理因素的影响,更重要的是显著提高工作效率。各种选果机械都是根据果实直径大小进行形状选果,或者根据果蔬的不同质量进行的质量上的选果,或是按颜色分选而设计制造的。

我国目前果蔬的商品化处理与发达国家相比差距甚远,只在少数外销商品基地才有选果设备,绝大部分地区使用简单的工具,按大小或质量人工分级,逐个挑选、包装,工作效率低。而有些内销的产品不进行分级。

我国目前的做法是在果形、新鲜度、颜色、品质、病虫害和机械伤等方面已符合要求的基础上再按大小进行手工分级,即根据果实横径的最大部分直径,分为若干等级。以苹果为例。根据 GB/T 15651—2008,鲜苹果质量分为三个等级,各质量等级要求见表 1-2。

表 1-2 鲜苹果质量等级要求

项目	等级		
	优等品	一等品	二等品
果形	具有本品种应有的特征	允许果形有轻微缺点	果形有缺点,但仍保持本品基本特征,不得有畸形果
色泽	红色品种的果面着色的具体规定参照附录 A,其他品种应具有本品种成熟时应有的色泽		

续表 1-2

项目		等级		
		优等品	一等品	二等品
果梗		果梗完整(不包括商品化处理造成的果梗缺省)	果梗完整(不包括商品化处理造成的果梗缺省)	允许果梗轻微损伤
果面缺陷		无缺陷	无缺陷	允许下列对果肉无重大伤害的果皮损伤不超过 4 项
①刺伤(包括破皮划伤)		无	无	无
②碰压伤		无	无	允许轻微碰压伤,总面积不超过 1.0 cm^3,其中最大处面积不超过 0.3 cm^3,伤处不得变褐,对果肉无明显伤害
③磨伤(枝磨、叶磨)		无	无	允许不严重影响果实外观的磨伤,面积不超过 1.0 cm^3
④日灼		无	无	允许浅褐色或褐色,面积不超过 1.0 cm^3
⑤药害		无	无	允许果皮浅层伤害,面积不超过 1.0 cm^3
⑥雹伤		无	无	允许果皮愈合良好的轻微雹伤,总面积不超过 1.0 cm^3
⑦裂果		无	无	无
⑧裂纹		无	允许梗洼或萼洼有微小裂纹	允许不超出梗洼或萼洼的微小裂纹
⑨病虫果		无	无	无
⑩虫伤		无	允许不超过 2 处 0.1 cm^3 的虫伤	允许干枯虫伤,总面积不超过 1.01 cm^3
⑪其他小疵点		无	允许不超过 5 个	允许不超过 10 个
果锈		本品种果锈应符合下列限制规定		
①褐色片锈		无	不超出梗洼的轻微锈斑	轻微超出梗洼或萼洼之外的锈斑
②网状浅层锈斑		允许轻微而分离的平滑网状不明显锈斑,总面积不超过果面的 1/20	允许平滑网薄层,总面积不超过果面的 1/10	允许轻度粗糙的网状果锈,总面积不超过果面的 1/5
果径(最大横切面直径)/mm	大型果	≥70		≥65
	中小型果	≥60		≥55

子任务 2　认识农产品市场

市场是社会分工和商品生产发展的产物，是商品生产和商品买卖关系的总和。

【知识链接 1-2】

市场三要素

市场必须具有三个要素：有某种需要的人；为满足其需要而进行货币支付的能力；购买欲望。市场的构成要素可以用一个等式来描述：

市场＝人口＋购买力＋购买欲望

1. 人口。这是构成市场的最基本要素，消费者人口的多少，决定着市场的规模和容量的大小，而人口的构成及其变化则影响着市场需求的构成和变化。因此，人口是市场三要素中最基本的要素。

2. 购买力。购买力是指消费者支付货币以购买商品或服务的能力，是构成现实市场的物质基础。一定时期内，消费者的可支配收入水平决定了购买力水平的高低。购买力是市场三要素中最物质的要素。

3. 购买欲望。购买欲望是指消费者购买商品或服务的动机、愿望和要求，是由消费者心理需求和生理需求引发的。产生购买欲望是消费者将潜在购买力转化为现实购买力的必要条件。

市场的这三个要素共同构成企业的微观市场，而农产品市场营销研究的正是这种微观市场的消费需求。

一、农产品需求特点

农产品需求同其他商品需求不完全相同，有它自身的特点：

1. 需求的数量大

农产品是满足人生存最基本需要的生活必需品，人人都需要，需求面广、数量大。

2. 需求的持久性和多样性

人们对农产品的需求，特别是菜、水果、肉、乳、蛋和粮食等，一日三餐都需要，一天中断都不行。不仅如此，因地区、时间和每个人的不同，对农产品的需求也是多种多样的。如南方人喜欢吃米饭、北方人喜欢吃面食，人的身体也需要多种营养供应。

3. 需求的可替代性和消费的层次性

人们对农产品的消费，许多产品是可以相互替代的。如食品中的肉、乳、蛋其中一种产品的需求增多，其他产品需求就会减少。随着人民生活水平的提高和农业技术的发展，对农产品的需求表现出层次性。现在人们更多不仅要吃饱，而且要吃得有营养，吃得安全。

4. 需求的区域性

不同地区消费者的消费行为往往表现出较大的差异性。

【阅读资料 1-1】

北京高消费群体农产品需求特点

据“中国农业科学院农业经济与发展研究所调查材料”表明，北京的高消费群体文化程度较高，其中大学、大学本科以上的比重是55.01%，且大多是以中高层管理人员为主流，其中中层管理人员占22.98%，高层管理人员占12.12%，合计45.1%。配偶中层管理人员占19.52%，高层管理人员占9.27%，合计28.79%。

他们对农产品消费的特点是：对高档农产品消费较高，其中对粮油、肉蛋、奶、名牌水果、绿色蔬菜、水产品六大项消费较高。在品牌选择上，外埠品牌占24.73%，进口品牌9.62%；购买地点主要以超市为主，超市比重为34.33%，农贸市场为10.53%，集市为2.71%；在价格上，选择高价格产品比重占46.35%；在标签上，偏好绿色、日期、无公害。

从调查中可以看出高消费群体满足新奇特、文化品位、表现个性化特征、地位身份象征的消费目的大于满足健康卫生营养的消费目的，农产品价格不是决定其购买量的主要因素。

（资料来源：大洋路市场）

【阅读资料 1-2】

未来人们对农产品的追求标准

中国人到美国、日本人家里做客，看到他们吃水果都捂着嘴偷笑，饭后主人拿出一个苹果、一个橙子、一个香蕉、一瓣柚子一家人坐在一起享受。吃法更是独特，每样切成几份，每人品尝一瓣。在美国一个苹果的价格是10美元，日本一个苹果标价800日元。相对于他们的收入这点开支不在话下，为什么不多买一些每人吃一个，即体面又营养。细细了解才知道，原来他们吃东西是有讲究的，每餐都有不同的营养搭配食谱，确保人体每天需要的营养和微量元素需求，饭后吃一瓣苹果可以补充铁、吃一瓣橙子可以补充维生素、吃一瓣香蕉可以帮助消化、吃一瓣柚子可以下火。他们每天需要的食物都是量少花样多，所以下厨主妇在选择农产品时要求都非常高，要新鲜、味美、无残留。

“宁愿花10块钱买1斤*土鸡蛋，不花3块钱买1斤饲料蛋”这是城镇人的消费理念；“宁吃野生鱼一两，不吃养殖鱼一斤”这是城市市民的消费理念；“宁花大价钱买品牌产品，不买低档产品”这是富人的消费理念；“拒绝垃圾食品”是发达国家的消费标准。世界在变迁，人们已经走出了昔日的温饱线，开始对吃穿有了更高的要求，吃饭不是吃而是品，穿衣不是遮丑而是档次。农民是农产品的生产者，农产品消费者消费理念已经发生了变化，如果我们不改变生产方式，那势必被社会淘汰！

（资料来源：http://nc.mofcom.gov.cn/news/17347883.html）

二、我国农产品市场发育的特点

【知识链接 1-3】

农产品市场特征

农产品市场从狭义上来说是进行农产品商品交换的场所。从广义上说，是农产品商品实际购买者和潜在购买者的集合。农产品市场天然地与农业生产紧密相连，而农业生产的本质

* 1斤＝0.5 kg。

特征是自然再生产与经济再生产相交织，所以同其他市场相比，农产品市场具有以下特征：

1. 交易的农产品具有生产资料和生活资料的双重性质、生活消费上的大量性、连续性、多样性和可替代性。如玉米既可食用，又可用作工业原料(提取维生素、玉米油等)。

2. 供给具有季节性和周期性，短期总供给缺乏弹性。每种农作物种植后，须经过一个完整的生长周期，才能收获上市。农产品市场随之出现季节性和周期性。

3. 市场交易风险比较大。一是自然风险很大。农作物生长过程中受不可控自然环境(灾害性天气如大风、冰雹、病虫害等)影响较大。二是贮运风险很大。农产品在贮运过程中容易发生腐烂、霉变等。三是经济风险很大。农产品的生长周期长，供给弹性小，难以对市场进行有效地调节。

4. 交易规模上现代化市场与传统小型分散市场并存。由于我国城乡经济发展水平不同，市场的发育程度也存在差异，经济发达的大中城市，市场体系较健全，市场规模较大，而在经济欠发达地区，市场规模小，"马路市场"还占相当比例。

5. 农产品市场的完全竞争结构在一定程度上发生了改变，一些农产品市场的进入壁垒开始加大。

农产品市场的发育，受着自然、经济、社会等综合因素的制约。我国地域辽阔，经济社会发展极不平衡，城乡二元结构明显，人们收入水平还不高，且穷富悬殊较大；独特的饮食消费习惯，对农产品的消费差别较大。这就使得目前农产品市场发育各地具有明显的特点。

1. 分布的地域性

我国的农产品运输成本较高，加之各地关卡多，收费滥，地方保护主义严重，市场体系不健全，严格的地域性限制了很多农产品在全国范围流通。近年来，各地又采取了许多责任制来提高主要农产品的自给率，再加上各地的饮食消费习惯的差异使得很多农产品都是在特定的区域内销售，很难像工业品那样只要有名牌、质量好，就能行销全国。

2. 消费的鲜活性

我国人民自古以来就比较讲究饮食文化，特别是近些年人民的生活水平越过温饱阶段以后，对饮食和烹调的要求上了新的档次。一般情况下，都是在集贸等市场购买鲜活农产品，回家后再自已加工。由于消费习惯的鲜活性，使得工厂加工的农产品销路较窄，而且市场不稳定。

3. 需求的有限性

我国农产品的销路主要是面向城镇居民，需求不可能在短时间有很大增长。在经济转型、体制转轨时期，城乡居民收入增长趋慢，消费支出用于住宅、教育、医疗、保险等费用增加，即使农产品质量提高，也难拿出更多的钱来购买。

4. 产品的竞争性

大部分农产品的生产周期短，组织及投入的成本较少，大多是由家庭经营的农户兼业生产和经销，不计人工成本，在市场行情较好时，生产者会蜂拥而至加快生产，造成农产品供给会在短时间内大量增加，农产品买方市场竞争更激烈，经营风险加大。另外，农产品的生产供给受气候条件影响，丰歉年成变化大。我国所处的地理位置及薄弱的农业基础设施，使得自然灾害频繁，加上许多地方有攀比、从众的消费倾向，使得农产品的市场需求处于较难预测的动态变化之中。

5. 价格的波动性

人们对农产品的消费需求显现刚性化特点，即“再贵也要吃，再便宜也不多吃”。农产品市场在自然风险和市场风险的双重作用下，价格波动较大。

【知识链接 1-4】

全国农产品批发价格指数

全国农产品批发价格指数是一个包括全国批发价格个体指数、农产品小类批发价格指数、农产品大类批发价格指数和全国农产品批发价格总指数的指数群。全国农产品批发价格指数能够及时、准确、全面地反映全国农产品批发价格的变化情况。全国农产品批发价格指数的发布对掌握农产品批发价格变化的规律，进而了解农产品供给和需求的变化规律、生产和消费的变化规律，对加快农产品批发市场的建设，对引导农业结构调整、促进农业生产发展、增加农民收入，对搞活农产品流通和保障农产品供需平衡，为社会各界提供更多更好的信息服务等，都具有十分重要的意义。

三、农产品市场准入

为保证农产品质量安全，农业部 2001 年在北京、上海、天津、深圳四城市实行“无公害食品行动计划试点”，2002 年将试点城市扩展到 8 个，在全国开始全面推行“无公害食品行动计划”。2003 年在全国全面实施市场准入工程，特别是省会城市、计划单列市于 2003 年实行市场准入制度。

【知识链接 1-5】

农产品市场准入制度

农产品市场准入是对经过认证或检测，符合质量卫生安全指标要求的农产品，准许进入市场经营，对未经认证或检测不合格的农产品禁止进入市场经营销售的管理制度。

(一)农产品市场准入范围

农产品市场准入的范围重点是大型批发市场、农贸市场、大型商场、超市、连锁店，准入的品种主要包括蔬菜、水果、肉类、禽蛋、水产品等初级农产品。

【知识链接 1-6】

农产品交易市场类型

1. 按农产品销售方式，可分为批发市场和零售市场。在批发市场，产品通常以整批的方式出售，价格比较优惠；在零售市场，产品一般都以单个或零星方式出售，价格贵于批发市场。农产品的营销，除按合同定购外，小宗产品主要以零售为主，形成规模生产的大宗产品主要是批发销售。

2. 按农产品交易地域空间，可分为城市市场、农村市场、国内市场和国际市场。城市市场指农产品销售以城市范围为活动空间；农村市场指农产品销售以农村为活动空间的场所；国内市场指农产品销售以全国范围为活动空间，如北方的苹果销往广东、江浙等南方，南方的荔枝销往北京、东北等北方；国际市场指农产品销售以世界范围为活动空间。

3. 按农产品交易的方式，可分为现货市场和期货市场。农产品现货市场是能够即时付清贷款的交易市场;农产品期货市场是指农产品期货合约交易关系的总和。

4.按农产品种类不同,可分为粮食、蔬菜、水果、水产品、肉禽蛋等市场。

【阅读资料 1-3】

期货市场不给力,豆油每箱最高降 24 元

众所周知,我国大豆油主要以进口为主,国内价格走势受国际市场影响较大。2013 年以来,在国际市场豆类行情震荡下行的拖累下,北京市场大豆油批发价格持续走低。大豆油批发价格每箱(5 L×4 桶,下同)最高降幅达到 24 元。监测数据显示,5 月份"金龙鱼"大豆油每箱批发价格为 180 元,较上月下跌 8 元,降幅 4.26%;较年初下调 24 元,降幅 11.76%。"汇福"大豆油每箱批发价格为 168 元,较上月下跌 2 元,降幅 1.18%;较年初下跌 12 元,降幅 6.67%。受豆油价格下调的影响,食用调和油价格也相应调整。其中,"金龙鱼"食用调和油每箱较上月、年初分别下调 5 元、10 元。在期货行情低迷、现货价格下跌的背景下,为了减少损失,批发商在保障日常销售的情形下,纷纷下调其库存规模。与此同时,为了买到更便宜的油,单位、餐饮等用油大户单次购买量减少,进而增加采购次数。

北京玉泉路市场信息部分析认为,导致期、现货市场豆油价格下跌主要有两方面原因:一是供应充足。今年南美主产国大豆产量丰收,国际市场供应充足导致价格下跌;二是美元走强。2 月份以来,美元指数一路走高,进而对以美元计价的大宗商品价格构成一定压力。在供应充足、美元走强的背景下,国际市场豆类期货行情走低。依据往年期、现货价格传导规律,国内期、现货市场随之下调。大连期货交易所豆油 1 309 合约最新收盘报价为每吨 7 184 元,较上月初下跌 624 元,降幅 7.99%;较 2 月初下跌 1 668 元,降幅高达 18.84%。

(资料来源:http://pfscnew.agri.gov.cn/pfsc/jgcx)

(二)农产品市场准入条件

按照《中华人民共和国农产品质量安全法》等有关法律法规的规定,农产品进入市场应当符合准入条件和有关规定,否则将被禁止进入。

(1)通常对进入市场销售的农产品,应当随附下列五项中的任意一项证明材料:

◆ 农产品生产单位或村民委员会、乡镇政府、区级农业行政主管部门指定机构出具的产地证明和农产品质量安全检测机构出具的检验合格证明或农产品生产企业、农民专业合作社等出具的自律性检测合格证明。

◆ 由畜牧兽医部门出具的动物及动物产品产地检疫合格证明。

◆ 无公害农产品、绿色食品、有机农产品以及获得农业、畜牧、商务、检验检疫部门共同认可的出口农产品示范区资格等质量安全认证有效证书复印件,以及近一年内农产品质量安全检测机构出具的产品检验合格证明。

◆ 进口农产品应具有我国政府认可的出入境检验检疫机构出具的入境货物检验检疫证明或卫生证书。

◆ 对未取得相关证明的农产品,除农民销售自种自养自食的少量农产品外,实行入市登记、现场检验检疫,检验检疫合格的方可进入市场销售;检验检疫不合格的,禁止在市场销售。

(2)同一产地、同一产品连续 3 次抽检不合格(定量检测不合格)的,其产区的相应品种 6 个月内禁止进入市场销售。

（3）具备包装条件的农产品，在包装、标识等方面必须符合国家或行业有关农产品质量标识管理规定。

子任务 3　熟悉消费者购买行为

市场的主题和核心是消费者，一个企业要想获得最大利润就必须预测和满足消费者的需求，了解消费者产生购买行为的原因、过程及影响因素。认清消费者农产品需求特点有助于企业和农户根据消费者购买特征来规划经营活动，制定营销策略，为市场提供消费者满意的农产品，更好地开展市场营销活动。

一、消费者购买行为基本模式

由于购买的目的、方式与习惯的差异，消费者的购买行为形形色色，不一而同。尽管如此，在千差万别的消费者行为中，仍存在着某种共性和规律性的东西，这种共性和规律性并称为消费者购买行为模式。最有代表性的消费者购买行为模式是刺激反应模式，它将消费者的购买决策看做对外界刺激做出反应的结果。具有一定特征的消费者受到外界的刺激，产生购买的意向，其所在生活圈的消费潮流、企业的营销活动等，都会对消费者产生刺激；不同的消费者又会基于其内在的特征和决策方式，对于各种外界的刺激做出不同的反应，产生不同的购买决定（图 1-3）。

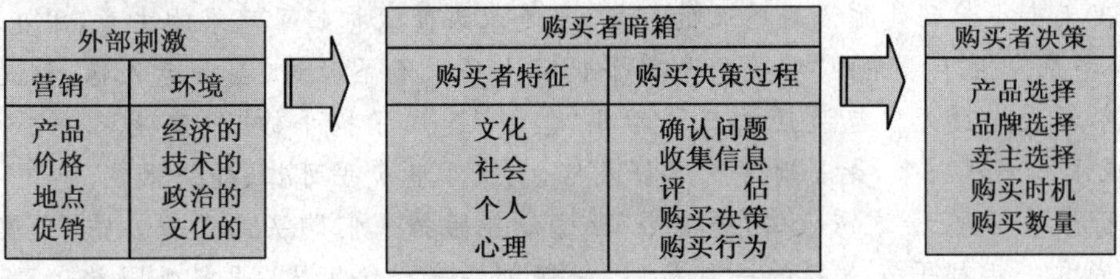

图 1-3　营销刺激与消费者反应模式

【知识链接 1-7】

消费者购买行为影响因素

1. 文化因素。文化指人类从生活实践中建立起来的价值观念、道德、理想和其他有意义的象征的综合体。每一个人都是在一定的社会文化环境中成长，通过家庭和其他主要机构的社会化过程学到和形成了基本的文化观念。文化是决定人类欲望和行为的基本要素，文化的差异引起消费行为的差异，具体表现为服饰、饮食、起居、建筑风格、节日、礼仪等物质文化生活各个方面的不同特点。

2. 社会因素。消费者购买行为也会受到诸如相关群体、家庭、社会角色与地位等一系列社会因素的影响。相关群体是指对个人的态度、偏好和行为有直接或间接影响的群体，如亲戚、朋友、同学、同事、邻居。家庭是最重要的相关群体，家庭在个人消费习惯方面给人以种种倾向性的影响，这种影响可能终其一生。而且，家庭还是一个消费和购买决策单位，家庭各成员的态度和参与决策的程度，都会影响到以家庭为消费、购买单位的商品的购买。

3. 个人因素。消费者购买决策也受其个人特性的影响，特别是受其年龄所处的生命周期阶段、职业、经济状况、生活方式、个性以及自我观念的影响。

4. 心理因素。消费者购买行为要受动机、感觉、学习以及信念和态度等主要心理因素的影响。动机是一种升华到足够强度的需要，它能够及时引导人们去探求满足需要的目标。最流行的人类动机理论是马斯洛的需要层次论；一个受激励的人会随时准备行动，但具体如何行动则取决于他对情景的感觉程度；学习是指由于经验而引起的个人行为的改变；人们通过实践与学习获得了自己的信念与态度，信念与态度又反过来影响人们的购买行为。

二、消费者购买决策过程

消费者对商品或劳务的购买过程，就是其购买动机转化为购买行为，实现购买并感受的过程。这个过程可以分为：引起需要—信息收集—方案评价—购买决策—购后行为五个阶段。

（一）引起需要

购买者的需要往往由刺激引起，农产品营销人员，应注意识别引起消费者某种需要和兴趣的环境，并充分注意了解那些与本企业的产品实际上或潜在的有关联的驱使力及消费者对某种农产品的需求强度变动。在此基础上，农产品营销人员还要善于安排诱因，促使消费者对农产品产生强烈的需求，并立即采取购买行动。

【阅读案例 1-3】

苹果巧包装荣升"平安果"

平安夜大街小巷到处弥漫着圣诞的气息，于是水果商贩打起了苹果的主意，用花花绿绿的包装纸，给苹果穿上了漂亮的"花外衣"，每个包装上还系着圣诞铃、圣诞老人像，煞是好看，吸引了许多年轻人的目光。包装后的普通苹果"摇身"变成了抢手的"平安果"，一下从 6 元钱 1 千克变成了 5 元钱一个，比平时多赚了好几倍，大街小巷炙手可热、处处飘香。

虽然价格昂贵，但是这诱人的"平安果"丝毫没能阻挡人们购买的欲望。吃"平安果"变成了一种时尚和一年都平安幸福的一种祝愿，一般都买来送给家人、朋友或同学。真是节日温馨，商机无限。虽然这小小的"平安果"美丽又昂贵，但是在温馨浪漫的节日里，谁还会去计较和细究它的实际价值呢？

（资料来源：http://nc.mofcom.gov.cn/news/17347883.html）

（二）信息收集

一般来讲，引起的需要不是马上就能满足，消费者需要寻找某些信息。消费者信息来源主要有个人来源（家庭、朋友、邻居、熟人等）、商业来源（广告、推销员、经销商、包装、展览等）、公共来源（大众传播媒体、消费者评审组织等）、经验来源（处理、检查和使用产品等）等。市场营销人员应对消费者使用的信息来源认真加以识别，并评价其各自的重要程度，以及询问消费者最初接到品牌信息时有何感觉等。

（三）方案评价

消费者的评价行为一般要涉及产品属性（即产品能够满足消费者需要的特性）、属性权重（即消费者对产品有关属性所赋予的不同的重要性权数）、品牌信念（即消费者对某品牌优劣程度的总的看法）、效用函数（即描述消费者所期望的产品满足感随产品属性的不同而有所变化的函数关系)和评价模型(即消费者对不同品牌进行评价和选择的程序和方法)等问题。

(四)购买决策

评价行为会使消费者对可供选择的品牌形成某种偏好,从而形成购买意图,进而购买所偏好的品牌。但是,在购买意图和决定购买之间,有两种因素会起作用,一是别人的态度;二是意外情况。消费者修正、推迟或者回避做出某种购买决定,往往是受到了可觉察风险的影响。可觉察风险的大小随着冒该风险所支付的货币数量、不确定属性的比例以及消费者的自信程度而变化。市场营销人员必须了解引起消费者有风险感的那些因素,进而采取措施来减少消费者的可觉察风险。

(五)购后行为

消费者在购买产品后会产生某种程度的满意感和不满意感,进而采取一些使市场营销人员感兴趣的购后行为。购买者对其购买活动的满意感与其产品期望和该产品可觉察性能有关,即若产品期望等于产品可觉察性能则消费者会满意;若产品可觉察性能小于产品期望则消费者不满意,若产品可觉察性能大于产品期望则消费者会非常满意。消费者根据自己从卖主、朋友以及其他来源所获得的信息来形成产品期望。如果卖主夸大其产品的优点,消费者将会感受到不能证实的期望。这种不能证实的期望会导致消费者的不满意感。事实上,那些有保留地宣传其产品优点的企业,反倒使消费者产生了高于期望的满意感,并树立起良好的产品形象和企业形象。

消费者对其购买的产品是否满意,将影响到以后的购买行为。如果对产品满意,则在下一次购买中可能继续采购该产品,并向其他人宣传该产品的优点。如果对产品不满意,则会尽量减少不和谐感。具有不和谐感的消费者可以通过放弃或退货来减少不和谐,也可以通过寻求证实产品价值比其价格高的有关信息来减少不和谐感。市场营销人员应采取有效措施尽量减少购买者买后不满意的程度。

【阅读资料 1-4】

武汉居民农产品购买渠道及其影响因素分析

为了更好地弄清楚武汉市居民农产品购买渠道及其影响因素,组织了本次调查。调查结果分析如下:

1.就所调查的消费者而言,农产品购买者多为女性,年龄阶段集中在25～45岁。在122名被调查者中,有73名女性,49名男性,即女性所占的比例为59.8%,男性为40.2%,这与中国传统的家庭分工有关系。

2.收入、职业、文化程度是影响消费者行为的个体因素,收入因素是最重要的,其次是文化程度和职业。高收入、高学历是“超市购买者”的主要特征,说明收入、职业、文化程度对消费者行为有影响。因此,可以认为收入越高、职业越好、学历越高者,越倾向与到超市购买蔬菜。从调查的结果看,性别和年龄对消费者的行为没有什么影响。

3.消费者行为还受消费观念、参照群体的行为、超市与农贸市场的价格差异的影响。消费观念较超前的“超市购买者”倾向于去超市购买农产品,而消费观念“勤俭节约”的消费者倾向于去农贸市场。大多数消费者购买农产品不受他人影响,说明他人行为的介入度对农产品购买没有影响。受价格差异影响较大的消费者去农贸市场,说明农贸市场总体在价格上具有很大的竞争力。

4.从被调查消费者选择购买地点的原因看,超市的优势是商品质量安全,购物环境好,产品种类多。超市的劣势是地点不方便,产品新鲜度和价格高等。农贸市场在价格、产品新鲜度、方便等方面有很大的优势,劣势是购物环境脏乱差,产品质量没有保证等。

(资料来源:http://www.whcc.com.cn/publish/whsww/zhxxfwpd/dybg/201004161053000500.html)

三、创新农产品营销

(一)创新农产品经营观念

随着农产品相对过剩时代的到来,客观迫切要求农产品生产企业确立以市场需求为中心的现代农产品市场营销观念。农产品生产经营者不仅要研究人们的现实需求,更要研究人们对农产品的潜在需求,并创造需求。顾客的需求是农产品生产经营者的出发点、中心点和归宿点。

(二)创新农产品营销战略与策略

农产品营销围绕目标市场需求的变化,综合地运用各种营销战略与策略,通过比竞争对手更加有效地满足目标市场的需求来实现企业增长和利润的实现。这就要求农产品经营者充分运用现代市场营销的"10PS"组合(市场调查、市场细分、市场优先、市场定位、产品策略、价格策略、渠道策略、促销策略、政治权利和公共关系)。

农产品经营者必须源于对农产品消费需求的深入调查和细致研究,通过市场研究,发掘潜在需求,捕捉市场机会。根据一些细分变量来分割市场,进行比较、评价,选择其中一部分作为自己为之服务的目标市场,针对它的需求特点开发适宜的产品,制定合适的价格、渠道、促销策略,实现产品的既定目标。由于农业是弱质产业,比较利益低下,资金紧张,农产品经营者一般难以进行大规模的宣传和促销,往往还要依靠"政治权利"和"公共关系"这两个策略。一方面,积极利用政府力量,获得宣传支持,引导百姓消费,扩大有效需求。另一方面,农产品经营者应积极参与社会活动,改善与社会各界的关系,树立良好的形象,获得社会的关心和支持,通过公共关系达到宣传促销的目的。

(三)创新农产品品牌决策与管理

品牌管理是通过创立、培育、扩张和保护品牌,奠定品牌优势,塑造驰名品牌,积累品牌资产。

创知名品牌是解决农产品销售难和提高农民收入的根本途径。随着农业产业化经营的开展,很多企业开始意识到品牌的重要性,越来越多的农产品经营者开始有意识地应用品牌策略。事实上,农业产业化的过程就是一个依靠品牌优势,逐步建立农业产业规模优势,最终使农业产业得到进步和完善的过程。没有农产品品牌的创立和扩张,没有农产品品牌的优势,就不可能有农业产业化经营的健康发展,也就不能彻底解决农产品销售难的问题以及农业增产与农民不增收之间的矛盾。

◈ 分组讨论

1. 分析某一农产品消费者需求特点以及影响消费者购买该产品的因素。

2. 分析不同情况下，消费者购买该产品的主要过程。

3. 如何创新农产品营销？

◈ 业务技能训练

1. 请选择对20名中等家庭收入的家庭主妇进行跟踪记录。记录他们在超市中购买各种蔬菜的行为。要求必须记录下他们购买前（预想的理由），购买阶段（当时的理由）和购买后（回顾性评价）的情况。

2. 到农产品市场或超级市场对农产品消费及销售情况进行采访。采访内容为消费者对市场上不同的农产品的评价，主观认识和偏好；最常采取的购买行为；不同品种农产品的销售情况；近两年来的销售趋势及变化。

3. 到某一农产品生产地进行调查，了解近三年来产品生产与销售的变化情况。

4. 上网查询近一年来当地农产品市场各类农产品销售量变化，进行需求趋势分析。

训练目的

了解近年来一定区域内不同消费水平人群农产品消费心理变化、消费者对当地农产品的偏好及购买行为、当地农产品生产与销售变化趋势。

任务二 分析农产品营销环境

◈ 任务目标

通过完成本任务，你应该能够：

1. 了解农产品营销环境分析的内容；
2. 能够分析政治、经济、文化、法律等因素对农产品营销的影响；
3. 掌握农产品营销环境分析的方法；
4. 能够识别营销机会和营销威胁。

◈ 引导性案例

城里人双休日到农村包地种菜当农夫

2012 年 8 月的一个双休日，孙医生和老公驾车到东钱湖的一些农村游玩时，看到当地下水的一个景色秀美的村落旁有一大块农田被冠名为“湖岸菜畦”，可供他人承包种菜。孙医生当即停车询问。就在那一天，孙医生付了 800 元的年费，“包”了这里的一分菜地，“从那天以后，我们几乎每两个星期就去一趟。在那块田里，我们种过好多蔬菜呢！如红薯、花生、花菜、小青菜……每次去，我们都会带来好多时令蔬菜，自己吃不完就送给亲朋好友……”像孙医生那样爱上去农村种菜的城里白领，还有不少。他们的职业除医生外，还有公务员、外贸公司职员、律师等。

“没想到，这样一个创新项目，会这么受欢迎！”面对晚报记者，东钱湖镇“湖岸菜畦”的负责人老潘感慨地说。“我们现在正在谋划菜畦二期了。预计今年，我们将新推出总面积达 60 亩的菜地，供城里人前来包地种菜。”老潘向晚报记者透露，“这个项目，我们很看好。你瞧，现在新菜畦还没搞好，就已有好多人前来预订了呢！”据老潘介绍，他们这个“湖岸菜畦”是东钱湖下水的东村、西村两村农民一起搞起来的。由于地处偏远，下水的一些乡村经济较为落后。上一年年初，老潘他们想着怎样搞些农家乐项目，“我们可不可以让城里人来种种菜？”当时，一位农民随口的一句话，促成了这个创新。经过几个月的筹备，老潘他们很快就以每亩 500 元的承包价格，向当地的东村、西村两村承包下了一块地处当地旅游交通要道旁的 30 亩菜地。去年年中，“湖岸菜畦”开张后，立即引来了众多城里客。

“我们没有搞什么宣传，到去年下半年，这 30 亩地就已全部被城里人包去了。”老潘说。而在这 30 亩地中，有 15 亩地被中国移动宁波分公司一口气包下了。“我们将这些地送给一些贵宾客户。”中国移动宁波分公司有关负责人称，“没想到受到客户的热烈欢迎，很多客户还向我们讨有没有更多的菜田可种呢！”

如今，这一小片“湖岸菜畦”已经为下水的一些村民带来了经济效益。在农村田地里，普通农民即使种经济作物，每亩地一年一般只能做到 3 000 元左右的产值。而在“湖岸菜畦”，按每分地年承包价 800 元计算，一亩地一年就可“卖”8 000 元。

（资料来源：http://zjnews.zjol.com.cn/05zjnews/system）

思考：

1. 现实版的开心农场能够风靡起来需要哪些条件？

2. 城里人为何周末愿意当农夫？

子任务1　认识农产品营销环境

一、把握农产品营销环境特点

农产品营销环境是指影响农产品市场营销活动及其目标实现的各种因素和动向，总体来看，农产品营销环境具有客观性、关联性、差异性、动态性、不可控性等特点。

1. 客观性

农产品市场营销环境作为一种客观存在，有着自己的运行规律和发展趋势，是不以企业的意志为转移的，对营销环境变化的主观臆断必然会导致营销决策的盲目与失误。

2. 关联性

农产品营销环境的关联性体现在构成营销环境的各种因素和力量是相互联系、相互依赖的，如经济因素影响着文化环境，反过来，文化环境对经济因素也有影响作用。

3. 差异性

营销环境的差异性是指不同农产品组织受不同环境的影响，而且同样一种环境对不同企业的影响也不尽相同。

4. 动态性

农产品营销环境不是一成不变的，随着时间的推移，农产品营销环境处于不断地变化当中，这是农产品营销环境的动态性。

5. 不可控性

农产品营销所面临的环境经常是不可控的，例如政治环境、经济环境、文化环境等不会因为一个企业的意志为转移。

二、关注农产品营销环境变化

关注农产品营销环境变化需要进行市场营销环境分析，即监测跟踪农产品市场营销环境发展趋势，发现市场机会和威胁，从而调整营销策略以适应环境变化。农产品市场营销环境分析的重要性体现在以下几个方面：

1. 农产品营销活动的立足点

开展市场营销活动的目的一方面是为了更好地满足人们不断增长的物质和文化生活需要，同时也是为了使企业获得最好的经济效益和社会效益。只有深入细致地对企业市场营销环境进行调查研究和分析，才能准确而及时地把握消费者需求，才能认清本企业所处环境中的优势和劣势，扬长补短。否则，企业便不可能很好地实现其满足社会需求和创造好的经济效益和社会效益的目的，甚至陷入困境，被兼并或被淘汰。

2.科学决策的基础和保证

农产品企业经营决策的前提是市场调查，市场调查的主要内容是要对企业的市场营销环境进行研究和分析，作为决策者进行经营决策时的依据。对农产品营销环境把握的正确与否，直接关系到农产品企业一系列生产经营活动的成败。

3.有利于发现新的市场机会

新的市场机会可以使企业取得竞争优势和差别利益或扭转所处的不利地位。当然，现实生活中，往往是机会与威胁并存，且可能相互转化。好的机会如没有把握住，优势就可能变成包袱、变成劣势，而威胁即不利因素也可能转化为有利因素，从而使企业获得新生。这里，关键在于要善于细致地分析营销环境，善于抓住机会，化解威胁，使企业在竞争中求生存、在变化中谋稳定、在经营中创效益，充分把握未来。

【阅读案例 2-1】

浙江金华农产品销售遭遇"非典"

再过十几天桃子就可以大量上市了，浙江金华的果农们面对累累果实，却高兴不起来，金东区源东乡丁村是源东白桃示范基地。种植大户沈锦法说，去年这个时候，上海、福建、广州等地的客商，已纷纷来人来电联系收购，今年却一个也没有，全村人都在为桃子销路发愁。往年5月中、下旬，是金华桃子大量上市并外销的时候。由于受非典影响，今年外地来金华收购桃子的客商大幅度减少，本地部分农产品经纪人出于种种考虑，也对做不做桃子生意拿不定主意，这对于60%以上需要销往外地的金华桃子来说，确实是个大难题。葡萄、李子这些金华种植面积较大、以外销为主的水果，马上也会面临同样的问题。刚刚从外地贩卖马铃薯回来的源东乡叶村农产品贩销户张瑞根介绍，从他到过的几个大中城市看，水果市场大多冷冷清清，许多贩卖西瓜的，因为积压严重，面临亏本。他说："今年做水果生意风险太大了。"贩销大户们最担心的是，疫情发生后，许多地方都对进出车辆的司乘人员进行严格检查，万一同行的人当中有一个出现发烧症状，连车带人都会被隔离，那损失可就大了。因受非典影响，婺城区竹马乡许多花农不得不停止外出贩卖花木。花农姜勇宣家种了近4亩的花木，其中有不少是从广州购来的短期观赏植物。这些广州花木因气候差异，基本上无法在本地过冬。以往花农们会抓紧上半年时间将此类花木销出，现在却积压在家里。据婺城区竹马乡政府一位工作人员介绍，为了预防非典，竹马乡三个开具花木检疫证的点在4月中旬已经停止此项工作。现在是想出门卖花木的花农出不去，想来采购花木的外地客人进不来。春天是花木移植、销售的黄金季节，过了5月以后，天气开始炎热，销量也就少了，今年因非典造成的损失谁也无法估计。

（资料来源：http://www.cph.com.cn/Gtgov/200305/20030514150522.htm）

子任务2 分析农产品营销宏观环境

一、明确宏观环境分析内容

宏观环境分析内容主要有以下几个方面。

(一)政治环境

政治环境是指农产品经营组织在市场营销活动中面临的外部政治形势。一个国家的政局稳定与否，会给企业营销活动带来重大的影响。如果政局稳定，人民安居乐业，就会给企业营销造成良好的环境。相反，政局不稳，社会矛盾尖锐，秩序混乱，就会影响经济发展和市场的稳定，对企业的营销活动产生不良的影响。政治环境分析主要要分析国内的政治环境和国际的政治环境。国内的政治环境包括政治制度、政党和政党制度、政治性团体、党和国家的方针政策、政治气氛等，国际政治环境主要包括国际政治局势、国际关系、目标国的国内政治环境等。

政治环境对农产品企业营销活动的影响主要表现为国家政府所制定的方针政策，如人口政策、能源政策、物价政策、财政政策、货币政策等，都会对企业营销活动带来影响。例如，近两年，国家对农业的发展给予很大的支持，通过一系列的支农惠农政策支持农村合作组织、农产品经营企业的发展。在国际贸易中，不同的国家也会制定一些相应的政策来干预外国企业在本国的营销活动，主要措施有进口限制、税收政策、价格管制、外汇管制等。

【阅读资料 2-1】

建立重要农产品供给保障机制，努力夯实现代农业物质基础
——2013 年中央一号文件节选

1. 稳定发展农业生产。粮食生产要坚持稳定面积、优化结构、主攻单产的总要求，确保丰产丰收。继续开展粮食稳定增产行动，着力加强 800 个产粮大县基础设施建设，推进东北四省区节水增粮行动、粮食丰产科技工程。支持优势产区棉花、油料、糖料生产基地建设。扩大粮棉油糖高产创建规模，在重点产区实行整建制推进，集成推广区域性、标准化高产高效模式。深入实施测土配方施肥，加强重大病虫害监测预警与联防联控能力建设。加大新一轮“菜篮子”工程实施力度，扩大园艺作物标准园和畜禽水产品标准化养殖示范场创建规模。以奖代补支持现代农业示范区建设试点。推进种养业良种工程，加快农作物制种基地和新品种引进示范场建设。加强渔船升级改造、渔政执法船艇建造和避风港建设，支持发展远洋渔业。

2. 强化农业物质技术装备。落实和完善最严格的耕地保护制度，加大力度推进高标准农田建设。加快大中型灌区配套改造、灌排泵站更新改造、中小河流治理，扩大小型农田水利重点县覆盖范围，大力发展高效节水灌溉，加大雨水集蓄利用、堰塘整治等工程建设力度，提高防汛抗旱减灾能力。加大财政对小型水库建设和除险加固支持力度。及时足额计提并管好用好从土地出让收益中提取的农田水利建设资金。加快落实农业灌排工程运行管理费用由财政适当补助的政策。加强农业科技创新能力条件建设和知识产权保护，继续实施种业发展等重点科技专项，加快粮、棉、油、糖等农机装备、高效安全肥料农药兽药研发。推进国家农业科技园区和高新技术产业示范区建设。

3. 提高农产品流通效率。统筹规划农产品市场流通网络布局，重点支持重要农产品集散地、优势农产品产地市场建设，加强农产品期货市场建设，适时增加新的农产品期货品种，培育具有国内外影响力的农产品价格形成和交易中心。加快推进以城市标准化菜市场、生鲜超市、城乡集贸市场为主体的农产品零售市场建设。加强粮油仓储物流设施建设，发展农产品冷冻贮藏、分级包装、电子结算。健全覆盖农产品收集、加工、运输、销售各环节的冷链物流体系。大力培育现代流通方式和新型流通业态，发展农产品网上交易、连锁分销和农民网店。继续实施“北粮南运”、“南菜北运”、“西果东送”、万村千乡市场工程、新农村现代流通网络工程，启动农产品现代流通综合示范区创建。支持供销合作社、大型商贸集团、邮政系统开展农产品流通。深入实施商标富农工程，强化农产品地理标志和商标保护。

4. 完善农产品市场调控。充分发挥价格对农业生产和农民增收的激励作用,按照生产成本加合理利润的原则,继续提高小麦、稻谷最低收购价,适时启动玉米、大豆、油菜籽、棉花、食糖等农产品临时收储。优化粮食等大宗农产品储备品种结构和区域布局,完善粮棉油糖进口转储制度。健全重要农产品市场监测预警机制,认真执行生猪市场价格调控预案,改善鲜活农产品调控办法。完善农产品进出口税收调控政策,加强进口关税配额管理,健全大宗品种进口报告制度,强化敏感品种进口监测。推动进口来源多元化,规范进出口秩序,打击走私行为。加强和完善农产品信息统计发布制度,建立市场调控效果评估制度。扩大农资产品储备品种。

5. 提升食品安全水平。改革和健全食品安全监管体制,加强综合协调联动,落实从田头到餐桌的全程监管责任,加快形成符合国情、科学完善的食品安全体系。健全农产品质量安全和食品安全追溯体系。强化农业生产过程环境监测,严格农业投入品生产经营使用管理,积极开展农业面源污染和畜禽养殖污染防治。支持农产品批发市场食品安全检测室(站)建设,补助检验检测费用。健全基层食品安全工作体系,加大监管机构建设投入,全面提升监管能力和水平。

(二)法律环境

法律环境是指国家或地方政府所颁布的各项法规、法令和条例等,它是企业营销活动的准则,企业只有依法进行各种营销活动,才能受到国家法律的有效保护。从事农产品的生产与经营,需要了解的法律法规包括《中华人民共和国农产品质量法》、《农产品包装和标示管理办法》《企业法》、《经济合同法》、《涉外经济合同法》、《商标法》、《专利法》、《广告法》、《食品卫生法》、《环境保护法》、《反不正当竞争法》、《消费者权益保护法》、《进出口商品检验条例》、《农产品质量安全条例》等。企业的营销管理者必须熟知有关的法律条文,才能保证企业经营的合法性,运用法律武器来保护企业与消费者的合法权益。法律环境分析包括:

(1)法律规范,特别是和企业经营密切相关的经济法律法规。如《公司法》、《中外合资经营企业法》、《合同法》、《专利法》、《商标法》、《税法》、《企业破产法》等。

(2)国家司法执法机关。在我国主要有法院、检察院、公安机关以及各种行政执法机关。与企业关系较为密切的行政执法机关有工商行政管理机关、税务机关、物价机关、计量管理机关、技术质量管理机关、专利机关、环境保护管理机关、政府审计机关。此外,还有一些临时性的行政执法机关,如各级政府的财政、税收、物价检查组织等。

(3)企业的法律意识。企业的法律意识是法律观、法律感和法律思想的总称,是企业对法律制度的认识和评价。企业的法律意识,最终都会物化为一定性质的法律行为,并造成一定的行为后果,从而构成每个企业不得不面对的法律环境。

(4)国际法所规定的国际法律环境和目标国的国内法律环境。

【阅读案例 2-2】

一个商标注册了 4 年　河北省农产品商标注册之难

2006 年 7 月,河北省行唐县农民康丙保依托行唐县林果研究会向国家商标管理局提出了"太康"牌甲壳素红枣商标注册申请,同时,以"公司＋商标＋农户"的形式向市场推广,"太康"牌甲壳素红枣产品以其高品质和高营养价值很快打入北京、上海、南京、大连等大型超市、商场和药店。正当康丙保满怀信心闯市场时,2008 年,他得到消息,"太康"商标因与河南省太康县重名被驳回(县域行政区划名称不允许作为商标名称予以使用)。这意味着用两年时间花心血树起的“太康”品牌，将是无效商标，不再受法律保护。虽然很受打击，但康丙保没有灰心。为做大做强甲壳素红枣产品，2008 年 7 月，康丙保联合行唐县 22 个村的 451 户农民成立了几丁质(甲壳素)红枣专业合作社，并以行唐县甲壳素红枣联合会名义再次向国家商标局提出了注册“太唐”商标的申请。这样做主要是因为“唐”与“康”两字相似，商标图样、背景图案均不必做大的改变，这样可以最大限度地减少市场销售以及品牌重塑的损失，目前，国家商标总局已经受理了“太唐”商标申请，但何时注册成功，康丙保还在等待中。两次申请，历时 4 年，谈起申请注册商标的经历，康丙保用“漫漫长征路”来形容。4 年来，老康深深感到商标专业知识缺乏和对商标申请程序的陌生，使他耽误了太多的时间。而耽误的时间，对于企业开拓市场、打造品牌来说，损失是无法计量的。

(资料来源：http://www.dzwww.com/rollnews/news/201008/t20100814_6547642.htm)

(三)经济环境

经济环境指企业营销活动所面临的外部社会条件，其运行状况及发展趋势会直接或间接地对企业营销活动产生影响。

1. 经济发展水平

企业的市场营销活动要受到一个国家或地区的整个经济发展水平的制约。经济发展阶段不同，居民的收入不同，顾客对产品的需求也不一样，从而会在一定程度上影响企业的营销。例如，以消费者市场来说，经济发展水平比较高的地区，在市场营销方面，强调农产品的品质、品牌、包装、安全性等多于价格竞争。而在经济发展水平低的地区，则较侧重于农产品的实用性，价格因素比产品品质更为重要。因此，对于不同经济发展水平的地区，企业应采取不同的市场营销策略。

2. 消费者收入水平的变化

消费者收入，是指消费者个人从各种来源中所得的全部收入，包括消费者个人的工资、退休金、红利、租金、赠予等收入。消费者的购买力来自消费者的收入，但消费者并不是把全部收入都用来购买商品或劳务，购买力只是收入的一部分。因此，在研究消费收入时，要注意以下几点。

- 个人可支配收入。这是在个人收入中扣除税款和非税性负担后所得余额，它是个人收入中可以用于消费支出或储蓄的部分，它构成实际的购买力。

- 个人可任意支配收入。这是在个人可支配收入中减去用于维持个人与家庭生存不可缺少的费用(如房租、水电、食物、燃料、衣着等项开支)后剩余的部分。这部分收入是消费需求变化中最活跃的因素，也是企业开展营销活动时所要考虑的主要对象。因为这部分收入主要用于满足人们基本生活需要之外的开支，一般用于购买高档耐用消费品、旅游、储蓄等，它是影响非生活必需品和劳务销售的主要因素。

- 家庭收入。很多产品是以家庭为基本消费单位的，如粮食、蔬菜、水果等。因此，家庭收入的高低会影响很多产品的市场需求。一般来讲，家庭收入高，对消费品需求大，购买力也大；反之，需求小，购买力也小。需要注意的是，企业营销人员在分析消费者收入时，还要区分“货币收入”和“实际收入”。只有“实际收入”才影响“实际购买力”。因为，实际收入和货币收入并不完全一致，由于通货膨胀、失业、税收等因素的影响，有时货币收入增加，而实际收入却可能下降。实际收入即是扣除物价变动因素后实际购买力的反映。

3.消费者支出模式和消费结构的变化

随着消费者收入的变化,消费者支出模式会发生相应变化,继而使一个国家或地区的消费结构也发生变化。西方一些经济学家常用恩格尔系数来反映这种变化。恩格尔系数表明,在一定的条件下,当家庭个人收入增加时,收入中用于食物开支部分的增长速度要小于用于教育、医疗、享受等方面的开支增长速度。食物开支占总消费量的比重越大,恩格尔系数越高,生活水平越低;反之,食物开支所占比重越小,恩格尔系数越小,生活水平越高。这种消费支出模式不仅与消费者收入有关,而且还受到下面两个因素的影响。

- 家庭生命周期的阶段影响。据调查,没有孩子的年轻人家庭,往往把更多的收入用于购买冰箱、电视机、家具、陈设品等耐用消费品上,而有孩子的家庭,则在孩子的娱乐、教育等方面支出较多,而用于购买家庭消费品的支出减少。当孩子长大独立生活后,家庭收支预算又会发生变化,用于保健、旅游、储蓄部分就会增加。
- 家庭所在地点的影响。如住在农村与住在城市的消费者相比,前者用于交通方面支出较少,用于住宅方面的支出较多,而后者用于衣食、交通、娱乐方面的支出较多。

【知识链接 2-1】

恩格尔定律的公式

食物支出变动百分比÷总支出变动百分比×100%=食物支出对总支出的比率(R_1)

或食物支出变动百分比÷收入变动百分比×100%=食物支出对收入的比率(R_2)

注意:R_2 又称为食物支出的收入弹性。

恩格尔定律是根据经验数据提出的,它是在假定其他一切变量都是常数的前提下才适用的,因此在考察食物支出在收入中所占比例的变动问题时,还应当考虑城市化程度、食品加工、饮食业和食物本身结构变化等因素对于家庭食物支出增加的影响。只有达到相当高的平均食物消费水平时,收入的进一步增加才不对食物支出发生重要的影响。

恩格尔系数是根据恩格尔定律得出的比例数,是表示生活水平高低的一个指标。其计算公式如下:

食物支出金额÷总支出金额×100%=恩格尔系数

除食物支出外,衣着、住房、日用必需品等的支出,也同样在不断增长的家庭收入或总支出中,所占比重上升一段时期后,呈递减趋势。

恩格尔系数是国际上通用的衡量居民生活水平高低的一项重要指标,一般随居民家庭收入和生活水平的提高而下降。改革开放以来,我国城镇和农村居民家庭恩格尔系数已由1978年的57.5%和67.7%分别下降到2010年的35.7%和41.1%。

(四)社会文化环境

社会文化环境是指人们所处的社会结构、社会风俗和习惯、信仰和价值观念、行为规范、生活方式、文化传统等因素的形成和变动。

社会文化环境是影响农产品营销诸多变量中最复杂、最深刻、最重要的变量。社会文化是某一特定人类社会在其长期发展历史过程中形成的,它主要由特定的价值观念、行为方式、伦理道德规范、审美观念、宗教信仰及风俗习惯等内容构成,它影响和制约着人们的消费观念、需求欲望及特点、购买行为和生活方式,对农产品营销行为产生直接影响。为此,农产品生产经营者应针对不同的文化环境制定不同的营销策略,组织不同的营销活动。农产品营销对社会文化环境的研究一般从以下几个方面入手:

1.人口分析

人口、购买力和购买欲望是市场构成的三要素。因此,人口是市场形成的基础,同时,人口数量、年龄结构、性别结构、人口密度等对农产品的营销活动具有很大的影响,例如,许多农产品在人们生活中充当着生活必需品的角色,这些农产品的需求量与人口数量的多少是正相关的关系,再有,不同年龄段、不同性别的人对农产品的消费习惯、消费喜好等并不相同,故企业在制定营销策略时必须对其所面临的人口环境进行分析。

2.教育状况分析

受教育程度的高低,影响到消费者对商品功能、款式、包装和服务要求的差异性。通常文化教育水平高的国家或地区的消费者要求商品包装典雅华贵、对附加功能也有一定的要求。因此企业营销开展的市场开发、产品定价和促销等活动都要考虑到消费者所受教育程度的高低,采取不同的策略。

3.宗教信仰分析

宗教是构成社会文化的重要因素,宗教对人们消费需求和购买行为的影响很大。不同的宗教有自己独特的对节日礼仪、商品使用的要求和禁忌。某些宗教组织甚至在教徒购买决策中有决定性的影响。为此,在农产品营销活动中也要注意到不同的宗教信仰,以避免由于矛盾和冲突给农产品营销活动带来的损失。

【阅读案例 2-3】

沙特阿拉伯的文化

沙特阿拉伯石油资源丰富,蕴藏量世界第一,产量也居世界前列,是世界上最大的石油输出国。如 1981 年该国出口石油 4.5 亿吨,约占当年世界石油总出口量的 1/3。沙特人不用阳历,而是用伊斯兰教的太阳历。纪元从伊斯兰教创始人穆罕默德死的那一年算起(大约公元 662 年)。当阿拉伯人拉着你的手在路上走时,你不要把手抽回来,和你拉手是友好的表示。沙特人很大方。你不要老盯着看他的手表、衬衫链扣或其他东西,否则他会当场摘下来送给你。如果你拒绝的话,就会得罪他。沙特阿拉伯没有夜总会和电影院,饭馆也非常少。谈话中避免谈论中东政治和国际石油政策。

沙特阿拉伯各地由于人文和地理位置的原因,他们的风俗习惯有许多共同之处。要想成功地在沙特阿拉伯做好贸易工作,必须了解该国严格实行政教合一,尤须知道伊斯兰教的一些习俗与规定,否则就可能给工作带来许多不便,甚至使贸易活动失败。例如,如向该国出口冻鸡,不能用机械宰杀,更不能有血迹,否则有可能被退货。其原因不是货不好,而是卖方对鸡的加工法违反了古兰经的规定:只能人工宰杀,不可用机器。只许男人屠宰,不准女人动手。鸡体及包装不得有一点血污,否则就认为是不吉利。

沙特阿拉伯人崇尚白色(纯洁)、绿色(生命),而忌用黄色(死亡)。国王身着土黄色长袍,象征神圣和尊贵。一般人不能“黄袍加身”。沙特国旗的颜色和图案,突出地表明这个国家的宗教信仰。1946 年采用的这面国旗,是一面长方形的绿色旗。绿色对伊斯兰国家来说是吉祥的颜色。旗面上用白色的阿拉伯文书写伊斯兰教的一句格言:“世界除真主外,别无神祇,穆罕默德是先知、真主的使者”。在阿拉伯文句下面有一宝剑的图案,象征着圣战和武力。各种设计忌用猪和类似猪的熊猫、十字架、六角星等作图案。

(资料来源:http://www.edu24ol.com/web_news/html/2007-11/20071119133518.html)

4.价值观念分析

价值观念是指人们对社会生活中各种事物的态度和看法。不同文化背景下,人们的价值观念往往有着很大的差异,消费者对商品的色彩、标识、式样以及促销方式都有自己褒贬不同的意见和态度。企业营销必须根据消费者不同的价值观念设计产品,提供服务。

【阅读案例 2-4】

价值观对 Campbell 公司速食汤销售的影响

Campbell 公司在美国销售一种速食汤,其广告内容是餐桌上子女们像母亲哀求给他们买 Campbell 汤食品,母亲为此去购买了 Campbell 汤食品。Campbell 速食汤在美国销路很好,Campbell 打算开辟海外商场,他们认为英国和美国文化环境相似,为此就把在美国市场销售过的蔬菜汤和肉汤原阳出台到英国市场,广告节目也毫无修改,结果失败了。经过调查,失败的原因如下:英国主妇具有保守的价值观,所以对于即时性的 Campbell 汤食品持否定态度,在英国购买即食汤食品的主妇一般被认为不关心其家庭成员健康的主妇,而且,英国主妇认为凡事都听从子女们的要求去做是滋生孩子的坏习惯的主要原因之一。

5.消费习俗分析

消费习俗是指人们在长期经济与社会活动中所形成的一种消费方式与习惯。不同的消费习俗,具有不同的商品要求。研究消费习俗,不但有利于组织好农产品的生产与销售,而且有利于正确、主动地引导健康的消费。了解目标市场消费者的禁忌、习惯、避讳等是进行农产品营销的重要前提。

【阅读资料 2-2】

美国人最喜欢的水果

美国人最喜欢吃什么水果?是香蕉!你想不到吧?平均每个美国人每年食用香蕉达 15 千克,可算是香蕉消费大国。而且,美国人对香蕉的喜爱程度超出了你的想象。其实,香蕉在美国的历史很短,在 1804 年,有一个船长从香蕉大国古巴带了 30 串香蕉到美国,美国人才有幸目睹了这种水果,不过,在后来很长一段时间里,香蕉在美国仍然十分珍贵,不是一般人能吃到的。到了 1876 年,在费城博览会上,香蕉仍能睥睨群芳,在水果中独占鳌头,让更多的美国人见识了香蕉的魅力。不过,就算在当时,一根香蕉的价格仍高达十美分,一般人根本不敢问津。直到进入 20 世纪,香蕉的价格才逐渐下降,并出现在普通老百姓家里。

美国加州摄影师克恩·巴尼斯待平生酷爱香蕉。他推崇香蕉是世界上最好的水果,“因它没有核,并带着生来俱有的包装果皮,极其卫生。”他于 1972 年建立了国际香蕉俱乐部,根据香蕉俱乐部的规定,会员可得香蕉形别针一枚,会员证一张和参加一年一度的香蕉野餐。巴尼斯特 1976 年还花了不少精力在洛杉矶附近建立了一个香蕉博物馆,凡是香蕉俱乐部会员都能入馆参观。馆内陈列有 1.7 万件有关香蕉的展品,如香蕉化石、香蕉雕刻、香蕉造型钟、香蕉明信片、香蕉玩具、香蕉食谱,甚至香蕉题材的书,歌颂香蕉的歌曲,可以说是应有尽有。这些展品中绝大多数是由香蕉俱乐部会员捐赠的。巴尼斯特喜欢别人叫他“巴纳纳尼斯特”(香蕉人),他平时爱戴香蕉形领带有两套做工考究、质料极好的黄色的晚礼服。最有趣的是,巴尼斯特还自己设计了一件香蕉服,这件衣服的领子是一只稍稍剥开的香蕉花饰。目前,美国倾心于各种色彩稀奇古怪的水果蔬菜,老的香蕉品种已逐渐被人们冷落,而经过改良的红色香蕉则供不应求。在美国人眼里,红色香蕉是名流吃的食物,因此许多人借用它来炫耀身份。

(资料来源:http://club.dayoo.com/view-12094082-1-1.html)

(五)自然地理环境

一个国家、一个地区的自然地理环境包括该地的自然资源、地形地貌和气候条件,这些因素都会不同程度地影响农产品的营销活动。企业要避免由自然地理环境带来的威胁,最大限度利用环境变化可能带来的市场营销机会,就应不断地分析和认识自然地理环境变化的趋势,根据不同的环境情况来生产和销售农产品。

1. 自然资源

自然资源是自然界提供给人类各种形式的物质财富,如森林资源、土地资源、水力资源等。这些资源分为三类:一是“无限”资源,如空气、水等;二是有限但可以更新的资源,如森林等;三是有限但不可再生资源,如土地等。

2. 地理环境

一个国家或地区的地形地貌和气候,是企业开展市场营销所必须考虑的地理环境因素,这些地理特征对农产品营销有一系列影响。例如,气候(温度、湿度等)与地形地貌(山地、丘陵等)特点,都会影响农产品的品质、口感等。

【阅读资料 2-3】

北京各区县的特色农产品

北京的郊区县由于各自独特的历史条件、气候环境、地理位置等因素,形成了北京山区特色农业资源,大致分为三种类型:第一种是老北京地方特产,有几百年的栽培、养殖历史,曾是明清时代的贡品,如燕山板栗、黄土坎鸭梨、石峨玉黄李子、珍珠泉蛋鸭、苏子峪蜜枣、张坊磨盘柿、妙峰山玫瑰花、军庄京白梨等,与当地的自然资源等有密切关系,具有同类产品不可及的特性,同时也是老北京浓郁文化的一部分;第二种为不出名的地方特产,其虽然栽培历史悠久,品质优良,但一般不被外人所知,最为典型的是怀柔区怀柔镇西三村的大脆枣,因与红螺山毗邻,称红螺大脆枣,基本上是庭院种植;第三种为引进产品,其一般在近10~20年引进,目的是发展当地经济,促进农民致富,如延庆张山营前庙村的葡萄、平谷熊儿寨的核桃等。

(资料来源:笔者根据相关材料整理)

(六)科技环境

科学技术的发展对于社会的进步、经济的增长和人类社会生活方式的变革都起着巨大的推动作用。现代科学技术是社会生产力中最活跃的和决定性因素,它作为重要的农产品营销环境因素,不仅直接影响农产品生产企业内部的生产和经营,而且还同时与其他环境因素相互依赖、相互作用,影响农产品的营销活动。

【阅读案例 2-5】

新科技下的农产品销售模式

位于北京西北部的延庆县，气候冷凉，离城区仅 75 千米，是首都重要的蔬菜基地、果品基地、畜禽基地和商品粮基地，也是“全国无公害安全食品基地县”，被誉之为“首都北菜园”。2012 年，一种叫做“农宅对接”智能柜物流配送体系的新事物在延庆县初露头角，也引起了北京市民的关注。家住北京海淀区圆明园小区的吴先生，是中关村某 IT 企业的白领，他告诉记者，朝九晚五上下班，根本没时间到菜市场买新鲜蔬菜，现在小区里有了智能柜，只要提前一天上北菜园的网站预订，第二天，郊区菜地里的新鲜蔬菜，就被送到楼下的柜子里了。买菜也可以像订报、订奶一样方便。在北京的双花园小区、圆明园小区和莱蒙湖小区内，都能见到由 18 个保鲜箱组成的智能柜。新鲜蔬菜从地里头到这儿，只需 5 小时。这就是北京北菜园农产品产销专业合作社推出的最新农产品销售模式“农宅对接”。目前除蔬菜外，各类杂粮、水果、蜂蜜、花卉、肉禽蛋奶等 10 多种农产品皆可直投。由生产者和消费者直接交易，一站直达消费者的模式相比辗转农贸市场、超市等，极大地减少了中间环节和流通损耗，其中仅菜价就可直降 30%。联合社负责人赵玉忠表示，和过去批发给中间商的销售模式比，“农宅对接”成本降了一半。对消费者来说买菜便宜了，对菜农来说蔬菜效益高了，两头都满意。合作社员工小谢告诉记者，为了保证蔬菜新鲜，合作社专门配备了两辆冷藏运输车。目前的蔬菜配送时间是每天早晨 6 点半开始收取当日订单，然后采收、包装好之后于当天 13 点之前送达，备用户晚餐食用。根据市场需求，以后将考虑每天增加一次，在 15 点收取上午的订单，22 点之前送达智能柜，供消费者次日中午食用。

（资料来源：http://www.21food.cn/html/news/35/636520.htm）

二、宏观环境分析方法

宏观环境包括的内容很多，不同企业根据自身特点和经营需要，分析的具体内容会有差异。PEST 分析分析法是宏观环境分析经常采用的一种方法。所谓 PEST 分析分析法就是对政治法律（Political）、经济（Economic）、技术（Technological）和社会（Social）这四大类影响农产品营销活动的主要外部环境因素进行分析。

（1）政治法律环境（Political Factors）分析。主要分析社会制度，执政党的性质，政府的方针、政策、法令等。

（2）经济环境（Economic Factors）分析。主要分析包括宏观和微观两个方面的内容。宏观方面主要分析一个国家的国民收入、国民生产总值及其变化情况以及通过这些指标能够反映的国民经济发展水平和发展速度。微观方面主要分析企业所在地区或所服务地区的消费者的收入水平、消费偏好、储蓄情况、就业程度等因素。这些因素直接决定着企业目前及未来的市场大小。

（3）社会文化环境（Sociocultural Factors）分析。主要分析一个国家或地区的居民教育程度和文化水平、宗教信仰、风俗习惯、审美观点、价值观念等。

（4）技术环境（Technological Factors）分析。主要分析与企业所处领域的活动直接相关的技术手段的发展变化外，还应及时了解：①国家对科技开发的投资和支持重点；②该领域技术发展动态和研究开发费用总额；③技术转移和技术商品化速度；④专利及其保护情况等。

子任务3　分析农产品营销微观环境

一、明确农产品微观环境分析内容

农产品微观营销环境主要由农产品企业的供应商、营销中间商、顾客、竞争对手、社会公众等组成。

(一)供应商

供应商是影响企业营销的微观环境的重要因素之一。供应商是向农产品企业及其竞争者提供生产产品和服务所需资源的企业或个人。供应商所提供的资源主要包括原材料、设备、能源、劳务、资金等等。如果没有这些资源作为保障,农产品企业就根本无法正常运转,也就无所谓提供给市场所需要的商品。因此,社会生产活动的需要,形成了农产品企业与供应商之间的紧密联系。这种联系使得农产品企业的所有供货单位构成了对农产品营销活动最直接的影响和制约力量。

(二)营销中间商

营销中间商是协助农产品企业促销、销售和配销其产品给最终购买者的企业或个人,包括中间商、实体分配机构、营销服务机构和财务中间机构。这些都是农产品营销不可缺少的。例如农产品生产集中与消费分散的矛盾,就必须通过中间商的分销来解决;资金周转不灵,则须求助于银行或信托机构等。正因为有了营销中介所提供的服务,才使得农产品能够顺利地到达目标顾客手中。随着市场经济的发展,社会分工愈来愈细,那么,这些中介机构的影响和作用也就会越来越大。因此,在农产品营销过程中,必须重视中介组织对农产品营销活动的影响,并要处理好同它们的合作关系。

(三)社会公众

公众是对农产品企业实现其目标的能力感兴趣或发生影响的任何团体或个人。一个农产品企业的公众主要有:

- 金融公众,指那些关心和影响农产品企业取得资金能力的集团,包括银行、投资公司、保险公司等。
- 媒介公众,指那些联系农产品企业和外界的大众媒介,包括网络、报纸、杂志、电视台、电台等。
- 政府公众,指负责企业的业务、经营活动的政府机构和企业的主管部门,如主管有关经济立法及经济政策、产品设计、定价、广告及销售方法的机构;国家经委及各级经委、工商行政管理局、税务局、各级物价局等等。
- 公民行动公众,是指有权指责农产品企业经营活动破坏环境质量、产品损害消费者利益、产品不符合民族需求特点的团体和组织,包括消费者协会、保护环境团体等。
- 地方公众,主要指农产品企业周围居民和团体组织,他们对农产品企业的态度会影响农产品营销活动。
- 一般公众,是指并不购买农产品企业的产品,但深刻地影响着消费者对农产品企业及其产品的看法的个人。

• 内部公众,指农产品企业内部全体员工,包括领导(董事长)、经理、管理人员、职工。

农产品企业必须采取积极适当的措施,主动处理好同公众的关系,树立农产品企业的良好形象,促进农产品营销活动的顺利开展。

(四)顾客

农产品一切营销活动都是以满足顾客需要为中心的。因此,顾客是企业最重要的环境因素。顾客是农产品企业服务的对象,顾客也就是农产品企业的目标市场。可以从不同角度以不同的标准对顾客进行划分。按照购买动机和类别分类,顾客市场可以分为:

• 消费者,即为满足个人或家庭需要而购买农产品的人群。

• 生产者,即指为赚取利润或达到其他目的而购买农产品来生产其他产品的人或组织。

• 中间商,是为利润而购买农产品以转售的人或组织。

• 政府集团,是为提供公共服务或将农产品转给需要的人而购买农产品的政府和非营利机构。

(五)竞争者

竞争是商品经济的基本特性,只要存在着商品生产和商品交换,就必然存在着竞争。在目标市场进行农产品营销活动过程中,不可避免地会遇到竞争者或竞争对手的挑战。从市场的角度来说,竞争者主要有以下类型:

• 品牌竞争者:企业把同一行业中以相似的价格向相同的顾客提供类似产品或服务的其他企业称为品牌竞争者。如鸡蛋销售市场中,德清源鸡蛋、百年栗园鸡蛋、咯咯哒鸡蛋等厂家之间的关系。品牌竞争者之间的产品相互替代性较高,因而竞争非常激烈,各企业均以培养顾客品牌忠诚度作为争夺顾客的重要手段。

• 行业竞争者:企业把提供同种或同类产品,但规格、型号、款式不同的企业称为行业竞争者。所有同行业的企业之间存在彼此争夺市场的竞争关系。如生产牛肉与生产猪肉的厂家,同属于肉类行业。

• 需要竞争者:提供不同种类的产品,但满足和实现消费者同种需要的企业称为需要竞争者。如蛋类、奶类企业都可以满足消费者补充营养的需要,当奶类产品价格上涨时,购买蛋类产品的消费者可能增加,相互之间争夺满足消费者的同类需要。

• 消费竞争者:提供不同产品,满足消费者的不同愿望,但目标消费者相同的企业称为消费竞争者。如很多消费者收入水平提高后,可以把钱用于旅游,也可用于购买汽车,或购置房产,因而这些企业间存在相互争夺消费者购买力的竞争关系,消费支出结构的变化,对企业的竞争有很大影响。

二、微观环境分析方法

对于微观环境分析,通常集中在对竞争环境分析当中,竞争环境分析常采用美国哈佛大学著名战略学家迈克尔·波特教授提出的五力竞争模型分析来进行。

【知识链接 2-2】

五力竞争模型

五力竞争分析模型中五力分别是指:供应商的讨价还价能力、购买者的讨价还价能力、潜在竞争者进入的能力、替代品的替代能力、行业内竞争者现在的竞争能力,如图 2-1 所示。

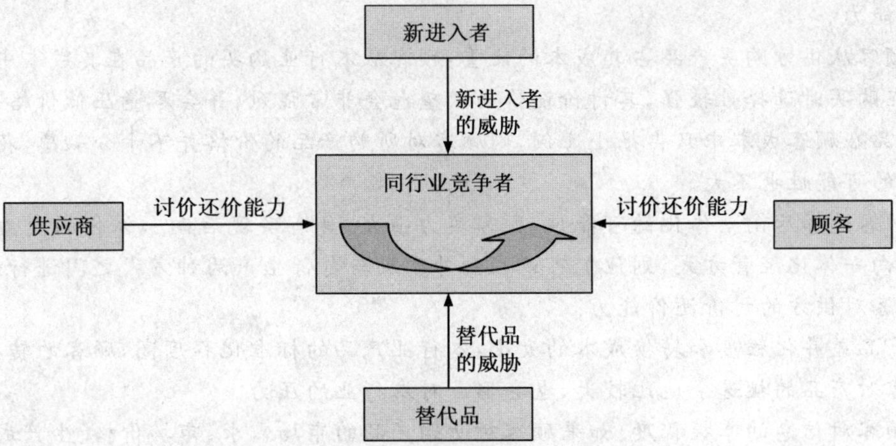

图 2-1　迈克尔·波特的五力竞争模型

五种力量模型确定了竞争的五种主要来源，即潜在进入者的威胁，替代品的威胁，供应商和购买者的讨价还价能力，以及来自在同一行业的企业间的竞争。

1. 潜在进入者的威胁

潜在进入者可以是新创办的企业，也可以是由于实现多元化经营而新进入本行业的企业。潜在进入者往往带来新的生产能力和充裕的资源，与现有企业争夺市场份额和利润，从而对现有企业的生存和发展形成巨大的威胁。进入威胁的大小取决于进入障碍和现有企业的反击强度。

2. 替代品的威胁

替代品是指那些与本行业的产品具有相同或相似功能的其他产品，替代品的出现，会给行业内的所有企业带来冲击，替代品往往在某些方面具有超过原有产品的竞争优势，比如价格低、质量高、功能新、性能好等，因此它有实力与原有产品争夺市场，分割利润，使原有企业处于极其不利的地位，企业应随时警惕替代品的出现，并预先制定出防范措施，不过，当某些替代产品的出现代表着时代潮流，具有很强的市场吸引力的时候，企业采取完全排斥的态度，不如采取引进、吸纳新技术的态度更为有利。

3. 供应商的讨价还价能力

供应商是指从事生产经营活动所需要的各种资源、配件等的企业供应单位。往往通过提高价格或降低质量及服务的手段，向行业的下游企业施加集中的压力，并以此来榨取行业利润。供应商的讨价还价能力越强，现有产业的盈利空间就越小；反之，则盈利空间大。

4. 顾客的讨价还价能力

顾客是企业产品或房屋的购买者，是企业服务的对象。顾客对本行业的竞争压力，表现为要求企业提供的产品尽可能价格低、质量高，并且能提供周到的服务。同时，顾客还可能利用现有企业之间的竞争对生产厂家施加压力。

【知识链接 2-3】

影响顾客讨价还价能力的主要因素

(1)顾客集中度：顾客采取集中进货的方式，或者进货批量较大，则对供方企业具有很大的讨价还价能力。

(2)顾客从供方购买产品占其成本的比重:顾客从本行业购买的产品在其成本中占的比重较大,它在购买时选择性较强,其讨价还价的欲望也会非常强烈,并会尽量压低价格。反之,如果所购产品在顾客成本中只占很小比例,则顾客对所购产品的价格并不十分敏感,花大力气去讨价还价的可能性也不大。

(3)顾客选择后向一体化的可能性:顾客实力强大,具有实现后向一体化的能力。顾客如果选择后向一体化经营方式,则他们可以在向外购买与自行生产两种方式之间进行选择,这就增强了顾客对供方的讨价还价能力。

(4)产品差异化程度和转换成本的大小:本行业产品的标准化程度高,顾客的转换成本小,因而,顾客对产品的挑选余地比较大,也会形成对本行业的压力。

(5)顾客对信息的掌握程度:如果顾客对所购产品的市场需求、市场价格、生产成本等信息有足够的了解,他们可能就此与供方进行充分的讨价还价。

5.现有企业间的竞争

在同一个行业内部,存在着众多生产相同或相似产品的同业企业。同业企业之间始终存在着竞争。不过,其竞争的激烈程度往往因行业不同而不同,有的行业比较缓和,有的行业非常激烈。影响竞争激烈程度的主要因素同业企业的数量和力量对比、行业发展的速度、产品的差异化程度与用户的转换成本、行业内生产能力的增加幅度和退出障碍等。

三、农产品营销环境综合分析的方法

对于农产品营销环境的综合分析,通常采用SWOT分析方法。

【知识链接2-4】

SWOT分析方法

SWOT分析是把组织内外环境所形成的优势(Strengths),劣势(Weaknesses),机会(Opportunities),风险(Threats)四个方面的情况,结合起来进行分析,以寻找制定适合组织实际情况的营销策略的方法,具体内容如下:

S(Strength优势)是组织机构的内部因素。具体包括:有利的竞争态势;充足的财政来源;良好的企业形象;技术力量;规模经济;产品质量;市场份额;成本优势;广告攻势等。

W(Weakness劣势)是组织机构在竞争中内部相对劣势因素。具体包括:管理混乱;缺少关键技术;研究开发落后;资金短缺;经营不善;产品积压;竞争力差等。

O(Opportunity机会)是组织机构的外部因素。具体包括:新产品;新市场;新需求;市场壁垒解除;竞争对手失误等。

T(Threat威胁)也是组织机构的外部因素。具体包括:新的竞争对手;替代产品增多;市场紧缩;行业政策变化;经济衰退;客户偏好改变;突发事件等。

SWOT分析的步骤如下:

1.分析因素

运用各种调查研究方法,分析出企业所处的外部环境中的机会因素和威胁因素,内部环境的优势和弱点。在调查分析这些因素时,不仅要考虑企业的历史与现状,而且更要考虑企业未来的发展。

2. 构造矩阵

将调查得出的各种因素根据轻重缓急或影响程度等排序，构造 SWOT 矩阵。在这个过程中，要将那些对企业发展有直接的、重要的、大量的、迫切的、久远的影响因素优先排列出来，而将那些间接的、次要的、少许的、不急的、短暂的影响因素排在后面，如图 2-2 所示。

内部能力 外部因素	优势	劣势
	…… …… ……	…… …… ……
机会	SO	WO
…… …… ……	…… …… ……	…… …… ……
威胁	ST	WT
…… …… ……	…… …… ……	…… …… ……

图 2-2　SWOT 矩阵

机会(SO)战略是当企业具有特定方面的优势，而外部环境又为发挥这种优势提供有利机会时采取的战略。例如，良好的产品市场前景、供应商规模扩大和竞争对手有财务危机等外部条件，配以企业市场份额提高等内在优势可成为企业收购竞争对手、扩大生产规模的有利条件。

机会(WO)战略是存在外部机会，但由于企业存在一些内部弱点而妨碍其利用机会，可采取措施先克服这些弱点。

威胁(ST)战略是指企业利用自身优势，回避或减轻外部威胁所造成的影响。如竞争对手利用新技术大幅度降低成本，给企业很大成本压力；同时材料供应紧张，其价格可能上涨；消费者要求大幅度提高产品质量；企业还要支付高额环保成本等，但若企业拥有充足的现金和较强的产品开发能力，便可利用这些优势开发新产品，从而回避外部威胁影响。

威胁(WT)战略是当企业存在内忧外患时，往往面临生存危机，降低成本也许成为改变劣势的主要措施。

3. 制订计划

在完成环境因素分析和 SWOT 矩阵的构造之后，便可以制定相应的行动计划了。制订计划的基本思路是：发挥优势因素，克服弱点因素，利用机会因素，化解威胁因素；考虑过去，立足当前，着眼未来。运用系统分析的方法，将排列与考虑的各种因素相互联系并加以组合，得出一系列企业未来发展的可选择对策。

◈ 分组讨论

1. 社会科技水平的提高给农产品营销带来了何种机遇与挑战？

2. 社会文化环境分析对农产品经营组织有何意义？

3. 自然地理环境如何营销农产品经营组织的营销活动？

◆ 业务技能训练

以小组为单位分别利用PEST分析方法和SWOT分析方法，对北京平谷大桃的经营企业进行营销环境分析，撰写分析报告。

训练目的

通过训练，使学生掌握农产品营销环境分析的内容和方法锻炼学生搜集信息的能力、分析能力、提炼总结能力、沟通能力等。

任务三　开展农产品市场调查

◈ 任务目标

通过完成本任务，你应该能够：

1. 识记调查方案的拟订过程，掌握调查方案的拟订方法，了解调查方案的评审；

2. 识记问卷的基本结构，进行调查问卷的设计；

3. 识记调查实施的组织，掌握实地调查方法，了解调查数据整理、分析和撰写调查报告。

◈ 引导性案例

广西武鸣农民巧种苗木致富

地处边远贫困山区的广西武鸣县玉泉乡在农村产业结构调整中，根据城市绿化市场的新需求，立足本地自然优势，发展绿化苗木产业，使当地农民脱贫致富。

近年来，随着农村经济改革不断深入，身居边远贫困山区的武鸣县玉泉乡农民自发组织起来，走出山门，到广东、福建等地进行市场调查。他们发现各地城市绿化和高速公路绿化需要大量花卉苗木，这是一条致富的途径。但他们一无技术、二无资源，当地周围可用的苗木资源稀少，该怎么办呢？在乡领导的组织引导下，他们采取外出取经和科技兴农相结合方针，闯出了一条巧种苗木致富新路子。

首先他们派人到广东、海南等地的苗木市场，参观学习苗木生产加工的技术，然后从那里买回一批小叶榕、花月榕、黄素梅等品种的小苗，在山区进行繁殖、嫁接。他们把培育好的小苗运到广东、福建、四川、贵州以及广西等地苗木市场，就一销而空。于是，该乡120多户农民用自家的责任田办起连片花卉苗木场，依靠苗木生产过上了富裕的日子。

玉泉乡农民在发展苗木生产过程中体会到，光靠从外地买苗木进行繁殖加工不仅成本高且数量有限，满足不了市场需求。于是他们决心加大科技投入，自力更生研究开发苗木新品种。他们拜当地科研部门和高等院校的专家教授为师，掌握了小叶榕种子去胶质繁殖，白花紫蔷嫁接红花紫蔷等技术，成功地利用种子培育出小叶榕苗等苗木，不但结束了过去上山采挖榕树苗破坏野生林木的历史，而且通过科学的自播自育、嫁接等方法，先后培育了小叶榕、金钱榕、花月榕、黄素梅等10多个新品种，形成了规模化生产。

农民潘家忠办起了38亩苗木场，去年自繁自育各种绿化苗木和花卉近20多个品种20多万株（盆），其中销往四川、贵州、福建等省市的就有16多万株（盆），纯收入达6万多元。农民卢华新低价购进本地的白花紫蔷，然后在上面嫁接红花紫蔷，使白花紫蔷身价倍增，收入比以前翻了几番，尝到了掌握科学技术的甜头。

（资料来源：第一食品网 http://www.foods1.com/）

思考：

1. 市场调查对农产品营销的重要性。

2. 广西武鸣农民进行市场调查时有哪些不足？

子任务1　拟订调查方案

市场调查是一种具有工作周期的活动，一般要经历市场调查准备、调查资料的搜集、调查资料的整理、数据资料的分析等环节。市场调查必须对这些工作事先进行统一考虑和安排，这样才能保证调查工作有秩序、有步骤地顺利进行，减少调查误差，提高调查质量。

调查方案是农产品营销调查活动中必不可少的，它是指在调查项目开展之前，根据调查目的和调查对象的性质，对调查工作的各项任务所进行的通盘考虑和统筹安排，最终形成的用于指导调查活动的文件。

一、拟订调查方案过程

调查方案的拟订是从调查项目得到确认，直到调查项目正式实施前的方案准备过程，大致经历调查项目确认、第二手资料准备、探索性研究和正式拟订调查方案等阶段。

1. 调查项目确认

调查项目确认是指已经确定要实施的调查项目。对于专业调查机构，这项工作是通过与客户的接洽，不断谈判，并以签订正式项目协议书为标志的。对于企业自身的市场调查，则是以下达调查任务为标志的。项目协议书和调查任务中都包括了市场调查的目的、任务、内容和时间、质量要求，这些要求就是拟订调查方案的原始依据。

2. 第二手资料准备

拟订市场调查方案需要对调查项目所涉及的领域、专业知识有所了解，这一工作通常是从研究项目相关的第二手资料开始的。第二手资料就是在某处已经存在并已经为某种目的而搜集起来的现成的信息。从了解第二手资料开始的原因在于第二手资料范围较广、使用成本低廉，它可以让市场调查者泛泛地了解调查项目全面的、相关的方法和经验。

【知识链接 3-1】

第二手资料内容

有关政策、法规资料。包括国家颁布的各类商业法规和经济法规，当前的价格政策、金融政策、税收政策、利率、货币政策，经济体制、流通体制的改革资料以及一些地方的特殊政策等资料。

有关国民经济发展方向的信息。包括国家在各部门的预算情况、投资比例和经济结构。

有关科技发展、变革的信息。它直接决定着生产力水平和生产方式、生活方式的变革，是企业进行行业分析、营销分析的一个重要因素。

有关市场供给方面的资料信息，这是一种针对性的信息资料，是营销调查的重要内容；有关市场需求方面的资料信息，包括市场容量、一定时期商品购买力、购买取向等。

3. 探索性研究

第二手资料准备完成后，将进行探索性研究。探索性研究是指组织精通营销调查的专家和具有访问经验的调查员对所搜集的第二手资料尽可能地阅读一遍，并从中摘录有关事项进行深入研究分析。多数情况下，良好的探索性研究可以使以后的正式调查集中在那些难点上，从而大大减少正式调查的工作量。

4. 正式拟订市场调查方案

在探索性研究完成之后，开始正式拟订市场调查方案。正式拟订市场调查方案可以看做是把市场调查方案规范与具体市场调查项目要求相结合的过程。多数调查机构不会从头拟订调查方案，而是在已有调查方案模板上进行修改。

二、制订调查方案

调查方案的内容一般按照调查活动中各项工作的自然顺序和逻辑关系进行编排，具体而言主要包括确定调查主题，确定调查内容与方法，实地调查安排，分析调查结果和撰写调查报告、项目预算等。

(一)确定调查主题

农产品营销调查通常是由农产品营销活动中一些特定的问题引起的。但是，这些问题本身并不一定构成农产品营销调查的主题，因此，正确地确定农产品营销调查的主题是拟订调查方案的首要任务。确定调查主题的过程如下：

1. 界定调查的范围

根据调查人员的经验，在任何一个问题上都存在着许许多多可以调查的内容，除非对该调查问题做出明确的界定，否则收集信息的成本是不能满足调查工作的目的。如果对调查问题界定得太宽，可能会得到许多不需要的信息，而实际需要的信息又没有得到；如果对调查问题界定得太窄，也会束缚调查者的思路，不利于调查工作的顺利进行。

2. 提炼调查主题

在界定调查问题范围之后，调查者需要收集和分析企业内部关于问题的各种记录和企业外部的相关资料，同时还要咨询企业内部和外部对有关问题具有丰富知识和经验的专家，从而使所调查问题更加明确，并从中提炼出调查的主题。

调查目标与调查问题密切联系。调查目标不明确也会导致调查问题的模糊。例如，某企业近来销售量大幅度下降，此时确定的目标可能是“发现引起企业销售额下降的原因”。但如果企业知道销售量下降的原因是由于竞争者产品的大幅度降价造成的，在这种情况下，研究的目标就不是寻找原因，而是“寻找解决这一问题的对策”。可见，研究目标往往是以研究主题的形式出现的，它表明市场调查主要是为了解决实际问题或预测未来发展的。

(二)确定调查内容与方法

在确定调查主题后，将根据调查主题拟订调查内容与方法，其主要内容包括：确定资料的来源，选择收集资料的方法，设计调查的工具和手段，决定样本计划。

1. 确定资料来源

根据调查的主题和调查的目标，确定收集资料的范围与类型。一般来说，资料的来源有两大类，即原始资料与第二手资料。

【知识链接 3-2】

原始资料与第二手资料

原始资料是通过现场调查或其他方法获得的第一手资料。第二手资料是为其他目的而收集的已经存在的资料。

第二手资料又分为两类，一是内部资料，二是外部资料。内部资料是企业经营管理过程中收集、整理和保存的资料。外部资料是来自于企业之外的资料，主要包括政府资料、行业资料、工商研究机构的资料等。通常，进行市场调查应尽可能多地利用第二手资料，因为第二手资料费用较低且收集花费的时间较短。但是，由于第二手资料是过时的，而且是为其他目的收集整理的，因而很难直接满足企业为特定目的进行的调查的需要，所以直接收集第一手资料是十分必要的。

2. 选择收集资料方法

收集第一手资料的方法很多，主要有三大类：观察法、访问法和实验法。每类方法适用面不同，究竟采用哪种方法，要依据调查的目的、性质以及调查经费的多少而定。

- 观察法是通过观察特定活动的实际运行来收集资料，这种方法多用于探测性调查；
- 访问法是利用人员访问、电话访问和邮寄访问等方式进行调查，是收集被访问者的社会经济条件、态度、意见、动机以及外在行为的行之有效的方法，这种方法适用于描述性调查；
- 实验法是唯一能够用于因果关系调查的方法，它通过对环境及现象的某些变量加以控制，观察了解相关系数之间的因果关系。

3. 设计调查工具和手段

在确定了调查方法之后，就要进行工具或手段的设计。如采用访问法进行调查，就需要事先设计调查问卷，问卷设计中的关键是提什么问题以及提问的方式等。如采用观察法或实验法，则需要设计记录观察结果的记录表和登记表，还需考虑进行观察、实验时使用何种设备仪器等。在设计上述各种调查手段时，应考虑到被访问者或参加观察、实验者的文化水平、专业技术等方面的因素。

4. 决定样本计划

农产品营销调查通常都是抽样调查，样本计划就是根据调查的目的确定抽样单位、样本数量及抽样的方法。抽样单位即向什么人调查问题；样本数量即对多少人进行调查；抽样方法即采取随机抽样技术还是非随机抽样技术。在其他条件相同的情况下，样本越多越具有代表性，样本数量的多少直接影响结果的精度，但样本数量过大也会造成经济上的浪费。因此，在实践中决定样本大小的主要因素是研究经费、允许误差、问题的性质和决策者敢于承担的风险。

(三)实地调查安排

实地调查安排是调查活动各个阶段以及各个方面工作的总体安排，它的作用是保证农产品营销调查工作顺利进行。实地调查安排的主要内容包括：调查人员、实地调查的形式、实地调查的过程、调查人员的管理和联络方式等。

1. 调查人员

为了使实地调查顺利地进行并达到调查的目的，必须要求调查人员受过相当程度的专业培训，并且具有某些专用技术。调查人员最好是高等学校有关专业的学生，因为受过理论和技术的系统训练，可以减少调查误差。调查人员还应具有一定的市场调查经验，性格外向、口齿伶俐、文明礼貌，善于同陌生人打交道，反应敏捷并有耐心。同时，调查人员必须诚实，因为调查工作一般是单独进行的，如调查人员不忠于职业、不勤恳老实就会不去调查，甚至可能自填表格，造成资料失实。因此必须严格挑选和使用调查人员。

2. 实地调查形式

在实地调查的中，实地访问是最常见和最为广泛采用的。实地访问的基本形式有两种：固定问卷访问和非固定问卷访问。

【知识链接 3-3】

固定问卷访问和非固定问卷访问

固定问卷访问要求调查人员必须严格使用同一问卷向不同的走访对象轮流进行会晤与接洽。固定问卷访问的明显缺点是调查人员仅仅得到所要求的资料。除了问卷所要求的资料外,没有进一步探索应答人的需要和看法。

非固定问卷访问是一种事先不拟定问卷,由个人自由交流的访问方法。调查人员根据拟定交谈的要点与被调查人自由交谈,以了解被调查人的真实动机和意见。非固定问卷访问常常被称为“深层访问”,因为它所调查和探讨的问题不受约束。应答人常常提出一些想法、意见和建议,而这些可能是在固定问卷访问形式下调查人员所没有想到的。

3. 实地访问过程

实地访问过程所涉及的问题有:访问的安排、访问的准备、访问的进行、访问的记录、访问的事后工作。

- 访问安排应视情况而定。最好让已经有联系的客户来安排访问,如果没有这种客户,调查人员就要靠发出要求会见的信函或者用电话办理。
- 事先准备充分是访问成功的关键。调查人员在进行一连串访问之前,应该详细通读有关调查项目的全部资料,以便了解哪些是需要进行调查的问题等。
- 访问进行的一般顺序是:

——调查人员自我介绍,说明来意,作为双方对话的开始;

——在调查人员与应答者之间初步建立起某种个人联系的基础,调查人员开始提问,提问是访问的主要部分;

——提问和应答过程完成后,调查人员不应急于结束访问,而应该与应答人就某些问题展开简短、非正式的自由讨论,试图引导对方回答先前他们不愿意提供答案的问题,或鼓励对方透露一些暂时保密方案中的某项细节,然后才结束访问。

- 调查人员在结束实地调查工作后,还需做好一些事后工作。例如,对有关访问单位和个人在调查中给予的合作和接待表示谢意;如果曾向对方做出某种许诺,应逐一兑现;另外,还应注意根据被访问者的要求,在使用调查资料的时候对某些资料严格保密;同时,还可与有关访问单位和个人保持适当联系,以便今后继续开展营销调查工作。

4. 调查人员管理

对调查人员的管理,要贯穿整个调查工作的始终。对他们的工作进展情况要及时进行管理检查,其主要方法有:

- 查看他们收集的资料是否符合要求,若发现错误,应及时纠正,或重新进行调查;
- 现场检查,具体有追查访问、电话检查、邮件检查和路线检查等四种做法。

5. 联络方式

联络方式是调查人员与调查对象的接触方法,一般来说,这种接触方法主要有信函、电话和访问。究竟采取哪种方式或以哪种方式为主,应根据调查的实际情况和客观要求来决定。

(四)分析调查结果和撰写调查报告

在结束实地调查后,一般已收集到大量的资料,但这些资料的原始状态不可能完全满足调查人员的调查需要,必须把这些原始资料进行整理分析和处理,使之系统化、合理化,这就是分析调查结果所应做的工作。这些工作主要包括:数据资料的编辑、非正常因素的矫正、市场数据分析、撰写调查报告。

1. 数据资料的编辑

资料的编辑整理过程一般包括:分类、编辑、整理、制表、鉴定。

• 分类是数据资料编辑整理的基础,也是保证资料科学性的重要条件。分类的方法有两种:

——事先分类,即在问卷设计时已将调查问题预先作了分类编号,资料收集后只要按预先的分类整理即可;

——事后分类,市场调查中有些问题事先无法分类,如购买动机、非结构性问题的询问等,只能在事后分类。一般来说,资料分类编组有四种类型,即按数量分组、按时序分组、按地区分组和按质量分组。采用哪种类型分类,应根据研究需要而定。

• 编辑。一般包括对资料的检查、改错,以及鉴别与筛选。对资料的编辑应做到易读性、一致性、准确性和完整性。

• 整理。数据资料的整理一般采取手工方法、机械方法和计算机方法。

【知识链接 3-4】

数据资料整理方法比较

手工方法的优点是成本低,发现差错可随时纠正,但缺点是遇到大量复杂的数据整理时间过长;

机械方法的明显特点是效率高,并保证资料整理的准确性;

计算机方法比机械方法更先进,由于其计算速度快、准确性高,对大量复杂的数据处理工作特别有效。

• 制表。为了对资料进行分析与对比,必须将编辑过的资料根据调查目的和重要程度进行统计分类,制成表格或图形,使对资料的把握简洁明了。

• 鉴定。从总体中抽取样本来推算总体的调查结果必然带有误差。为了检验所抽取的样本,证实其是否代表总体,需要采取一些方法进行鉴定。

——凭经验鉴定误差。例如,把所得的样本数据与其他标准数据相比较,以验证其代表性。

——用适当的公式计算标准误差和置信度,如果计算结果在误差范围之内,则认为数据是可靠的。

2. 非正常因素的矫正

在收集到的数据中,由于非正常因素的影响,导致某些数据突然偏离正常规律,忽高忽低。对于这些由于偶然因素造成的、不能反映正常规律的数据,应该进行适当的技术处理。常用的技术处理方法有剔除法、还原法、拉平法等。

【知识链接 3-5】

常用的数据技术处理方法

剔除法是将那些不能反映正常趋势的数据直接剔除。当采用剔除法减少数据不利于分析时，还可以采用还原法。

还原法可用算术平均法或几何平均法计算出两种原值。这两种方法的选择视整个数列的趋势而定，如果数据的发展趋势呈线性时，用算术平均法较好；如果数据的发展趋势呈非线性时，用几何平均法较好。

拉平法主要用来处理商业企业调整或扩大经营范围，生产企业调整生产品种或扩大生产能力后的数列。

3. 市场数据分析

数据分析是考察调查总体的内部结构和分析各有关因素关系的工作，它是调查资料整理分析工作中的关键环节。对一项市场调查数据进行分析时，除了仔细考核它的质以外，还需研究它的量，否则就很难对情况有透彻的了解。数学决策模型就是寻求最优化营销方法的一组数学公式或计算程序，其中主要有微分推断、数学推断和博弈推断三种方式。微分推断是一种用一些定义适当的数学函数式寻找最大或最小值的方法。数学规划推断是把决策制定者的目标用一些变量加以表述，在一组明确限制条件下求取最佳目标。博弈推断是一种研究对抗性竞争局势的数学推断模型，通过它可以推出企业应选择的营销方案。博弈推断的基本依据是竞争双方都希望采取行动使自己损失最小，即最大损失最小化准则。

4. 撰写市场调查报告

在资料的整理和分析工作完成以后，就必须着手撰写市场调查报告。撰写报告内容如调查项目要求、调查方法、分析整理过程、资料目录等只作简要说明即可，而对调查结果的结论和建议可适当详细说明。市场调查报告依其内容可分为专题报告和一般性报告。

【知识链接 3-6】

专题报告和一般性报告

专题报告又称技术性报告，在撰写时应尽可能详细，凡在原始资料中发现的事实都要列入，以便其他专业人员参考。

一般性报告又称通俗报告，因阅读者众多，水平参差不齐，故应力求条理清晰，并避免过多引用专业术语。

(五)调查项目预算

调查项目预算决定了农产品营销调查项目的质量。农产品营销调查项目的经费预算方案就是关于调查经费的详细说明，界定付款方式及其时间，以保证调查项目的顺利实施。编制农产品营销调查项目预算主要考虑的内容有调查方案设计费与策划费，抽样设计费、实施费，问卷设计与测试费，问卷印刷、装订费，调查实施过程中的调查费用、调查员劳务费、受访对象礼品费、督导员劳务费、异地实施差旅费、交通费以及其他杂费等，数据录入过程中的问卷编码、数据录入、整理费用，数据统计分析过程中的上机、统计、制表、作图以及必需品花费等，调查报告撰写费、资料费、复印费等办公费用，管理费、税金等。

三、评审调查方案

农产品营销调查方案制定出来后，需要进行评审，以考察其适用性。调查方案的评审包括两个过程，即调查方案的可行性研究和调查方案的评价。

(一)调查方案的可行性研究

实际应用于一个农产品营销调查项目的方案常常不是唯一的，而不同的调查方案在结果、成本、时间等方面具有差异。调查方案的可行性研究是从方案的可操作性角度进行的分析，重点研究调查方案在财力、物力、人力或时间等限制条件下，所能够达到的最终结果，为方案决策提供依据。调查方案的可行性研究方法很多，最常用的有逻辑分析法、经验判断法和调查测试法。

1. 逻辑分析法

逻辑分析法是检查所设计的调查方案的各部分内容是否符合逻辑和情理。调查方案设计的出发点是企业要解决的问题或调查目的，围绕调查目的把可能涉及的方面作为调查内容。调查内容是有内在逻辑关系的，并非杂乱无章的；由调查内容所决定的数据资料必须能够使企业所面临的问题得以解决，而与之无关的则不能作为调查内容。调查内容又决定着调查方法和调查项目安排，项目进程必须有条有理地推进。

2. 经验判断法

经验判断法是组织一些具有经验的人士，对设计出的调查方案加以初步研究和判断，以说明方案的可行性。多数情况下，农产品营销调查是由专业机构或有一定调查经验的人员来完成的。专业机构或人员在长期调查实践中，会总结出很多经验，掌握特定的调查手段和方法，这些经验、手段和方法对提高调查效果非常有价值。经验判断法可以大大节省人力和时间，在较短的时间内做出结论。但这种方法也有一定的局限性，由于人的认识的差异性、有限性、客观事物的复杂多变性、各种主客观的因素都会影响人们判断的准确性。

3. 调查测试法

调查测试法是通过试点来对农产品营销调查方案的可行性进行研究。调查测试的目的是使调查方案更加科学和完善，而不是搜集数据资料。调查测试可以选择一些典型进行调查，由于调查规模较小，所以成本、时间的耗用也较小；同时典型调查在过程和方法上与正式调查是相同的，因此可以反映出调查方案的适用性。例如，通过试点来进行实地检验，检查目标制定的是否恰当，调查指标设计是否正确，哪些需要增加，哪些需要减少，哪些规定和说明需要修改或补充，这些试点后都要分门别类地提出具体意见和建议，使调查方案的制订既科学合理，又能解决实际问题。

(二)评价调查方案

调查方案的可行性研究之后，需要对调查方案进行综合评价。评价调查方案的根本目的是进行调查方案的选择，同时也是对调查方案修改完善的一种手段。调查方案评价主要从调查方案的目的性、可行性、质量和有效性等方面进行。

【知识链接 3-7】

调查方案的目的性、可行性、质量和有效性

方案目的性是指该方案是否能够体现调查项目的目的和要求，具体而言，就是调查项目的方法、人力、物力和时间安排是否能够保证获得足够的、正确的数据资料，这些数据资料能否解决调查项目提出的问题。

方案的可行性是指该方案是否科学、完整和适用，调查方案的设计是否包括了整个调查范围，是否设置了许多相互联系、相互制约的指标，形成了一套比较完整的指标体系，是否具有全面、系统、配套和适用性强的特点。

方案的质量是指该方案的各个工作环节是否能够为最终成果提供足够高的质量保证，能否在技术上、组织上降低系统性误差，当出现差错时是否能够发现和及时修正。

方案的有效性是指方案设想与现实条件的吻合程度，即在现实条件下哪些方法、手段是简便易行的，哪些方法、手段是效果较差的；对于效果较差的方法、手段有无可以替代的更好的方法、手段。

子任务 2　设计调查问卷

调查问卷是调查者根据一定的调查目的和要求，按照一定的理论假设设计出来的，由一系列问题、调查项目、备选答案及说明所组成的，向被调查者收集资料的一种工具。调查问卷是在市场调查中广为使用的、简便易行的手段。调查问卷的设计就是根据调查者的目的和要求，将调查问题具体化，使之形成问卷，以便收集数据资料和对数据资料进行处理、统计的工作。

【知识链接 3-8】

调查问卷的结构

调查问卷的基本结构包括问卷标题、作业记录、访员致辞、甄别问卷、主体问卷、填写说明、编码、受访者资料、结束语等，有时少数问卷也会有访员保证书等内容。

问卷标题是调查问卷的题目，它要简单明了地说明调查的内容主题。

问卷的作业记录用于问卷的整理和计算机录入，它一般设置在问卷开头，内容包括问卷编号、访问时间和地点，以及访问人员、审核人员和录入人员的姓名等。专业记录可以使人们区分每一份问卷，并得知每一份问卷的处理全过程。

访员致辞是访问人员向被调查者写的一封简短信，主要用于介绍调查的目的、意义、选择方法以及填答说明等，一般放在问卷的开头。有些访员致辞还会说明访问地点及其他事项等以及一些宣传内容，从而使被调查者更容易接受访问。

甄别问卷用于鉴别被调查者是否符合样本要求，一般放在主体问卷之前。甄别问卷的内容多数是样本设计时的主要样本特征。当被调查者符合样本要求时，访问将继续，并在问卷统计时计算相应样本量。当被调查者不符合样本要求时，访问将终止。

主体问卷是问卷的核心，它包括问题和回答方式。问题按照调查内容进行展开、细化，并依据逻辑关系进行排列。回答方式根据问题的不同而不同，封闭型问题会列出所有备选答案，而开放型问题则只留出回答空间。主体问卷占整个问卷内容的绝大部分，其设计质量直接关系到整个调查问卷的质量。

填写说明是用来指导被调查者回答问题的各种解释和说明。不同的调查问卷，填写说明差别很大。有些问卷的填写说明很少，只在问卷末尾说明两句；有些问卷的填写说明集中在访员致辞之后，并有专业的“填表说明”标题；有些问卷的填写说明分散在某些较复杂的问题前或问题后，对这一类问题作专业性说明。

编码是将调查问卷中的问题和备选答案给予统一设计的代码。在大规模问卷调查中，调查资料的统计汇总十分繁重，借助于编码技术和计算机，则可大大简化工作量。编码既可以在问卷设计的同时就设计好，也可以等调查工作完成以后再进行。

受访者资料是被调查者的个人信息，用于问卷复核或补访时使用，一般放在问卷末尾。有时被调查者会拒绝透露个人信息，但受访者资料作为问卷中的一项是必要的。

结束语是用来简短地对被调查者的合作表示感谢，也可征询一下被调查者对问卷设计和问卷调查本身的看法和感受，一般放在问卷的最后面。

问卷设计是农产品营销调查的一项关键工作。要做好问卷设计工作，应注重几个方面：问卷设计程序、问卷内容设计、问卷外观设计、提出问题的技巧、问题的排列顺序等。

一、问卷设计基本程序

拟定问卷的过程应当遵循的基本程序如下：

1. 透彻了解调查方案的主题

在调查方案中已经对调查目标进行了界定，调查问卷将严格按照调查目标进行设计。偏离调查方案的主题是十分有害的，这可能降低整个调查的价值。

2. 决定问卷的具体内容和需要什么资料

问卷和资料的内容应围绕调查主题展开，内容和资料过宽或过窄都不可取。内容和资料过宽会造成人力、财力、时间的浪费；内容和资料过窄会在数据分析和提出建议时缺乏依据。

3. 逐一列出各种资料的来源

调查资料来源与样本选择有关，尽可能详尽地列出资料来源有助于设想可能的访问对象。

4. 模拟调查过程

将自己放在被调查人的地位，考虑这些问题能否得到确切的资料，哪些能使被调查人方便回答，哪些难以回答。通过设想被调查者情况，可以大致知道需要调查哪些问题。

5. 按照逻辑思维排列问题次序

问题次序一般包括平行、递进和跳答，平行用于地位相当但彼此没有关联的问题；递进用于前后有因果关系的问题；跳答用于在某些情况下不需要回答的问题。

6. 确定提问方式

确定哪些设计成封闭性问题，哪些设计成开放型问题，哪些需要作解释和说明。封闭性问题常用于有明确答案范围的问题，后面要设计多项选择答案；开放型问题常用于没有明确答案范围的问题，要被调查者自由回答。

7. 写出问题

问题是调查问卷的关键，需要清晰明了，要注意一个问题只能包含一项内容。当问题范围较宽，需要回答的内容较多时，需要拆分问题。

8. 设想回答结果

每个问题都要考虑给解答人以方便，如果用对照表法，就要研究用哪些询问项目；如果用多项选择法，就要考虑应列出哪几项答案。

9. 每个问题都要考虑怎样对调查结果进行恰当的分类

调查结果分类用于数据资料的处理，封闭性问题可以直接进行统计，而开放型问题就必须进行一轮调查结果的种类汇总，然后对不同种类的调查结果再进行统计。

10. 审查提出的各个问题，剔除含义不清、倾向性语言和其他疑点

审查问题时要设想被调查者可能出现的情况，很多时候调查者与被调查者之间有理解上的差异。

11. 考虑提出问题的语气是否自然、温和、有礼貌和有趣味性

问题的提出语气会影响调查质量，因为多数调查是针对陌生人的，需要考虑人们心理和接受程度。

12. 考虑将得到的资料是否对解决问题有帮助，如何进行数据资料分析

调查的数据资料最终是用于解决问题的，而解决问题常常用到数学模型；数据资料数学模型的吻合度好，将使数据分析更为容易，否则数据变换也是一项艰巨的工作。

13. 问卷试访

问卷试访是以少数应答人为实例，对问卷进行小规模测试。通过问卷试访才能发现问卷的不足。

14. 审查问卷试访的结果

这种审查既要着眼于所收集的资料是否易于列表，又要着眼于资料的质量，看是否有不足之处需要修改。当问卷确实存在不足时，必须进行修改。一般情况下，问卷需要通过几轮的设计、试访、修改，才能最后进行实地访问。

15. 完成问卷设计并打印出来

问卷设计完成后，需要进行主管人员的认可，然后进行打印。当问卷数量很大时，需要印刷、装订。

以上是一般的工作步骤，如果遇到有特殊要求的市场调查，还需对问卷进行特殊的处理。

二、问卷内容设计

一份问卷由调查者提出征求回答的一组问题所组成。调查问卷的问题和备选答案都是体现内容设计的手段。

【知识链接 3-9】

封闭型问题和开放型问题

调查问卷中的问题按形式分为两类，即封闭型问题和开放型问题。

1. 封闭式问题。指被访问者在所有可能的回答中选择某种答案。封闭型问题的提问方式一般有两项选择题、多项选择题、顺位比较、事实性问题、比较方法、分等量表、重要性量表等。

◆ 两项选择题是指一个问题提出两个答案供选择。

例如：您家在今年12月31日前购买过手机吗？

是(　)　　否(　)

◆ 多项选择题是指一个问题有三个或更多的答案供选择。

例如：您购买洗涤产品时，最关心的是：

A 名牌产品(　)　B 洗东西干净(　)　C 不伤手(　)　D 任何商店都有出售(　)　E 包

装美观(　) F携带方便(　) G分量足(　) H广告吸引(　) I朋友介绍(　)。

● 顺位比较是指问卷设计者列出若干项目,由被调查者按照重要程度进行排序。

例如:你在购买食品时,请按你认为最重要的顺序将下列因素进行排序。

A品牌　B价格　C包装　D口碑　E方便快捷　F质量安全　G其他因素

◆ 事实性问题是要求应答者回答一些有关事实的问题。

例如:通常你每星期光顾几次服装商店?

● 比较方法是指将具有可比性的事物进行对比并进行选择。

例如:在以下每一对不同品牌的方便面品牌中,你最喜欢哪一对?

A康师傅　今麦郎(　) B康师傅　福满多(　) C东三福　福满多(　) D东三福　康师傅东三福(　) E今麦郎　东三福(　) F今麦郎　福满多(　)。

◆ 分等量表是指对某些属性从"质劣"到"极好"进行分等。

例如:某公司的服务质量如何:

极好	很好	好	尚可	差	极差
(　)	(　)	(　)	(　)	(　)	(　)

◆ 重要性量表是指对某些属性从"非常重要"到"完全不重要"进行分等。

例如:你认为包装对于农产品而言是否重要:

非常重要	很重要	重要	无所谓	不重要	完全不重要
(　)	(　)	(　)	(　)	(　)	(　)

2. 开放式问题。开放式问题允许被访问者用自己的语言和自由的方式来回答问题。开放型问题的提问方式一般有完全自由式、字词联想法、语句完成法、故事完成法、主题视觉测验法等。

◆ 完全自由式是指被访问者可以用几乎不受任何限制的方法回答问题。

例如:您对中国未来经济走势有什么看法?

◆ 字词联想法是列出一些字词,每次一个,由被访问者提出他脑海中涌现的第一个词。

例如:当您听到或看到下列字词时,您脑海中涌现的第一个词是什么?

收音机——噪声,新闻,音乐,信息,娱乐……

◆ 语句完成法。提出一些不完整的语句,每次一个,由被访问者完成该句子。

例如:当我口渴时,我想喝________。

◆ 故事完成法。提出一个未完成的故事,由被访问者来完成。

例如:几天前我到超市,看到蔬菜价格。这使我有下述的感想________。

◆ 主题视觉测验法是向应答者出示一组图片或照片,要求他根据自己的理解虚构一则故事。

例如:图上画着公路上汽车排着长队,要求被调查者写一段100字左右的故事。

问卷内容设计要点有:

(1)从调查主题出发,向其相关方面扩展,直到可以获得数据资料的详细程度。

(2)问题的顺序。问卷上问题应按如下顺序,即访员致辞、甄别问题、必须回答的问题、自由回答的问题、有关主题的其他问题,最后是被调查者的个人情况。

◆ 访员致辞是一段开场白。例如"您好!我是××公司的,我的名字叫××。我在对绿色食品进行营销调查。我知道您是贵店的经理。承蒙合作,非常感谢!谈话时间只需15分钟。"

◆ 甄别程序。正式提问前应当有一个甄别程序，它的作用旨在证实被访问者是否是一位能够提供所需资料的合适的人。假定访问者正在调查罐头市场，而且只想访问那些销售某种产品的零售商，那么，问卷上的过滤问题就可能是：贵店销售绿色食品罐头吗？如果回答为"是"，访问就可以继续进行。如果回答为"否"，访问者就可以接着再问一两个问题弄清原因。然后，他可以请被访问者提供分类资料并结束访问。

◆ 必须回答的问题、自由回答的问题和有关主题的其他问题都是主体问卷的内容。调查时首先应让被调查者回答必须回答的问题，这是因为很多被调查者会按照自己的思路发表意见，而导致调查偏离主题。自由回答的问题和有关主题的其他问题作为调查内容的扩展和补充，在时间充裕时可以作为调查内容的补充。

◆ 被调查者的个人情况是一般背景资料的组成部分，例如，被调查者的年龄、住址、职业、公司的规模、销售量等。这些资料中有些或许被看做是机密的，被调查者或许不愿意回答。由于这个原因，涉及敏感性题目的问题应当总是放在问卷的最后。

(3)问题的要求。问题要有利于对方回答，一般先从概括性、容易回答的问题开始，防止一下子提出复杂的问题；不要提出与对方无关或对方不感兴趣的问题；问题不宜过长，且清楚明了，尽量不使用使人费解的专业名词；不能把两个问题并为一个；问题要便于数据处理，问卷卡片最好能直接被计算机读入，以节约时间并使统计结果准确。

(4)问题次序。有平行、递进和跳答三种。平行问题要清晰，尽量与递进问题分开。递进问题应具有连贯性，防止被调查者过快地变换思路。有跳答情况必须严格控制，防止回答了不应该回答的问题，而使调查结果混乱，甚至作废。

【知识链接 3-10】

判断问卷设计的直观标准

1. 问卷对调查主题、内容的覆盖程度。问卷必须能够覆盖整个调查主题、内容，但不是问题越多越好。问题过多往往是在问卷中加入了与本次调查无关的内容，或是问卷设计者对问卷的内容、机构理解不清而使某些信息重复询问，这些多余的问题会加大整个调查的工作量和难度。

2. 问卷的回答率。回答率反映了被调查者对问卷的接受程度，问卷内容对被调查者要求过高，被调查者根本回忆不出或不知道问题的答案，将降低问卷的回答率。问卷的回答率过低将导致缺失值太多，使数据可信度下降，即使勉强得到了答案，也可能是一些不准确的答案。

常见的问卷错误就是提出了令人不能回答、不愿回答或不需回答的问题。因此，对每一个提出的问题都应该分析，以确定它对研究的目标是否有贡献？仅仅是趣味性的问题应该剔除，因为它拖延了时间和使被访问者不耐烦。

三、问卷的外观设计

设计问卷的另一重要是问卷的外观问题。问卷的外观设计应关注细节：

◆ 一般情况下，小张纸比大张纸好。

◆ 问卷的外观要庄重，显得"正式"的问卷有助于使被访问者感到他们正在为一项有价值的调查出贡献。

◆ 问题应当只印在纸张的一面，而且必须为答案留出足够的空白、说明应当清楚地印在所涉及的问题旁边。关键词应当画线或用醒目的字体。

◆ 问卷的每页都应印有一个供识别用的顺序号,而且每套问卷都应按顺序编号。

◆ 注意把同一份问卷装订在一起,防止部分数据丢失。

子任务3　组织调查实施

市场调查的实施阶段是指数据资料的收集阶段,这一阶段的主要任务是调查者与被调查者相接触,使用调查问卷进行采访,记录并回收调查问卷,最后进行数据资料的整理与分析。

一、市场调查实施的组织

市场调查实施是按照所拟定的调查方案进行的,也就是说,市场调查实施就是调查方案的实现过程。专业市场调查机构一般采用项目经理、督导和访问人员的组织形式来实施调查项目,项目经理负责调查方案的制订和把握总体进程,督导负责调查项目实施过程的组织,访问人员负责收集数据资料。当调查项目较大时调查机构会建立项目办公室对督导进行管理,当调查项目较小时项目经理和督导会由一人承担。

组织市场调查实施的基本任务是保证调查者能按照所培训的方法和技巧来实施调查,减少调查过程中非抽样误差。

市场调查实施的组织主要包括三方面内容,即调查前的访问人员培训、调查过程中的监控、调查后的检查评价。

(一)调查前的人员培训

培训的目的是为了增强访问人员的责任心,提高访问人员的调查技巧,帮助访问人员了解和熟悉调查项目与问卷。调查前的人员培训一般包括三个部分,即基础培训、项目培训与模拟调查。

1.基础培训

主要涉及思想素质、基础知识、调查实施的一般技巧等。

◆ 思想素质培训的目的是让访问人员明确调查项目的意义,提高自身的职业道德素质,增强自身的责任感和工作热情。

◆ 基础知识培训是对调查方法、项目的具体过程、抽样基本方法、相关政策法规的介绍,使访问人员掌握项目的相关背景知识和政策法规。

◆ 调查的一般技巧培训是基础培训中最重要的内容,主要是介绍市场调查实施的各个具体阶段的工作方法。

2.项目培训

主要包括项目方案介绍、项目背景知识、抽样方案、问卷结构与具体内容的解释、填写要求、具体注意事项、现场可能遇到的问题及处理方法等。

◆ 项目方案介绍包括调查项目背景、调查目的、调查对象、调查方法、进度安排、介绍调研核心组的成员等。

◆ 背景知识是调查项目所涉及的专业知识。

◆ 抽样方案是介绍项目的具体抽样方案。

◆ 问卷结构是介绍问卷结构并详细解释问卷内容。

◆ 具体填写要求是明确规定问卷的填写要求。

◆ 具体注意事项是把容易出错和比较重要、需要强调的事项告诉访问人员。

◆ 现场可能遇到的问题及处理方法是对事先考虑可能会出现的问题所提出的有用建议。

3. 模拟调查

模拟调查是基础培训、项目培训后所进行现场模拟调查或实地试访问。经过模拟调查可以使访问人员进一步熟悉问卷并积累调查经验，及时发现并解决可能出现的问题。

(二)调查过程中的监控

监督主要内容包括抽样控制、调查质量控制、弄虚作假行为的控制、调查进度和费用的监督与控制等。

1. 抽样控制

抽样控制是由督导按照调查方案对调查对象进行抽样检查，以保证访问人员严格地按照抽样方案去抽取样本，而不是根据是否方便或容易接近来挑选样本。抽样控制采用随机抽样方式，可以防止访问人员抽取样本的随意性，又可以减少督导的工作强度。

2. 调查质量控制

调查质量控制是对访问人员是否按要求正常地实施了调查所进行的监督核查。现场调查时督导应在现场进行控制，发现问题、解决问题；非现场调查时督导应随时与访问人员保持联系。调查质量控制通过核查问卷的方法，主要工作包括检查是否所有该答的问题都回答完毕，问卷是否有明显的逻辑错误、有没有不完全的或令人不满意的回答以及字迹是否清楚等。

3. 弄虚作假行为的控制

有些访问人员可能会对未完成的部分问题自己编造答案，也可能根本没有去调查就自填答案，这将严重损害调查质量。对弄虚作假行为的控制就是要避免这种行为，具体方法有培训教育、严惩的警告、质量监督、问卷审核、复查等。

4. 进度与费用控制

进度与费用控制是由督导记录工作时间及花费情况，然后向项目经理或项目办公室汇报，使项目经理或项目办公室能够及时掌握调查总体的进展情况和费用情况并做出随时调整，以保证时间和费用能使调查项目按原定计划进行。

(三)调查后的检查

主要是通过问卷复核来检查调查工作的有效性。

【知识链接 3-11】

问卷复核

包括现场复核和集中复核。

现场问卷复核由督导负责，在回收问卷时督导对完成填写的问卷内容、完成率、被调查者资料进行审查，对于不合格问卷及时退回并要求访问人员进行补访。

集中复核在项目办公室进行，首先对每个访问人员所完成的问卷进行抽查，然后入户或电话等方法进行复核，询问访问人员是否真去进行了调查，以及调查的时间、访问人员的态度、调查的质量、被调查者资料等，对于不合格者应进行补访或承担赔偿责任。

二、实地调查的方法

实地调查方法选择的合适与否，会直接影响到调查的结果。因此，选择合适的实地调查方法是农产品营销调查的重要环节。实地调查的方法很多，除了前面提到的实地调查法外，还有案头调查法、观察法调查法、询问调查法、实验调查法等。

（一）案头调查法

【知识链接 3-12】

案头调查法

案头调查基本上以收集分析第二手资料（又称案头资料）为主。当所需的第一手资料有限而相应的文字资料已经存在时，案头调查往往是比较有效的调查方法。案头调查是实地调查的基础和前道工序，实地调查是案头调查的补充和深化。

案头资料包括企业内部资料和企业外部资料。内部资料主要是企业内部的市场营销信息系统经常收集的资料；外部资料是企业外部的单位所持有的资料。

内部资料来源主要有两个方面：一是营销调查部门汇编的资料，这些资料不仅包括营销部门历年在进行具体调查工作中所积累的资料，还包括从营销调查的组织机构中收集到的各种有关文献的资料；二是信息系统提供的统计资料，这些资料有客户订货单、销售额、销售损益表、产品成本以及库存情况等。

外部资料是指公共机构提供的已出版或未出版的资料，这些资料的来源广泛，主要包括：国家统计机关公布的统计资料，行业协会发布的行业资料，图书馆保存的大量商情资料，出版机构提供的书籍、文献、报纸杂志，银行的咨询报告、商业评论期刊，专业组织的调查报告，研究机构和学术团体的调查报告。

调查人员进行案头调查必须遵循的基本程序是：

1. 评价现成资料

在信息爆炸的时代，案头放的资料会很多，关键是调查人员应根据自己的需要对这些资料做出评价，而评价的标准应主要从专业性、准确性、全面性、时效性和可信性等方面进行考虑。

2. 收集资料的途径

从一般线索到特殊线索，这是每个调查人员收集信息资料的必由之路。当进行正式调查时，首先寻找的第一类资料往往是关于市场总体概括的资料，包括基本特征、一般结构、交易情况、发展趋势等。随着调查工作的深入，对资料选择的专门程度或详细程度的要求会越来越高。

3. 资料筛选

资料收集后，调查人员应根据课题的需要，剔除与课题无关的资料，筛选出与调查内容直接相关的重要资料。

4. 撰写案头报告

案头报告是对案头调查工作的过程和结果的一个总结论述。撰写这类报告应注意以下几点：内容简单明了，以方便阅读、了解和掌握基本情况；重点突出，对调查的主要内容应着重展开分析；结论明确，如果没有明确的结论和建议事项，该调查报告就失去了意义和价值。

农产品营销调查的基本要求是不断地收集营销信息，而持续的案头调查则能满足这种要求。持续的案头调查的内容十分广泛，它大到包括一切与企业有关的宏观经济、社会、政治等状况，小到包括人们个别的行为、需要、态度、动机等。因此，应从企业自身的实际出发，有重点、有选择地进行持续案头调查。

（二）观察法

观察法是由调查人员直接或通过仪器在现场观察被调查对象的行为并加以记录而获取信息的一种方法。观察法的特点在于调查人员不向被调查对象提出问题，也不需要被调查对象回答问题，只是侧面观察被调查对象的行为和表现，以此来推测被调查对象对某种产品或服务的欢迎态度和满意程度。观察法的主要形式有直接观察法、亲自经历法、痕迹观察法、行为记录法等四种。

◆ 直接观察法就是派调查人员去现场直接察看。使用这种方法进行调查，要确定是定期观察还是不定期观察以及观察的次数等。

◆ 亲自经历法就是调查人员亲自参与某种活动，以收集有关的资料。通过亲身经历收集的资料，一般是非常真实的，但调查人员应注意不要暴露自己的身份。

◆ 痕迹观察法是指不直接观察被调查对象的行为，而是观察被调查对象留下的实际痕迹的方法。例如，汽车经销商想要了解在广播电台哪一频道做广告的效果更好，只要派人到汽车修理厂查看送来修理的汽车收音机的指针在哪个波段最多即可。

◆ 行为记录法是利用设备记录并观察被调查者行为的方法。因为观察法不直接向被调查者提出问题，所以有些观察工作就得通过录音机、录像机、照相机及其他监听、监视设备来进行。

◆ 观察法可以客观地获得准确性较高的第一手信息资料，但是它只是反映事物的现象，而不能说明事物发生的原因。

（三）询问法

询问法，又称访问法，是把调查人员事先拟定的调查项目或问题以某种方式向被调查对象提出，要求被调查对象给予回答，由此获取信息资料。询问法是最常见和最为广泛采用的一种实地调查方法。询问法的主要形式有面谈访问法、电话询问法、邮寄询问法、留置问卷法、会议访问法、计算机访问法等几种。

◆ 面谈访问法是调查人员直接询问被调查对象，向被调查对象询问有关问题，以获取信息资料。面谈访问的常用方式有个人面谈访问和小组面谈访问。面谈访问法的主要优点是，直接与被调查对象见面，听取其意见，观察其反应，并可与其进行深入详细地交谈，其问卷的回收率较高且质量易于控制。其缺点是调查成本比较高，调查结果受调查人员业务水平和被调查对象回答问题真实与否的影响很大。

◆ 电话询问法是由调查人员根据抽样的要求，在样本范围内通过电话询问形式向被调查对象询问预先拟定的内容而获取信息资料的方法。电话询问法的优点在于，可以在短时期内调查较多的对象，成本也比较低，并能以统一格式进行询问，所得信息资料便于统计处理。其缺点是不易得到被调查对象的合作，也难以询问较为复杂的问题。

◆ 邮寄询问法又称通信询问法，是将事先设计好的问卷或问卷，通过邮件的形式寄给被调查对象，让其填写好后按规定的时间邮寄回来。这种方法最大的优点是选择调查范围不受限制，被调查对象有较为充裕的时间来考虑答复问题，而且可以避免因调查人员在场而产生的偏见，使得到的信息资料较为客观真实。其缺点是时间周期较长，而且邮件回收率很低，一般只有1%～5%，能达到10%就相当不错，这就影响调查的代表性。

◆ 留置问卷法就是由调查人员将事先设计好的问卷或问卷当面发给被调查对象，并说明回答问题的要求，留给被调查对象自行填写。然后，由调查人员在规定的时间收回。这种询问方法的优缺点介于面谈询问法和邮寄询问法之间。

◆ 会议访问法就是利用各种会议如博览会、交易会、订货会等或直接召开座谈会进行市场调查的方法。这种调查方法的最大优点是产销直接见面，联系面广，便于收集分散的市场动态信息。其主要缺点是很多展销会只是工商企业相互之间的业务活动，并没有与消费者直接见面，不能全面了解消费者方面的信息。

有些调查公司在购货中心建立了交互式计算机终端，希望被调查对象根据屏幕上显示的问题，键入他的回答。在现代社会条件下，已有越来越多的人喜欢这种利用间接方法吐露自己真实动机的“自动仪器”式的访问方法。

(四)实验法

实验法是指在控制的条件下，对所研究的对象从一个或多个因素进行控制，以测定这些因素的关系。在因果性的调查中，实验法是一种非常重要的工具。

实验法源于自然科学中的实验求证方式，它通过小规模范围的实验，记录事件的发展和结果，收集和分析第一手资料。一般来说，采用实验法要求调查人员事先将实验对象分组，然后将其置于一种特殊的环境中，做到有控制地观察。在剔除外来因素或加以控制的条件下，实验结果与实验条件有关。实验条件是自变量，被实验对象是因变量。常用的实验法有实验室实验、现场实验、模拟实验等几种。

◆ 实验室实验，即在实验室内利用专门的仪器、设备进行调查。例如，调查人员想知道几种不同的广告媒体进行促销宣传的优劣，便可通过测试实验对象的差异，评选出效果较好的一种广告媒体。

◆ 现场实验是在完全真实的环境中，通过对实验变量的严格控制，观察实验变量对实验对象的影响，即在市场上进行小范围的实验。

◆ 模拟实验的基础是计算机模型。模拟实验必须在对市场情况充分了解的基础上建立有关假设和模型。

以上是实验法的常用形式，其优点是方法具有科学性，能够获得比较真实的信息资料；但也有其局限性，即大规模的现场实验难以控制市场变量，从而影响实验结果的有效性，并且实验周期较长，调查费用较高。

三、实地调查后续工作

(一)数据资料的整理

数据资料的整理需要按照市场调查方案来进行，其中部分工作与收集数据资料一起进行，而多数工作在收集完数据资料后进行。数据资料的整理主要有数据的审核、编辑、编码、数据录入、数据清理等。

◆ 数据审核主要检查应该被调查的单位是否都已调查，问卷的各项目是否都填写齐全；被调查者的回答是否前后不一致，答案有无逻辑错误；调查数据资料的口径、计算方法、计量单位等是否符合要求;调查记录是否字迹清楚,明白易懂;被调查单位是否都按规定日期填写和送出等。数据审核主要通过经验判断、逻辑检查、计算审核来完成。从项目组织过程看,数据审核与问卷复核是一致的,一般也分为现场复核和集中复核,两者有时就是同一项工作,有时两者分开进行。数据资料编辑是对原始数据资料的修订,这项工作与数据审核交叉进行,一般由人工完成。

◆ 编码是将问卷信息转化为统一设计的计算机可识别的代码,以便于对其进行数据录入与分析。数据资料需要进行编码的地方包括问卷的代码、变量的定义、取值的定义,一般是将这些内容编制成编码表。编码表与问卷设计是对应的,如果编码表设计得准确、全面、有效,将有助于提高调查数据的分析质量。

◆ 数据录入是将编码以后的数据录入到数据库中的工作。数据录入在多数情况下是由录入员向计算机中的数据库以手工方式进行的,少数情况下使用扫描、电子阅读等方式进行。计算机人工录入需要具备计算机、数据库软件,它的优势是简便快捷,可以利用专门软件直接进行数据分析;它是劣势是录入工作量很大,容易产生错误,变量设置较少。在专业调查机构,一般会选择工作认真、有责任心、技术熟练的录入人员;采用两台计算机分别录入相同的数据,然后将两部分数据相比较,根据不一致的数据检查错误并加以改正;同时利用抽检复查方式,保证录入的数据质量。

◆ 数据清理是对录入计算机数据库的数据所进行的一致性和逻辑检查。一致性检查主要包括变量的取值是否超出合理范围、有无逻辑错误以及有无极端值。逻辑检查就是检查数据有无逻辑错误。当数据出现一致性和逻辑错误时,数据清理时可以删除有关数据,或者通过复制估算等方法替换有错误的数据。

(二)数据分析

市场调查的数据分析是以数据作为基础的,但由于数据分布于市场的全过程,因而数据分析涵盖了市场调查的多个方面。

◆ 对市场调查的目的进行分析。要对市场调查项目的方向、过程和侧重点等重新审视,从而对数据所蕴含的意义有更深刻的理解。

◆ 对调查方式及其分析方法进行研究。当数据分析真正开始时,需要再次对调查方式和分析方法的特性和针对性进行研究,以保证数据分析结果的科学性、有效性。

◆ 对调查数据的可靠性和代表性进行分析。由于样本选择、调查误差、数据缺失值等原因,最终数据与调查计划所设想的会有差别。因此,对数据的再次审核仍是必要的。

◆ 数据资料的分析研究。是以调查目的为方向,从数据资料中寻找答案和解释。数据分析时将利用适宜的方法,对数据进行解读,并把结果作为相应问题的答案。

◆ 综合分析。综合分析是在对调查数据逐一解读、研究后,对全部数据及其背景进行一种综合,这一工作是使单一问题的分析相互联系、校验,并形成一个完整的形象。

数据分析方法的种类繁多,这与人们认识市场现象和市场调查实践有关。在市场调查实践中,人们把数据分析方法分为定性分析方法和定量分析方法。

【知识链接 3-13】

定性分析和定量分析

数据的定性分析方法是指不采用数量分析,而依赖人们的市场经验、人们对市场规律的认识和把握的一类方法。在定性分析时，强调市场现象的真伪校验和相互联系。真伪校验是用数据资料论证、判断市场现象，以得出方向、程度等特性。相互联系则偏重于一种市场现象对其他市场现象的影响，通过建立多种市场现象之间的因果关系而形成市场的整体形象。数据的定性分析方法使用较多的有比较分析法、分类分析法、归纳分析法、演绎分析法、结构分析法、功能分析法、系统分析法等。

数据的定量分析是指从事物的数量特征方面入手，运用一定的统计或数学分析方法进行数量分析，从而挖掘出事物的数量中所包含的事物本身的特性及规律性的分析方法。市场活动是一种经济活动，是可以用货币表述的，因此市场现象特别适合使用定量分析。定量分析中最常用的分析方法是统计分析方法，按其目的不同，可以描述性统计分析和推论性统计分析等。

(三)市场调查报告的撰写

【知识链接 3-14】

市场调查报告固定格式

市场调查报告其主要内容包括封面、信件、目录、摘要、引言、调查方案、数据分析方法说明、调查结果、局限性及一些必要的解释说明、结论和建议、附件等。

封面包括调查报告的标题、研究人员或机构、报告提交日期等。

正式的调查报告会附有致项目委托人的信和项目委托人的授权信。

目录列出报告各部分或分部分的标题及其对应的页码。

摘要是调查报告中最重要的内容，一般按照市场调查项目的顺序将问题展开，并阐述对调查数据资料进行选择、评价，以及得出的结论、建议等。

引言包括项目背景、调查问题定义等。

调查方案详细描述了调查项目实施的具体方案。

数据分析方法说明描述了据分析方案并论证其正确性。

调查结果是调查报告中内容最多的部分，用来提出调查的发现，包括基本结果、分组结果和关联性分析结果等。

局限性及一些必要的解释说明是对调查项目存在的不足、问题进行的解释说明。

结论和建议是对引言和正文部分所提出的主要内容的总结，它与调查报告的数据资料、结论建议要完全吻合。

附件是指调查报告正文包含不了或没有提及，但与正文有关，必须附加说明的部分。

◈ 分组讨论

1. 什么是农产品营销调查?
2. 农产品营销调查的基本过程是什么?
3. 如何拟定农产品营销调查方案?
4. 如何设计农产品营销调查问卷?
5. 如何组织农产品营销调查活动?

6. 什么因素能够影响农产品营销调查的效果？

7. 探讨能够更好进行农产品营销调查的方法与技巧。

◈ 业务技能训练

以“城镇居民的蔬菜购买行为调查”为主题，完成以下实训任务：

1. 拟定一份“城镇居民的蔬菜购买行为调查方案”。该调查项目的研究目的是考察城镇居民日常购买蔬菜的行为特征。该项目的调查方案应包括调查主题、调查内容与方法、实地调查安排、分析调查结果和撰写调查报告、调查项目预算等内容。应尽可能详细地对整个调查过程进行设计，最后以书面形式提交拟定的调查方案。

2. 设计一份“城镇居民的蔬菜购买行为调查问卷”。该调查问卷用于调查城镇居民日常购买蔬菜的行为特征。该问卷应包括问卷标题、作业记录、访员致辞、甄别问卷、主体问卷、填写说明、编码、受访者资料、结束语等内容。应尽可能展示居民购买蔬菜的行为细节，最后以书面形式提交设计的调查问卷。

3. 进行一次“城镇居民的蔬菜购买行为调查”的实地调查。实地调查依据“城镇居民的蔬菜购买行为调查方案”和“城镇居民的蔬菜购买行为调查问卷”进行。实地调查可以按小组或个人进行，最后提交调查问卷和调查活动总结。

训练目的

掌握调查方案的拟订方法；掌握调查问卷的设计方法；掌握实地调查方法。

任务四　选择农产品目标市场

◆ 任务目标

通过完成本任务,你应该能够:

1. 运用市场细分标准进行农产品市场的细分;
2. 选择农产品目标市场并确定恰当的进入方式;
3. 为农产品进行市场定位。

◆ 引导性案例

从一块地里刨出来的大葱细分之后市场和价格都不同

近年来,大蒜价格从"蒜你狠"到"蒜你贱",生姜价格从"姜你军"到"被将军",农产品的价格就像坐上了过山车一样暴涨暴跌,但从2005年以来,章丘大葱持续增产增收,表现稳定。

在章丘市枣园镇万新大葱购销服务部,两辆运输大葱的货车,其中一辆装的都是成捆的小细葱,而另一辆车上的葱则要粗壮不少,这是怎么回事呢?"细葱是发往重庆的,粗的是发往河南的。"服务部的负责人沙继庚道出了"秘密"。原来,重庆人爱吃小葱,而河南人既不要小葱也不要大葱,喜欢介于二者之间的二级葱。不管是"小葱"还是"大葱",都是从一块地里刨出来的,经过挑选后身价也有了差别,小葱每斤能卖到7毛,大一点的则能卖到9毛。其实发往重庆和河南的小葱、"二小葱"只能算是章丘大葱中的"低等品",直径2.5厘米以上的一级葱、特级葱,主要销往了北京、天津、河北市场,它们的价格也更高。在章丘大葱的主产区,当地10多万亩大葱10多亿斤产量,根据不同地区的消费习惯,高规格的大葱作为礼品葱销往北京、济南、青岛等高端市场,中等规格的大葱销往河南及当地市场,小细葱走西南市场。在万新大葱购销服务部,不仅大葱的大小有级别,包装方式也有差别。传统的"捆扎葱"每斤也就能卖到一块二三毛钱,特级葱能卖到一块五六毛钱。经过扒白、套保鲜袋、加宣传彩页之后,同样的大葱每斤就能卖到2元左右。还有更高级的盒装大葱,经过细致的加工和包装之后,每斤能卖到3.5元,一盒10斤重的章丘大葱可卖60元。市场产品细分使章丘15万亩大葱货畅其流。

(资料来源:http://paper.dzwww.com/shrb/content/20111027/ArticelA15002MT.htm)

思考:

1. 章丘大葱是如何营销的?什么是市场细分?
2. 如何进行农产品市场细分?

改革开放以来,我国农业综合生产能力大大提高,市场上农产品琳琅满目,品种繁多,显示出一片繁荣的景象,农产品全面供过于求的局面已形成,出于一种"超饱和"状态。但农产品市场的"饱和"是相对的。从表面上看,农产品市场似乎已经达到了一定的"饱和度",实际上,随着生活质量的改善和生活水平的提高，广大消费者对农产品的需求产生了多层次、多元化、多变量的新趋势，消费者的需求没有穷尽，农产品市场的开掘也没有穷尽。在买方市场条件下，针对不同城市农产品市场的不同特点，不同城市居民的不同消费习惯，农产品营销必须提前做好市场调研，对市场进行细分，发现市场机会，实行目标市场营销，将成为农业发展和农民增收的有效措施。

目标市场的选择在农产品的营销中属于开头必不可少的一步，而且是至关重要的一步。因为它关系着农产品经营者整个营销战略的方向性问题，农产品经营者的营销战略必须适应目标市场的地理环境和人文环境，必须迎合目标消费人群的习惯与爱好，满足特定的需求。

子任务1　细分农产品市场

【知识链接4-1】

市场细分

市场细分是指营销者通过市场调研，根据消费者需求和欲望、购买行为和购买习惯等方面的差异性，将某一产品的市场整体划分为若干个具有类似需求的消费者群的过程。市场细分后每一个消费者群就是一个细分市场，也称为“子市场”或“亚市场”，每一个细分市场都是由具有类似需求的消费者构成的群体。分属不同细分市场的消费者对同一产品需求存在着明显的差别，而属于同一细分市场的消费者，他们的需求极其相似。市场是特定需求的集合体，市场细分是对需求的细分，而不是对产品的细分，产品细分是市场细分的结果。由于消费者是需求的载体，市场细分最终才表现为消费者的细分。细分市场的营销哲学就是不要企图满足所有人的所有需求。一个企业、一个品牌只要能满足一部分人的一部分需求，并且坚持不断改进、迎合时代的变迁，就是成功。

市场细分的好处是显而易见的：对于消费者而言，在细分市场下，自己的需求总是能够不断地得到更大程度的满足；对于生产者而言，每满足消费者一个新的需求，就意味着开辟了一块新的市场空间，或者在某一领域的竞争中占领了先机。因此，不管是商家还是厂家，都非常注重依靠市场细分来开辟市场，寻找增值的空间，而消费者总是在这样的“被细分”中享受到更加完善的服务。

农产品消费者群是一个处在变化发展中的人数众多的庞大群体，广泛分布在社会的方方面面，形成一个个主体部分各自独立，边缘部分相互交叉的特定消费者群。农产品市场细分是农产品营销组合策略运用的前提。即农产品经营者要想实施市场营销组合策略，首先必须对市场进行细分，确定目标市场。因为任何一个优化的农产品营销组合策略的制定，都是针对所要进入的目标市场。市场细分是农产品经营者营销战略的一个核心内容，是决定农产品经营者农户营销成败的一个关键性问题。近年来不少农产品经营者从市场细分入手，挖掘农产品市场扩容的潜质，“分化瓦解”消费者群的，在新消费者群的“再造”和“新生”中，营造、开拓出新的农产品市场。

【阅读案例 4-1】

德清源：将品牌鸡蛋的细分市场做大

位于离北京市区 100 km 的北京松山国家自然保护区的德青源生态园，占地 800 亩，园内 19 幢房屋整齐有序，房屋内的温度一年四季维持在 22～24℃之间，房屋的主人吃的是绿色食品，喝的是山泉水，房间周围青山良田环绕，空气清新，环境一流。这些房间的主人是德青源的 300 万只鸡。生态园每年生产 5 亿枚鸡蛋，从这里产出的品牌鸡蛋，已经占据了北京市场的品牌鸡蛋份额的 80%，如果连非品牌鸡蛋也算在内，份额是 25%。也就是说，北京人每吃 4 个鸡蛋，其中就有一个是德青源的鸡蛋。而且，北京很多五星级酒店，如中国大饭店、凯宾斯基等都在用德青源的产品，而有些高端蛋糕房，还特意将“本店用德青源鸡蛋”印在了自己的宣传册上。品牌鸡蛋，这个被市场细分之后的领域，已经被德青源越做越大，越做越广阔。

北京德青源农业科技股份有限公司的创始人是钟凯民是个很敏锐的人，他在创立德青源之初就显示出了远见，他将自己的目标消费群体定位于对于健康特别关注的人身上。当时是 2000 年，食品安全问题远远不像现在这样广为受人关注，人们对于鸡蛋的标准更是闻所未闻。钟凯民是怎么发现这个市场的呢？他从小就喜欢吃鸡蛋，但是在小时候，只有在做了好事、受到表扬、考试成绩好的时候才能够吃到鸡蛋，鸡蛋在他的记忆里，是非常美味的回忆。但是在 20 世纪 90 年代后期，他发现，鸡蛋变得越来越不好吃了，而且蛋壳很软很薄，打开后蛋清很稀，经常是散黄的，蛋黄的颜色越来越浅，是很浅的黄色，吃起来没有蛋白的那种醇香味。钟凯民觉得很奇怪。钟凯民在国外工作过很长时间，他发现国外的鸡蛋并不存在这样的问题。由于在中国农科院有认识的朋友，他就跟农科院的研究人员沟通，才得知原来鸡蛋有问题。当时市场上鸡蛋的竞争主要靠价格，没有质量上的竞争，并且农产品没有标准，大家也已经习以为常。正是因为价格战成为大家生存下来的法宝，也就导致了鸡蛋的价格不断下滑。1996 年的时候，1 斤鸡蛋 3.5 元是正常的，但是到 2000 年的时候，价格已经跌到了每斤 1.6 元。伴随价格下滑的，是质量的不断下降。大家不再用一级玉米来喂鸡，而用二级、三级甚至是清仓的玉米、菜子粕等低劣的食料，鸡生病以后，用报废的药渣来治疗，导致鸡体内的抗生素残留，鸡蛋内也含有抗生素。当时，有些了解这些情况的北京人，跑到很远的地方去买乡下的柴鸡蛋，许多人开车很远，到昌平、密云、承德、涿州等地，去买土鸡蛋、柴鸡蛋。了解到这些情况以后，钟凯民从一个消费者的角度出发，明确自己的客户群体是那些最高端的人群，比如政府官员、企业家、高级知识分子等等。后来，钟凯民意识到，不只这些最高端的人群有这样的需要。他将自己的目标顾客描述为具备两个特征：一是有健康意识，关注食品安全；二是有一定的收入。“鸡蛋是快速消费品，就算一个比别的贵一块钱，一天吃一个，一个月也就 30 块钱，对于一个家庭三口人增加几十块钱的消费也不是大问题。”

德青源最初先在中国农科院养了 500 只鸡，用了 7 个月的时间，用科学方式养的鸡下了第一批鸡蛋。这些鸡蛋在农科院里卖 5 毛钱一个，那时候普通鸡蛋大约 2 毛钱一个，几百个鸡蛋很快就一售而空。现在德青源的鸡蛋在品牌鸡蛋里也是最贵的，比普通鸡蛋高出一两倍的价格，但是普及率已经很高。钟凯民说：“每天北京有 200 万人来吃这个鸡蛋，不是个小数目。”

（资料来源：http://www.boraid.com/article/html/146/146789.asp）

一、农产品市场细分程序

农产品市场细分作为一个比较、分类、选择的过程，应该按照一定的程序来进行。美国市场学家麦卡锡提出细分市场的一整套程序，这一程序包括七个步骤。如图 4-1 所示。

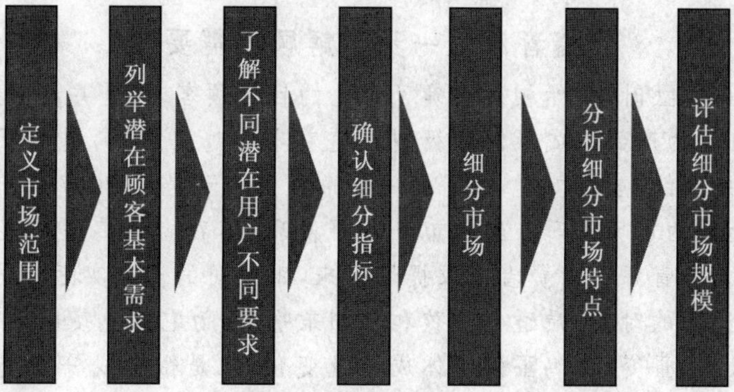

图 4-1　市场细分基本程序

(一)定义市场范围

进行市场细分首先要明确细分的目的，充分了解市场信息，定义市场范围，即农产品生产者根据自身的经营条件和经营能力确定进入市场的范围，如进入什么行业，生产什么产品，提供什么服务。产品市场范围应以顾客的需求，而不是产品本身特性来确定。市场细分的目的可以有多种，如增加现有顾客对产品的忠诚度，或吸引新的顾客，或把客户从竞争对手那里吸引过来。针对不同的细分目的，了解市场信息，这些市场信息包括：客户对产品或服务的介入程度有多深；客户对这种产品、服务或该行业了解有多深；客户愿意而且能够讨论到何种程度；这是一种新产品还是现有产品；经营者和销售者对现有市场结构的看法等。

(二)列举潜在顾客基本需求

应该比较全面地列出潜在顾客的基本需求。例如，品牌农产品消费者的基本需求，可以归纳为以下几个方面：满足温饱和提供人体基本营养；对农产品品质的需求，高品质的农产品一般体现在营养成分的含量、纯度、水分含量、口感等多个指标上；对农产品安全性能的需求；对农产品便利程度的需求，包括购买过程和使用过程两个方面；对农产品外观的需求；对农产品情感功能的需求，如鲜花送给朋友以增进友谊等；对农产品社会象征的需求。像鲍鱼、燕窝等数量少、价格昂贵的农产品，消费者购买后作为礼物赠送他人，正是为了证实自己或对方的社会地位或社会身份，体现了对农产品社会象征的需求；对农产品良好服务的需求。产品与服务已成为不可分割的整体，消费者在购买产品的同时，还购买了与产品相关的服务。优质的服务是所有消费者的期盼。

(三)了解不同潜在用户不同要求

对于列举出来的基本需求，不同顾客强调的侧重点可能会存在差异。在农产品经营者有可能进入的市场中，进一步搜集有关市场信息与顾客背景资料，通过对客户特征的分析，清晰地掌握客户在各项细分变量上的表现。比如，品牌农产品提供人体基本营养、品质、安全是所有品牌农产品消费者共同强调的，但有的用户可能特别重视农产品便利程度，另外一类用户则对农产品外观、社会象征等有很高的要求。通过这种差异比较，不同的顾客群体即可初步被识别出来。

【阅读案例 4-2】

德青源进一步了解顾客需要

德青源在一开始成立时，虽然相对明确了自己的目标顾客，但是并没有对这些顾客做详细的研究，也没有将自己的产品分成不同的级别。随着市场越来越大，德青源认识到，这些顾客的需求其实还是有差别的，应该对他们做进一步的研究。于是从 2007 年开始，德青源跟 AC 尼尔森合作，做了大量的市场调研。经过市场调研发现，消费者对鸡蛋其实有很多想象力，有很多的不同的需求。德青源把消费者需求提炼出来，跟公司的产品实际相结合，开发出新的市场。比如鸡蛋刚开始产的时候，最适合小孩和孕妇来吃，因为它的免疫因子高、蛋白质高、卵磷脂高，但是随着鸡长大，蛋变大，鸡蛋的主体成分没变化，但是微量成分有变化，适应不同人群来吃。所以，德青源根据顾客的需求进一步细分了产品线，分别是金牌系列、营养系列和安全检查系列，分别覆盖了 3 个价格带，3 个细分人群。

为了及时了解消费者的需要，德青源钟凯民每星期都会有一天，与分管市场、质量、销售的同事一起去转市场，跟消费者有直接的沟通，听听他们的反映。有一次，钟凯民去一个超市，发现一个穿着时尚的女子买德青源的初产蛋，就问她是不是给孩子吃的，因为根据消费者统计，买初产蛋的以有小孩的家庭为主。但是事实并不是这样，对方说，我不爱吃肉，就吃好的鸡蛋，你们这个鸡蛋是最贵的，相信质量比较好，而且吃惯你们的鸡蛋后，再吃别的蛋，觉得不好吃了，还有一个原因，她觉得吃这个鸡蛋也是她身份的一个体现。最后的这一个原因，是钟凯民从来没有想到过的，对他也很有启发性。

（资料来源：http://www.4oa.com/office/753/971/2194/201009/286538.html）

（四）确定细分指标

抽掉潜在顾客的共同要求，而以特殊需求作为细分标准。市场细分的基础是顾客需求的差异性，所以凡是使顾客需求产生差异的因素都可以作为市场细分的标准，细分标准即细分变量指标。消费者对农产品的需求与偏好主要受地理因素、人口因素、心理因素及购买行为因素等方面的影响，因此，这些因素都可以作为农产品市场细分的标志。

【知识链接 4-2】

不同市场的细分标准

1. 消费品市场的细分标准

(1)地理因素：包括地理位置、城镇大小、地形和气候。地理位置，可以按照行政区划来进行细分，也可以按照地理区域来进行细分；城镇大小，可划分为大城市、中等城市、小城市和乡镇；地形和气候，按地形可划分为平原、丘陵、山区、沙漠地带等；按气候可分为热带、亚热带、温带、寒带等。

(2)人口统计因素：包括年龄、性别、职业、收入、家庭人口、家庭生命周期、民族、宗教、国籍等。

(3)心理因素：包括消费者的生活方式、性格、购买动机、态度等。

(4)行为因素:包括消费者购买时间、购买数量、购买频率、购买习惯(对品牌的忠诚度)、对销售形势的感应程度等。

2. 生产资料市场的细分标准

上述消费品市场的细分标准有很多都适用于生产资料市场的细分,如地理环境、气候条件、交通运输、追求利益、使用串、对品牌的忠诚度等。但由于生产资料市场有它自身的特点,企业还应采用其他一些标准和变数来进行细分,最常用的有:最终用户要求、用户规模、用户地理位置等变数。

细分变量的确定决定了我们进行市场细分的方向,因此对于市场细分至关重要。但实际情况是,整体市场很少有泾渭分明的界限,有的细分子市场同时拥有其他细分子市场的一些特征,即在一些地方重叠。

(五)细分市场

根据潜在顾客基本需求上的差异方面,将其划分为不同的群体或子市场,并赋予每一子市场一定的名称。

由于各农产品经营者经营实力、产品特点和市场状况等方面的差异,它们在细分市场时对细分变量的运用必然不同。在新兴市场中,用少量变量来对市场进行粗略细分就可满足经营者需要;而在成熟市场中,单一变量很难有效地细分市场,则通常采用综合变量来细分市场。例如,综合“社会阶层”、“年龄”和“使用率”三个变量来细分市场,经营者才可能在激烈的竞争中找到比较有利的位置。

(六)分析细分市场特点

进一步分析每一细分市场需求与购买行为特点,并分析其原因,以便在此基础上决定是否可以对这些细分出来的市场进行合并,或作进一步细分。

(七)评估细分市场规模

即在调查基础上,估计每一细分市场的顾客数量、购买频率、平均每次的购买数量等,并对细分市场上产品竞争状况及发展趋势作出分析。

【知识链接 4-3】

有效细分市场的特征

1. 可衡量。即各个细分市场的购买力和规模能被衡量的程度。如果细分变数很难衡量的话,就无法界定市场。

2. 可赢利。即农产品经营者新选定的细分市场容量足以使企业获利。

3. 可进入。即所选定的细分市场必须与企业自身状况相匹配,企业有优势占领这一市场。可进入具体表现在信息进入、产品进入和竞争进入。

4. 差异。即细分市场在观念上能被区别并对不同的营销组合因素和方案有不同的反应。

5. 相对稳定。即细分后的市场能否在一定时间内保持相对稳定,这直接关系到企业生产营销的稳定性。

如果细分市场评估的有效性不尽如人意,可能需要重新返回第四步,寻找新的细分变量重新进行市场细分。

二、细分农产品市场的方法

农产品经营者在运用细分标准进行市场细分时必须注意以下问题：

第一，市场细分的指标是动态的。市场细分的各项指标不是一成不变的，而是随着社会生产力及市场状况的变化而不断变化。如年龄、收入、城镇规模、购买动机等都是可变的。

第二，不同的农产品经营者在市场细分时应采用不同标准。因为各农产品经营者的生产技术条件、资源、财力和营销的产品不同，所采用的标准也应有区别。

第三，农产品经营者在进行市场细分时，可采用一项标准，即单一变量因素细分，也可采用多个变量因素组合或系列变量因素进行市场细分。

下面介绍几种市场细分的方法：

（一）单一变量因素法

单一变量因素法是根据影响农产品消费者需求的某一个重要因素进行市场细分。如按年龄细分市场，可分为婴儿、儿童、少年、青年、中年、中老年、老年等。

【阅读案例 4-3】

山西沁州黄小米的市场细分

山西沁州黄小米（集团）有限公司是以沁州黄小米为主导产品，集良种繁育、科研示范、基地建设、生产加工，市场营销于一体的省级农业产业化龙头企业。2008 年沁州黄小米通过有机认证，成为我国小米行业中的领头雁。公司针对中国人都知道小米营养好，可是目前市面上的婴幼儿辅食米粉大部分都是大米粉的现状，研发了更加适合中国宝宝的“谷之爱”系列小米粉。小米粉有冲饮和米糊两种，都是精选沁州黄优质小米深加工而成，并添加了复合维生素和钙、铁、锌等微量元素，可以作为 4 个月至 3 岁宝宝的辅助食品。公司传统名牌——沁州黄小米，满足了满头银发的老人的需求；新星产品——谷之爱婴幼儿营养小米粉，吸引了奶爸奶妈。

（资料来源：http://www.ahnw.gov.cn/2006nwkx/html/）

（二）多个变量因素组合法

多个变量因素组合法是根据影响消费者需求的两种或两种以上的因素进行市场细分。

【阅读案例 4-4】

山西水塔老陈醋的市场细分

山西水塔老陈醋股份有限公司，其主打产品——水塔老陈醋是中国名牌产品，多年来以其独特的口味和保健功效畅销海内外。近年来，公司针对市场需求的多样性，产品系列越来越细分了，相继推出了风味醋、料酒、保健醋、旅行醋。以针对南方市场推出的新产品风味醋为例，除了在酿造工艺和酿造原料上和传统老陈醋有差别，风味醋不同品种之间也有差异，比如，有专门用于制作醋蛋液的米醋，有专门添加了大蒜的饺子醋，有适合蘸食海鲜的海鲜醋等。即使传统的老陈醋，也正经历着从调味品向健康食品的转型，为此企业开发了高档礼品醋、保健醋和 9 毫升袋装旅行醋等产品，以满足不同层次、不同需求的消费者。

（资料来源：http://www.ahnw.gov.cn/2006nwkx/html/）

（三）系列变量因素法

系列变量因素法是根据企业经营的特点并按照影响消费者需求的诸因素，由粗到细地进行市场细分。这种方法可使目标市场更加明确而具体，有利于企业更好地制定相应的市场营销策略。

【阅读案例 4-5】

鲁花多年来在国内小包装花生油市场上独占鳌头

老百姓日常生活离不开食用油，但是中国的小包装食用油行业却是个年轻的行当。20世纪90年代初，出生于马来西亚的华裔富商郭鹤年的侄子郭孔丰联合印度尼西亚油棕王吴笙福、全球四大粮商之一的美国ADM公司以及中粮联合创办了丰益控股，并推出了家喻户晓的小包装食用油品牌——金龙鱼。丰益控股后与ADM合资组建了益海集团，2006年收购了同是郭氏旗下的嘉里粮油，成为益海嘉里投资有限公司（简称益海嘉里）逐步发展了16个小包装食用油品牌：金龙鱼、元宝、胡姬花等等。

20世纪90年代中期，中粮集团决定大力培养自有的“福临门”品牌，期望在小包装食用油市场上有所作为。中粮系小包装食用油的出现打破了金龙鱼的独家经营局面。当时，益海嘉里和中粮是小包装食用油领域的前两巨头。

在盛产花生的胶东半岛上，向来不缺的是生产花生油的小厂，每年9月下旬到第二年春天，成百上千的小型花生油厂一齐炼油，使得胶东半岛香气扑鼻。鲁花集团作为后起之秀，在山东莱阳快速崛起，专攻小包装花生油市场，多年来在国内小包装花生油市场上独占鳌头。鲁花如何在这样一个花生油生产大省脱颖而出，并挤进了品牌第三的行列呢？鲁花能够在这个市场上逐渐确立自身的地位，原因之一是定位独特而获得细分市场的相对份额，鲁花坚持主打花生油的路线，调和油、芝麻香油只是很少的一部分。

当时，小包装食用油的国内市场占有率第一名益海嘉里喜欢全线发展，集团作战。多品牌策略是益海嘉里一贯的举措。不同的消费习惯使得不同的地区有着明显的地域区分：长江流域喜欢食用菜籽油，于是他们在长江流域主打的是鲤鱼牌菜籽油；而华北、山东等地区则喜欢食用花生油，益海嘉里又推出了胡姬花品牌的花生油。益海嘉里经过20年来的发展，推出了16个品牌的小包装食用油。另一方面，益海嘉里的当家品牌“金龙鱼”也拥有相当全面的产品线：色拉油、花生油、大豆油、调和油、粟米油等一应俱全。益海嘉里如此的市场推广，虽然是“集团军作战”，有大规模的优势，在专业性、细分领域上却也给了竞争品牌的机会。

鲁花则正是看准了花生油这个细分市场，集中全力出击，抢占了这个细分市场的头筹。在益海嘉里系跑马圈地的发展色拉油、调和油的同时，鲁花在莱阳默默研发花生榨油的生产工艺，1992年成功创造了“5S纯物理压榨”工艺。这种工艺是指通过先进技术对选料、焙炒、压榨、过滤、存储几大环节的严格管控，它全过程都不需要添加化学产品，也就不存在溶剂残留问题，可以保存成品油脂中的天然营养成分和花生的天然香味。和“5S纯物理压榨”工艺不同的是，市面上应用较多的浸出法则采用有机溶剂提取法，通过将油料与六号溶剂油等有机溶剂充分结合后进行抽提，然后再进行精练达到食用的标准。至今，鲁花集团的利润率、花生油市场份额领先于同行，成为其他粮油巨头们不敢小视的对手。

（资料来源：http://www.cio360.net/index.php?m=content&c=index&a=show&catid=86&id=38435）

子任务 2　选择农产品目标市场

市场细分的目的在于有效于选择并进入目标市场。选择目标市场是农产品经营者进入市场时应认真关注的问题。

【知识链接 4-4】

目 标 市 场

按消费者的特征把整个潜在市场，细分成若干部分，根据产品本身的特性，选定其中的某部分或几部分的消费者作为综合运用各种市场策略所追求的销售目标，此目标即为目标市场。目标市场一般包括三个要素：目标地域、目标人群、目标需求。

农产品经营者在划分好细分市场之后，通过对具有不同需求的消费者群做有针对性的挑选，可以发现那些需求尚未得到满足的或不甚满足的消费者，然后再根据自己的生产能力、管理能力、销售能力去开拓和占领既定市场中的一个或多个细分市场。

一、选择目标市场的步骤

企业要选择目标市场，首先要确定那些细分市场是可供选择的，因为并不是所有的细分市场都是适合本企业的。目标市场选择是估计每个细分市场的吸引力程度，并选择进入一个或多个细分市场。因此，选择目标市场一般经过的步骤如图 4-2 所示。

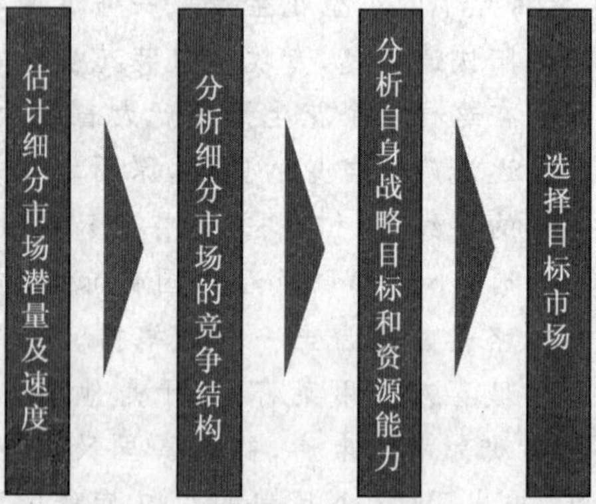

图 4-2　选择目标市场步骤

(一)估计细分市场潜量及其增长速度

市场潜量分析是指通过研究细分市场的消费者特性来了解市场的规模大小。市场规模主要由消费者的数量和购买力所决定，同时也受当地的消费习惯及消费者对企业市场营销策略的反映敏感度的影响。分析市场规模既要考虑现有的水平，更要考虑其潜在的发展趋势。如果细分市场现有规模虽然较大，但没有发展潜力，企业进入一段时间后就会缺乏发展的后劲，从而影响企业的长期利益。因此，企业选定的目标市场应该有足够的需求量、一定的购买力以及一定的发展潜力。

(二)分析细分市场的竞争结构

细分市场可能具备理想的规模和发展特征，然而从赢利的观点来看，它未必有吸引力。

◆ 如果细分市场上竞争者很少，而且进入障碍不多，则对企业而言这是进入该市场的一个好机会，但要防止其他竞争者也看中了这一市场。

◆ 如果市场上已有了竞争者，但对手实力较弱，竞争不激烈，企业也可以选择该市场作为目标市场。

◆ 竞争非常激烈，且对手实力雄厚的细分市场，企业要想进入并获得发展就要付出一定的代价，需要慎重考虑。当然，假如企业有一定的实力，而且该市场的前景及规模十分看好，则企业也不妨放手一搏，因为这种市场是很诱人的，但企业必须要有足够的准备。因此，分析细分市场上的竞争结构对营利的影响极为必要，分析细分市场竞争结构可采用波特的“五力分析模型”。

【阅读案例 4-6】

目标市场选择不当酿危机

山东青岛神秘源饮料有限责任公司的神秘源胡萝卜汁饮料曾经风靡一时，但在风靡起来之前，还有一段不为人知的危机就与目标市场选择不当有关。当时全新的神秘源饮料上市，受到广泛欢迎，市场形势一片大好，公司领导大喜过望，胜利之余决定进攻全国最富裕的沪宁杭三角洲，初步动作以苏南为突破口。但因为苏南特殊的地理位置，必然引起众多商家的关注，于是各种商战纷纷在此开打。看惯了商家火并的苏南人反而开始置身事外，冷眼旁观。在这种情况下，神秘源饮料在苏南市场受到冷遇。幸而公司及时将目标市场调整到商战相对较不激烈的安徽市场，使得神秘源饮料在安徽市场出现了前所未有的热销。

（资料来源：http://www.795.com.cn/wz/60658_2.html）

（三）分析自身战略目标和资源能力

分析企业的经营目标和资源条件是否能够与细分市场的需求相吻合。有时候，即使细分市场有相当的规模，但与企业的经营目标不符，企业的资源条件也无法保证，那企业将不得不放弃这个市场。因此，企业应该明确自身经营目标，明了现有的资源状况及资源潜力，如企业的经营规模、技术水平、管理能力、资金来源、人员素质等等，只有这样，才能进入并服务于相应的细分市场，既避免资源不足造成的市场机会损失，也避免资源过剩造成的浪费。

（四）选择目标市场

一个理想的目标市场必须具备三个基本条件：一是要有足够的销售量，即一定要有尚未满足的现实需求和潜在需求。这个问题对于一般小型农户来讲问题不大，而对于规模较大的农产品生产者来讲就显得非常重要。二是经营者必须有能力满足这个市场需求。三是在这个市场中必须具有竞争的优势，即没有或很少有竞争，或者有竞争但不激烈，经营者有足够的实力击败竞争对手。这样一个市场就可以选作自己的目标市场。

【阅读案例 4-7】

余冰把迷你南瓜卖到高档酒楼

余冰曾是杭州市一家酒类销售公司的老板，被农业的发展前景所吸引，从没接触过农业的余冰想尝试着在酒类销售之余投资农业。2002 年 5 月，他在上海农科院看到了从日本引进的迷你南瓜，这种瓜因外形像剥开的橘子，又叫橘瓜，外形很漂亮。余冰了解到，2 年前，曾有人种过这种瓜。当时 10 元一斤的橘瓜摆在菜市场根本无人问津，种植的农户以赔钱告终。了解到这些的余冰并没有退却，2002 年 7 月，他按照 2 元钱一粒的价格买了 3 000 粒种子，种下了 3 亩橘瓜，10 月，橘瓜成熟了，他的计划也酝酿成熟了。按照余冰的经营规划，第一步是要让橘瓜顺利走进市场，他没有像以前种植橘瓜的农户那样，将橘瓜当作大路菜来卖，余冰要给自己的橘瓜设计一个高贵的身份，他把橘瓜拿到了附近一家高档酒楼，这家酒楼是他酒类销售的一个大客户。凭着多年的老关系，余冰请酒店厨师长帮忙把这些漂亮的南瓜做成菜肴，而且要求不能破坏它的外观。经过精心准备，这家酒店正式向顾客推出了南瓜盅，南瓜盅得到了顾客的认可,这家酒店成了余冰的第一个客户。小橘瓜和高档菜品联了姻,而且把这些高档菜品的销量带了上去,让小橘瓜拥有一个高贵身份的愿望终于实现。后来余冰把橘瓜送到了别的老客户那里并且告诉他们做法,杭州的一些高档酒楼逐渐也用橘瓜盅代替木瓜盅,余冰很快以8元1个的价格将10 000个橘瓜销售一空。余冰的迷你橘瓜逐渐在浙江广东的厨艺界传开,有的酒楼提前下了2003年的订单。2003年2月,余冰在余杭区高新农业示范中心租了100亩地,投了140万元用于基础设施建设,余冰一心一意种起了橘瓜。

到了2004年,8月,正是橘瓜成熟的季节,余冰正沉浸在丰收的喜悦中,这时,有人盯上了他开拓的橘瓜市场。江苏一个大规模大棚种植经营者,提出只要能卖给他们一些橘瓜种子,无论出多高的价钱都行,有人提出这样的要求,早在余冰的意料之中。余冰意识到:市场一好大家都来种,种了之后,产品多了,产品多了之后,就是需求没有那么多,产量多了,需求没有那么多,那么只能降价,最终就是把这个产品作死,这就是恶性循环的一种市场。余冰不会让自己的橘瓜陷入这种恶性循环的市场,原来他在选择橘瓜的时候,就了解到它属于一代杂交品种,不能自己繁种,每茬都要重新买种子种。为了防止种子外流,当初余冰和上海农科院提出橘瓜的种子只能卖给自己,并且写在了协议当中,这样保证了自己对橘瓜的种源控制。余冰根本没有理睬江苏客商的要求,后来又陆续来了几拨人要买橘瓜种子,都被余冰拒绝了,余冰只卖橘瓜不卖种子的事传了出去,小小的橘瓜更是蒙上了一层神秘的面纱,订单纷纷而来。橘瓜卖到了上海,北京的高档酒楼里。这时,余冰自己的100亩大棚种植出的橘瓜已经远远满足不了市场的需求。他开始在杭州地区寻访技术好的种植户,提供和技术,包销产品。现在,像这样的外包种植基地,共有80亩,虽然把利润让了一部分给农户,但余冰还是最大的赢家,除了中间赚取成品差价,他还保住了一个产品的市场控制权。

但是,余冰能控制橘瓜市场却控制不了相似产品的市场。2004年下半年,市场上出现了和橘瓜类似的产品,据调查,还有农业科研机构也正在作同类产品的引种实验,这些都对橘瓜销售造成了一定的冲击,对此,余冰也早有准备。余冰:“任何一个产品,都有一个生命的周期,3年或5年,最多一个产品,5年为一个周期,这是最长了,像我们这个产品,明年大概是第二年,真正在市场上认同是第二年,我就发现明年它的市场竞争就会有。”余冰要赶在自己预测的橘瓜市场衰退期来临之前,找到新的产品,并利用自己的销售渠道,将新的产品推向市场,2004年11月,又是收获的季节,余冰试种出了一种新的甜瓜。

(资料来源:http://www.cctv.com/program/zfj/20041125/100815.shtml)

二、进入目标市场的方式

当发现一个或几个值得进入的细分市场,这也就是经营者所选择的目标市场,有五种可供考虑的进入目标市场的方式,如图4-3所示。

1. 产品—市场集中化方式

农产品经营者只选择一个细分市场,只生产一类产品,供应某一单一的顾客群体,进行集中营销。如上述“余冰把迷你南瓜卖到高档酒楼”案例中,余冰只专一生产橘瓜,目标市场是高档酒楼。选择产品——市场集中化模式一般基于以下考虑:

◆ 经营者具备在该细分市场上从事专业化经营或获胜的优势条件;

◆ 经营者资金有限,只能经营一个细分市场;

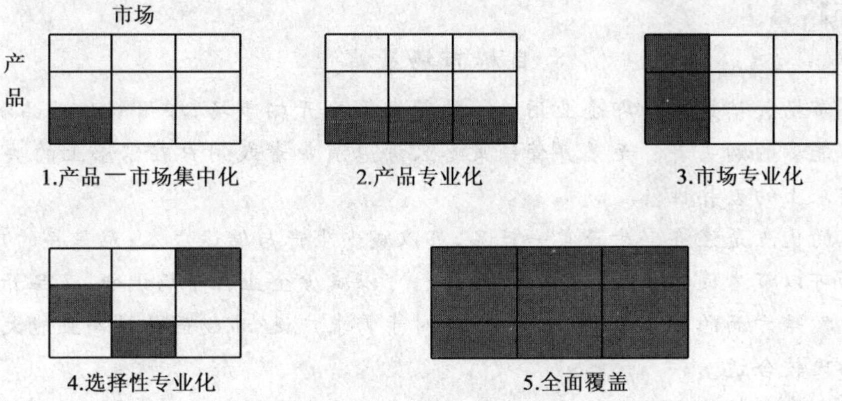

图 4-3　进入目标市场方式

◆ 该细分市场可能没有竞争对手；

◆ 立足该细分市场，获得成功后，再向更多的细分市场扩展。

农产品经营者通过集中营销，能够更加了解市场的需要，并树立起声誉，在该细分市场建立牢固的市场地位。此外，还可通过生产、销售和促销的专业化分工，获得相当的经济效益。但也造成其市场狭小，长此以往，经营者很难获得大规模的发展。所以，这是一种容易进入市场的方式，但不是一种长期发展方式。

2. 产品专业化方式

农产品经营者集中生产一种产品并向各类顾客销售这种产品。这一方式通常能使经营者比较容易地在某一产品领域树立起很高的声誉，而且也有很大地发展余地。如北京平谷区是全国大桃生产第一区，大桃面积、产量、品种和上市时间居全国区县级首位，在全国的区县级中，22 万亩面积全国最大；产量全国最多；上市时间最长，从 3 月底至 11 月底均有鲜桃销售；品种最全，拥有黄桃、白桃、蟠桃、油桃四大系列 218 个品种。

3. 市场专业化方式

农产品经营者专门经营满足某一顾客群体需求的各种产品。这种方式的好处是农产品经营者专门为某一顾客群服务，可以在这一顾客群中建立相当广泛的信誉和知名度。市场专业化经营的产品类型众多，能有效地分散经营风险。但由于集中于某类顾客群，当这类顾客的需求下降时，经营者也会遇到收益下降的风险。

4. 选择性专业化方式

农产品经营者选取若干个具有赢利潜力和结构吸引力，且符合经营者的目标和资源的细分市场作为目标市场，分别针对每个细分市场的需求开展营销活动。其中每个细分市场之间很少有或者根本没有联系。既然每个细分市场都有吸引力，这种目标市场选择相对于上述集中方式的优点是分散风险。因为即使在某个细分市场失去吸引力，经营者仍然可以在其他市场赢利。这一方式要求经营者应具相当规模资源和较强营销能力。

5. 全面覆盖方式

农产品经营者生产多种产品满足各种顾客群体的需求。一般只有大公司才能采用全面市场覆盖战略。

【知识链接 4-5】

目标市场策略

1. 无差异市场营销策略。即企业用单一的营销策略开拓市场，即用一种产品和一套营销方案吸引尽可能多的购买者。无差异营销策略只考虑消费者或用户在需求上的共同点，而不关心他们在需求上的差异性。

这种策略的优点是经济。生产单一产品，可以减少生产与储运成本；无差异的广告宣传和其他促销活动可以节省促销费用；不搞市场细分，可以减少企业在市场调研、产品开发、制定各种营销组合方案等方面的营销投入。这种策略对于需求广泛、市场同质性高且能大量生产、大量销售的产品比较合适。

2. 差异性市场营销策略。即将整体市场划分为若干细分市场，针对每一细分市场制定一套独立的营销方案。比如，西红柿生产者针对不同性别、不同收入水平的消费者推出不同品牌、不同价格的产品，并采用不同的广告主题来宣传这些产品，就是采用的差异性营销策略。这种策略的优点是：小批量、多品种，生产机动灵活、针对性强，使消费者需求更好地得到满足，由此促进产品销售。另外，由于企业是在多个细分市场上经营，一定程度上可以减少经营风险；一旦企业在几个细分市场上获得成功，有助于提高企业的形象及提高市场占有率。其不足之处：一是增加营销成本。由于产品品种多，管理和存货成本将增加；由于公司必须针对不同的细分市场发展独立的营销计划，会增加企业在市场调研、促销和渠道管理等方面的营销成本。二是可能使企业的资源配置不能有效集中，顾此失彼，甚至在企业内部出现彼此争夺资源的现象，使拳头产品难以形成优势。

3. 集中性市场营销策略。即集中力量进入一个或少数几个细分市场，实行专业化生产和销售。实行这一策略，企业不是追求在一个大市场角逐，而是力求在一个或几个子市场占有较大份额。这一策略特别适合于资源力量有限的农产品生产企业。集中性营销策略的局限性体现在：一是市场区域相对较小，企业发展受到限制。二是潜伏着较大的经营风险，一旦目标市场突然发生变化，如消费者趣味发生转移；或强大竞争对手的进入；或新的更有吸引力的替代品的出现，都可能使企业因没有回旋余地而陷入困境。

三、应避免“多数谬误”

选择目标市场的目的是为了使产品有销路。但并非凡有销路的市场都一定能成为企业理想的目标市场，如果出现多数谬误，农产品经营者就不可能实现预期的营销目标，还可能导致挫折和失败。

【知识链接 4-6】

多数谬误

多数谬误是指过多的农产品经营者都把同一个细分市场作为自己的目标市场，从而造成某一种产品的供给远远超过市场需求。在这种情况下，这些农产品经营者共同经营同一种产品，实际上就是共同争夺同一产品有限的消费者群。结果造成社会劳动和资源的浪费，也不能满足本来有条件满足的其他市场需求，大大提高了农产品经营者的机会成本，影响农产品经营者的经济效益，甚至造成农产品经营者的营销失败。在现实的经济生活中，多数谬误屡屡发生。

【阅读案例 4-8】

我国大蒜出口扎堆 风险骤然升级

我国是世界上最大的大蒜生产和消费国。近年来，大蒜成为我国首位出口换汇蔬菜。

山东省的大蒜出口居国内第一位，山东大蒜的出口市场主要集中在亚洲，尤其对印度尼西亚、马来西亚、印度、日本、韩国等地区出口量非常大。出口市场集中使得山东省大蒜出口对上述地区过于依赖，一旦这些地区的经济发展出现波动，造成市场需求不足，就会给山东省的大蒜出口带来致命的打击。另一方面，出口市场集中的现状也容易造成各出口企业恶性竞争。由于很多企业进入农产品出口市场的时间短、经营规模小、信息渠道不畅，抗风险能力很弱，在出口受阻的情况下，不具备抵御风险的能力，只是一味地压低价格。压价竞销的局面使得大蒜出口数量持续增长，价格却不断下滑，造成了美国、加拿大、巴西、南非先后对我国大蒜实施反倾销；韩国严格限制我对韩出口数量；欧盟、印度和泰国对我实行进口配额限制。这种情况将使得我国大蒜在更加深入地打开国际市场的道路上受阻，会丧失争夺市场、扩大出口的主动权。

在农产品出口中，任何商品依靠单一的市场支撑都存在着较大的风险性，不符合“可持续”发展的客观要求。因此，选择目标市场时，不仅需要国外市场的供需信息，同时还需要中国农产品进入这个市场的情况，以避免中国农产品对某个目标市场的出口过于集中或者增长速度过快，所造成目标市场所在国对我们实施反倾销或者保障措施，增加中国农产品出口成本，削弱出口竞争力。

（资料来源：http://www.chinanews.com/cj/2011/11-07/3442579.shtml）

从农产品营销实践来看，产生多数谬误的原因有：

(1)农产品经营者均将市场容量最大、利润潜量最大的市场作为目标市场。许多农产品经营者只盯着市场的需求潜量和诱人的利润。认为只要市场有需求，重视产品质量，价格合理，加上推销工作，就一定能够扩大销售量，提高市场占有率，从而取得最大的利润。结果，竞争者太多，形成同步共振，造成损失。

(2)农产品经营者在指导思想上急功近利，只考虑目前利益，避难就易，而看不到长远利益，使经营陷入困境。这种情况是农产品经营者把最容易进入的市场作为目标市场。有些农产品经营者看到某些农产品畅销，而且投资小，见效快，市场容易进入，便增加了投资冲动。

(3)抵挡不住外围市场一时走俏的诱惑。市场细分，确定目标消费群，只能在自己的有效市场范围内，决不能放弃自己的优势。很多农产品经营者看到人家赚了钱也挤同一条赚钱道，自觉不自觉地扩大同类农产品的种植面积，结果谁也赚不了钱。

(4)对已经确定的目标市场缺乏精细的了解。信息是共有资源，从传媒得知某地某货奇缺，价格高而进行生产时，将和四面八方获知同一信息采取同一举措的众多农产品经营者在市场上发生碰撞，奇缺变为过剩。

(5)对细分后的目标市场的变化没有足够的把握。市场细分的各项变量随着社会大环境的变化而不断变化，所以就不能用固定不便的观念去看待变化的市场，而应以变应变，具体问题具体分析，及时调整自己的营销策略。

子任务3　农产品市场定位

【知识链接4-7】

市场定位

市场定位是企业根据竞争者现有产品在市场上所处的位置，针对顾客对该类产品某些特征或属性的重视程度，为本企业产品塑造与众不同的，给人印象鲜明的形象，并将这种形象生动地传递给顾客，从而使该产品在市场上确定适当的位置。市场定位的实质是使本企业与其他企业严格区分开来，使顾客明显感觉和认识到这种差别，从而在顾客心目中占有特殊的位置。市场定位可分为对现有产品的再定位和对潜在产品的预定位。

对现有产品的再定位可能导致产品名称、价格和包装的改变，但是这些外表变化的目的是为了保证产品在潜在消费者的心目中留下值得购买的形象。

对潜在产品的预定位，要求营销者必须从零开始，使产品特色确实符合所选择的目标市场。

【阅读案例4-9】

优质农产品找准市场定位

2012年以来，有越来越多的农民为优质农产品注册商标，找准市场定位，实现身价倍增。坐落于静海县良王庄乡的天津市百地双丰蔬菜种植专业合作社联合社共有入社农民287人，目前已通过黄瓜、茄子、西红柿、甜椒、尖椒等5个品种的无公害农产品产地认证。针对优质蔬菜品牌少，市场难认可的实际情况，该社于今年6月成功注册“际丰蔬菜”商标，对产品进行包装、推广，定位高端客户，一箱精品蔬菜售价达到150多元，比市场上普通蔬菜高出近1倍。目前，这一品牌蔬菜已在本市24家直营店销售，特别是无公害黄瓜已在天津市场占有一席之地。最近，该社还与天津理工大学签订每天5 000千克长期供菜合同，以每市斤蔬菜比市场价贵0.5元计算，将让农户人均年收入增收30%。

同样位于静海县的蔡公庄镇惠丰中村“惠丰利民薯类种植专业合作社”，在注册“惠中源达”商标后，重新设计制作小包装的紫薯礼盒和红薯礼盒，并贴上标签，逐渐退出农贸市场，转而成了各大礼品公司的抢手货，贴上商标后只有5千克一箱的紫薯在超市卖到60元，使价格翻倍。

（资料来源：http://news.timedg.com/2012-12/06/content_13315808.htm）

一、农产品市场定位步骤

市场定位的关键是农产品经营者要设法使自己的产品比竞争者更具有竞争优势。竞争优势一般有两种基本类型：一是价格竞争优势，就是在同样的条件下比竞争者定出更低的价格。这就要求企业采取一切努力来降低单位成本。二是偏好竞争优势，即能提供确定的特色来满足顾客的特定偏好。这就要求农产品经营者采取一切努力在产品特色上下工夫。因此，市场定位的全过程可以通过以下三大步骤来完成，见图4-4。

图 4-4　农产品市场定位步骤

(一)识别潜在竞争优势

这一步的中心任务是要回答以下三个问题:

◆ 竞争对手产品定位如何?

◆ 目标市场上顾客欲望满足程度如何以及确实还需要什么?

◆ 针对竞争者的市场定位和潜在顾客的真正需要的利益要求企业应该及能够做什么?

通过回答上述三个问题,农产品经营者就可以从中把握和确定自己的潜在竞争优势在哪里。

(二)核心竞争优势定位

竞争优势是表明能够胜过竞争对手的能力。选择竞争优势实际上就是一个农产品经营者与竞争者各方面实力相比较的过程。比较的指标应是一个完整的体系,只有这样,才能准确地选择相对竞争优势。一般从经营管理、技术开发、采购、生产、市场营销、财务和产品等 7 个方面与竞争者进行比较,选出最适合自身的优势项目,以初步确定自身在目标市场上所处的位置。

(三)战略制定

这一步主要任务是通过一系列的宣传促销活动,将自身独特的竞争优势准确传播给潜在顾客,并在顾客心目中留下深刻印象。

◆ 首先应使目标顾客了解、知道、熟悉、认同、喜欢和偏爱本企业的市场定位,在顾客心目中建立与该定位相一致的形象;

◆ 其次,通过各种努力强化目标顾客形象,保持目标顾客的了解,稳定目标顾客的态度和加深目标顾客的感情来巩固与市场相一致的形象;

◆ 最后,注意目标顾客对其市场定位理解出现的偏差或由于企业市场定位宣传上的失误而造成的目标顾客模糊、混乱和误会,及时纠正与市场定位不一致的形象。

出现下列情况,应考虑重新定位:

◆ 竞争者推出的新产品定位于本企业产品附近,侵占了本企业产品的部分市场,使本企业产品的市场占有率下降;

◆ 消费者的需求或偏好发生了变化,使自身产品销售量骤减。

【阅读案例 4-10】

明池"红玉"重新定位　台湾重振鱼池红茶产业

中国台湾乌龙茶、高山茶全球知名,很多人不知道中国台湾也有高品质红茶。近年来,透过创新与多元行销提升产值,明池"红玉"重新市场定位,逐渐打开知名度。

中国台湾红茶种植源起于日据时期,由当时的三井物产株式会社引进"大叶种阿萨姆红茶",在南投县埔里、水里、鱼池等地区试种。由于日月潭的栽培环境与印度阿萨姆茶区相仿,试种结果最好,从此开启中国台湾红茶种植的先河。但在茶商投机取巧,以劣等茶鱼目混珠及乌龙茶崛起等因素的影响下,茶农纷将茶园改种收益较高的槟榔,以致鱼池红茶逐渐走入历史。1999 年 921 地震后,中部山区样貌改变,鱼池以茶叶改良场 50 年的研究成果台茶 18 号

“红玉”为基础，开始重振红茶产业。“红玉”叶片略圆，叶面呈小波浪，叶缘锯齿小，冲泡后会散发淡淡的肉桂香味，入口后会有清凉的薄荷芳香，而且，不需另加糖与奶精就很好喝。

好茶要有好的行销，为与国际上的红茶区别，“红玉”以人工精准摘取茶树新生的“一心两叶”，同时采用制茶工序较为繁琐，外形会呈现条索状，包装上也由传统的1千克改为小巧的200克包装，吸引年轻族群。1999年时台湾红茶1千克是新台币100元，现在1千克“红玉”定价约为3 000元，翻涨了30倍，茶农的收益也变高了。

（资料来源：http://tea.ahnw.gov.cn/news/showzx.asp?id=56683）

二、农产品市场定位方法

由于农产品具有与一般产品不同的特点，因而，其定位方法有其特殊性。

1. 根据农产品质量和价格定位

农产品质量和价格本身就是一种定位。一般来说，价高质优。农产品价格普遍偏低，对优质农产品实行高价，使其与普通农产品区别开来，满足消费者对优质农产品的需求，从而达到定位的目的。

2. 根据农产品用途定位

同一种农产品可能有多种用途，可直接食用，又可以加工增值。当发现一种农产品有新的用途时，可用这种定位方法。

3. 根据农产品特性定位

农产品特性包括：种源、生产技术、生产过程、产地等，这些特征都可以作为农产品定位的因素。如“绿色农产品”、“无公害蔬菜”等都是根据农产品特性进行定位。

【阅读案例 4-11】

用特色定位客户群从田间到餐桌一站式

随着人们对食品安全关注程度的逐步提高，2011年开始，陕西瑞天现代农业专业合作社依托杨凌的科教及专家优势，合作社在科技特派员的支持下，承担名优特蔬菜新品种选育及栽培技术研究项目，在做好常规蔬菜生产的基础上，引进了成熟后仅有5 cm体长的趣味型金童、玉女小黄瓜，还有成熟后分紫色、绿色的小番茄，这些特色蔬菜品种不仅可以给消费者以美味，而且还可以给消费者良好的视觉享受。引种成功后，该合作社注册了“农城一品”商标，通过市场调查，对合作社产品进行了详细的分类和市场定位。将常规蔬菜定位到超市和社区消费人群；将特色蔬菜定位到高档酒店和礼品，合作社专门定做了礼盒，充分运用这些新品种的趣味型，作为合作社闯市场的敲门砖，带着礼盒走访星级酒店，受到了田园山庄酒店、钟楼饭店、君悦连锁酒店等高档酒店的欢迎，并在这些酒店打开了市场。

特色蔬菜只占合作社生产基地一个很小的份额，还有大量的蔬菜需要销售，该合作社将目光放在了超市和社区，通过用特色敲门，进一步沟通，开展农超对接，让合作社成员生产的放心蔬菜经过简单加工后，以净菜的形式与各大超市联营，大方的走上了超市的柜台，受到了消费者的欢迎；在此基础上，合作社与杨陵区残联积极衔接，合作社负责配送，残疾人在自己所住社区销售，不仅为社区居民提供了新鲜、价廉的蔬菜，而且还为残疾人增加了一个增收渠道。

（资料来源：http://finance.hsw.cn/system/2012/06/18/051347925.shtml）

【知识链接 4-8】

选择市场定位策略

农产品经营者在生产经营活动中要根据各目标市场的情况，结合自己的条件确定自身的市场定位。市场定位的策略通常为：

1."针锋相对式"的定位。即把经营产品定在与竞争者相似的位置上，同竞争者争夺同一细分市场。例如，有些农户在市场上看别人经营什么，自己也选择经营什么，实行这种定位战略要求经营者具备资源、产品成本、质量等方面的优势，否则，在竞争上可能失败。

2."填空补缺式"的定位。即农户不去模仿别人的经营方向，而是寻找新的、尚未被别人占领，但又为消费者所重视的经营项目，采取填补市场空位的战略。例如，有的农户发现在肉鸡销售中大企业占有优势，自己就选择经营饲养"农家鸡"，并采取活鸡现场屠宰销售的方式，填补大企业不能经营的这一"空白"。

3."另辟蹊径式"的定位。即经营者在意识到自己无力与同行业有实力的竞争者抗衡时，可根据自己的条件选择相对优势来竞争。例如，有的经营蔬菜的农户既缺乏进入超级市场的批量和资金，又缺乏运输能力，就利用区域集市，或者与企事业伙食单位联系，甚至走街串巷，避开大市场的竞争，将蔬菜销售给不能经常到市场购买的消费者。

【知识链接 4-9】

市场定位原则

1.根据具体的产品特点定位；

2.根据特定的使用场合及用途定位；

3.根据顾客得到的利益定位；

4.根据使用者类型定位。

事实上，许多农产品经营者进行市场定位所依据的多个原则。因为要体现农产品经营主体及其产品的形象，市场定位必须是多维度的、多侧面的。

【阅读案例 4-12】

高端奶第一品牌——特仑苏

特仑苏之前，国内市场围绕牛奶价格战争不断升级，利润空间不断被挤压，乳业所面临的生存矛盾日益尖锐。而 2005 年，特仑苏的问世为乳业进行了一次华丽的转身，并成为面向高端人群的中国高端奶第一品牌。2010 年 AC 尼尔森的数据显示：特仑苏占高端奶市场份额的 79.4%，处于高端牛奶市场绝对领导地位。

特仑苏面向 25～45 岁的高端人群，价格比普通牛奶多出 2 倍左右。它的价值体现在哪里呢？特仑苏的核心价值是金牌品质。在理性价值方面，一方面突出更香、更浓、更滑、更醇厚的口感，营养丰富；另一方面延伸出来的低脂奶，醇纤奶和有机奶满足了细分人群对健康的不同要求。在感性价值方面，一方面提出"不是所有牛奶都叫特仑苏"和"金牌牛奶，特仑苏人生"，既凸显品牌高贵气质，将品牌提升到一种文化的高度，使特仑苏的消费者感受到的是一种生活方式、一种价值观；另一方面特仑苏蒙古语中寓意是金牌牛奶，在消费者心智中刻画了特仑苏尊贵和神秘的身世，并且四款新产品的研发传递给消费者的是追求高品质生活的不懈努力。价值支持点方面，高出 13.8%国家标准的 3.3 克蛋白质，使特仑苏与其他竞品区分开来。北纬40°的特仑苏专属牧场得天独厚的自然条件，不仅给利益点与强有力的支撑，更能引起消费者对产品的美好联想。

（资料来源：http://www.foresight.net.cn/brandlib/read.aspx? id=734）

◈ 分组讨论

1. 最大的市场是不是最有利的市场？

2. 请为以下产品确定市场细分的变量，并对市场进行细分：有机蔬菜、野生蓝莓、新疆水果。

3. 什么叫产品定位？产品定位有什么意义？

◈ 业务技能训练

选择当地农产品生产企业，对其生产的产品市场细分、选择的目标市场及市场定位进行分析，并提出具体的建议。

训练要求分小组进行，并提交农产品生产企业市场细分、选择的目标市场及市场定位进行分析报告。

训练目的

掌握农产品市场细分标准，了解农产品目标市场及其市场定位。

任务五　创造农产品价值

◈ 任务目标

通过完成本任务，你应该能够：

1. 了解农产品开发，提升农产品价值的方法；
2. 了解农产品组合策略，掌握农产品组合优化方法；
3. 分析影响农产品定价的因素，了解农产品定价方法；
4. 运用农产品定价策略，开展农产品营销活动。

◈ 引导性案例

e时代的台湾精致农业

西红柿是普通的果菜，海南农民种植西红柿一亩年获利5 000元就很了不起了，而且还要赶上好行情才行。在台湾省台中县，有位普通农民林荣灿种植西红柿多年，共种植45亩西红柿，年销售收入140多万元，其中利润70多万元。在林荣灿的种植基地，基地没有土，全是水泥地。西红柿不是种在地上，而是种在悬空的一袋又一袋沙包中，一株一个包，枝条被绳子拴着牵挂在更高的栏杆上，每株之间都保持一定的距离。整个基地顶部被一个大帷幕罩着，四周立着钢架的挡风墙。林荣灿采用的是“离地介质＋活动帷幕”的设施栽培，一亩地年产西红柿平均可达15吨，是传统生产方式产量的10倍。采用这种方法，不但可以一年四季生产，还能大幅提高产品质量。无论什么土地都潜伏大量病虫害，要防治病虫害就要大量喷散农药，这样产品质量就不能满足客户的要求。使用离地介质方法，沙包里介质都经过特别消毒处理，不会潜伏病虫害。同时，西红柿生长所需要的养分和微量元素，都事先按比例拌入介质，后期无需大量施肥。如果一株发生病虫害，可以把这个病株彻底移走，不会传染其他健康植株。台湾夏秋季节多台风暴雨，原本没办法生产西红柿。林荣灿之所以能够实现西红柿四季生产，年亩产量达到15吨，靠的就是活动帷幕和四周的挡风墙。

以前台中县后里乡农民也种植西红柿，但都是采用传统方式，产量不高，销路不畅，品种老化，无法参与市场竞争。1994年，附近农民联合起来成立金三角蔬果运销合作社，引进以色列的优良品种，学习荷兰的栽培技术，多方筹资建设大棚设施。更为关键的是，合作社成立行销部、分级包装车间等职能部门，进行专业化分工，不仅种出市场需要的好产品，更直接把产品运销到批发市场、酒店宾馆乃至军队、学校等团体。

精致农业是高投入、高科技、高附加值，不是一家一户的小农生产能够做起来的，必须分工协作，进行规模化生产才能打开局面。林荣灿所在的合作社生产的西红柿，必须保证天天供货，才能不断开发新市场、才能持续留住老客户。再比如，采摘的西红柿必须进行多等次分级，才能做到优质优价。有时候，针对特殊的消费群体，还必须开发特殊的西红柿才能满足需要。整个产销过程分为引种、育苗、栽培、采摘、分级、包装、运输等多个环节。这些都是一家一户无法做到的。精致农业不仅是台湾农业现代化的内在要求，也是消费潮流变化催生的产物。在台北市第一果菜批发市场，记者没有发现一棵裸露的果菜，所有的农产品全部用纸箱包装，而且多数里面又分成不同的规格包装，有半斤装的，有一斤装的，有两斤装的……所有的包装上都印着合作社名称、产品质量标准等。台湾的精致农业发展，彻底改变传统农业生产理念，不再是以产定销：生产什么就卖什么，而是以销定产：市场需要什么，合作社就生产什么。作为现代农业生产者，必须做到这一点。否则，盲目生产就可能存在销路不畅的问题，最终被市场淘汰。目前，台湾精致农业已经步入新阶段：e化时代（果菜生产记录马上查）、便利时代（生鲜截切蔬菜马上炒）、轻食时代（即食煮熟果菜马上吃），精致果菜销往世界50多个国家或地区。

与传统农业相比，精致农业成本非常高，但产生的附加值也很大。

（资料来源 http://www.gdcct.gov.cn）

思考：

1. 台湾省农业是如何创造农产品价值的？

2. 如何创造农产品价值？

子任务1　农产品开发

一个农产品生产经营者细分了市场，选择了自己的目标顾客，并确定了自己希望的市场位置，下一步就是在保持原有传统农产品利益的基础上，准备发掘和开发新型农产品。

【知识链接5-1】

农产品开发

农产品开发包括新发明的农产品、改进与改型的农产品、农产品新品牌与新的产品线、产品线延伸与新定位产品等。狭义的农产品开发是指对原有农产品的改良、换代以及创新，旨在满足市场需求变化，提高农产品竞争力。主要有以下种类：

一是创新农产品。指新物种发现后成功市场化的农产品。如我国成功地开发了沙棘资源，新西兰成功开发利用了野生猕猴桃资源，或许未来在人类对基因技术完全掌握后，能人工创新物种，从而产生全新农产品。

二是改良农产品。对原有农产品的改进和换代。通过育种等手段可改变农作物性状，进而改变农产品品质，如新疆彩棉、高油大豆（转基因大豆），苹果品种富士换代为红富士。

三是仿制农产品。引种、引进、利用他人创新或改良的农产品。如我国从国外引进的樱桃番茄、五彩甜椒等。

农产品和任何事物一样，有着出生、成长、成熟以至衰亡的生命周期。因此，企业不能只顾经营现有的产品，而必须防患于未然，采取适当步骤和措施开发新产品。不断开发新产品是农产品生产经营企业提高竞争力的重要因素，也是农产品营销活动的主要任务。

【阅读案例 5-1】

“只生一个好”——密云小西瓜一秧只结一个瓜

2012 年 5 月，北京密云县康顺达农业科技生态园的小西瓜熟了，首次面向市民游客采摘。“康顺达”的西瓜、甜瓜秉承了北京农科院的种植技术，聘请了在京、津、冀闻名的蔬果种植专家，充分利用当地昼夜温差大、土壤含沙质的特点，种植上品瓜果，加之品质为上，一棵秧只结一个瓜，“独生子女”待遇，不施化肥，不洒农药，原汁原味，产量相对较低，物稀为贵。因为一秧只“生”一个瓜，所以独生瓜的营养价值特别丰富，而且甜度比普通瓜要高出两三个甜度。

“康顺达”种植的小西瓜，最大的特点就是皮薄，瓜皮约 1.5 mm，号称“纸皮西瓜”，不用刀切，游客就像剥橘子一样，可以剥开皮吃。而且，这种西瓜特别脆，切瓜时似乎刀还没碰到瓜，就听砰的一声瓜裂开了，细看瓜瓤红润，吃在口里甜爽无比。此外，“康顺达”还推出了一种风味高雅的甜瓜，甜度达到 17%，目前能在冬季和早春种植此品种甜瓜的仅农科院基地和康顺达两家，又因市场上难觅其踪，每到瓜熟时期，采摘者纷至沓来。

（资料来源：http://travel.people.com.cn/GB/17916242.html）

一、把握农产品开发的依据

（1）考虑目标顾客群及其购买行为特征。不同顾客群对农产品有不同的要求。以鲜奶制品为例，城市消费者重视营养、方便、口味和新鲜，农村消费者则重视价格，而中间商则强调经营鲜奶制品的盈利率。

（2）能够满足消费者对产品功能的要求。如鲜奶制品有补充营养、增强体力、方便进食等功能。新产品开发时应充分考虑消费者所追求的产品主要功能是什么。

（3）考虑目标市场环境因素。如必须符合政府颁布的产品质量标准、动植物检疫标准，不违背目标市场的社会文化传统和风俗习惯等。

（4）必须从产品的整体概念出发，搞好核心产品、有形产品和附加产品等层次的开发。

【知识链接 5-2】

产品的整体概念

人们通常理解的产品是指具有某种特定物质形状和用途的物品，是看得见、摸得着的东西。这是一种狭义的定义。从营销角度看，产品是指人们通过购买而获得的能够满足某种需求和欲望的物品的总和，它既包括具有物质形态的产品实体，又包括非物质形态的利益，这就是“产品的整体概念”。

产品的整体概念包含核心产品、有形产品、附加产品、心理产品四个层次（图 5-1）。

1. 核心产品。是消费者购买某种产品时所追求的利益，是顾客真正要买的东西，因而在产品整体概念中也是最基本、最主要的部分。消费者购买某种产品，并不是为了占有或获得产品本身，而是为了获得能满足某种需要的效用或利益。

2. 有形产品。是核心产品借以实现的形式，即向市场提供的实体和服务的形象。如果有形产品是实体品，则它在市场上通常表现为产品质量水平、外观特色、式样、品牌名称和包装等。产品的基本效用必须通过某些具体的形式才得以实现。农产品营销者应首先着眼于顾客购买产品时所追求的利益，以求更完美地满足顾客需要，从这一点出发再去寻求利益得以实现

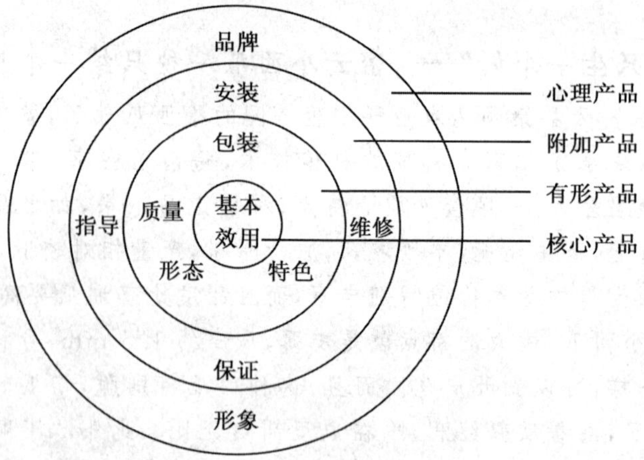

图 5-1　产品整体概念

的形式，进行产品设计。

3. 附加产品。是顾客购买有形产品时所获得的全部附加服务和利益，包括免费送货、质量保证、售后服务等。附加产品的概念来源于对市场需要的深入认识。因为购买者的目的是为了满足某种需要，因而他们希望得到与满足该项需要有关的一切。

4. 心理产品。是产品的品牌和形象提供给顾客心理上的满足。产品的消费往往是生理消费和心理消费相结合的过程，随着人们生活水平的提高，人们对产品的品牌和形象看得越来越重，因而它也是产品整体概念的重要组成部分。

产品整体概念的意义在于：

1. 产品整体概念表明产品的有形和无形特征。为此，经营者在产品开发过程中，应有针对性地提供不同功用，以满足消费者的不同需要，同时还要保证产品的可靠性和经济性。同时，对于产品的无形特征也应充分重视，因为，它也是产品竞争能力的重要因素。

2. 产品整体概念是一个动态的概念。随着市场消费需求水平和层次的提高，市场竞争焦点不断转移，对产品提出更高要求。为适应这样的市场态势，产品整体概念的外延处在不断再外延的趋势之中。当产品整体概念的外延再外延一个层次时，市场竞争又将在一个新领域展开。

3. 对产品整体概念的理解必须以市场需求为中心。产品整体概念的四个层次，清晰地体现了一切以市场要求为中心的现代营销观念。衡量一个产品的价值，是由顾客决定的，而不是由生产者决定的。

4. 产品的差异性和特色是市场竞争的重要内容。而产品整体概念四个层次中的任何一个要素都可能形成与众不同的特点。企业在产品的效用、包装、形态、指导、形象等每一个方面都应该按照市场需要进行创新设计。

5. 把握产品的核心产品内容可以衍生出一系列有形产品。有形产品是核心产品的载体，是核心产品的转化形式。把握产品的核心产品层次，产品的款式、包装、特色等完全可以突破原有的框架，由此开发出一系列新产品。

【阅读案例 5-2】

多利农庄:以非农业创造附加值

多利农业发展有限公司(简称"多利农庄")2005 年成立于上海,在上海和北京两个城市进行有机蔬菜经营,是中国最大的专业从事有机蔬菜种植和销售的企业之一。多利农庄上海基地分别位于浦东新区和崇明县,北京基地位于大兴区。此外,多利农庄还在黑龙江、宁夏、浙江、福建、四川、云南和海南等区域在建或已建有机农业生产基地共计 10 余个。

截至 2012 年 12 月,多利农庄已获得国内最权威的南京国环有机产品认证中心(OFDC)有机产品认证、ISO 9001 质量管理体系认证、ISO 14001 环境管理体系认证、HACCP 食品安全管理体系认证以及中国 GAP 友好农业规范管理体系认证。目前,多利农庄在上海地区共有个人及家庭会员约 10 000 个,企业会员 50 多个,包括上交所、期交所、中金所、银监局、证监局、宝钢、中欧商学院,以及多家知名银行、国际学校、医院等。

多利农庄的多样化经营更具特色。由于有机产品的售价超出普通蔬菜的 3～5 倍,消费群体普遍高端,多利农庄围绕自己目标人群的圈子打造了一系列代表高端时尚潮流的跨界活动,比如与香奈儿在多利农庄颇负盛名的集装箱建筑上举行服装秀,用生态农业带动旅游等等。这些钱是小农庄很难赚到的钱,并且以非农业产品创造一些可以从中获益的附加值,也一定程度降低了对农产品本身逐利的压力。

(资料来源:http://baike.baidu.com/view/5880898.htm)

二、农产品开发途径

1. 良种开发

良种主要是指优良的动植物种子、种苗、种禽和种畜。良种开发就是培育优良的动植物品种,是农产品开发的基础途径,一般通过生物品种选育、遗传杂交和转基因工程等方式进行。

2. 栽培养殖开发

相同的动植物品种,其栽培养殖方式不同,产品的品质特性也会不同。如无土栽培的蔬菜,其品质、口味和安全性都较一般栽培的蔬菜要好;用精饲料喂养的畜禽产品,其品质也高于一般产品。特别是绿色无公害农产品的开发,更是主要通过栽培养殖开发方式获得。

【阅读案例 5-3】

高端科技农产品　引领财富制高点

在成都广天农业高科技有限公司位于成都市新都区斑竹园镇柏水村的基地内,可以见到很多与传统农业完全不同的东西。在气雾培植和管道培植大棚一个覆盖着铝箔的大桶里,长着一株特别壮实的南瓜。这是世界上最先进的"气雾培"栽培模式,使植物得以"暴发性生长"。南瓜的根旁边是几个喷头,电脑根据一定的参数给南瓜根系喷营养液和水,只让这株南瓜结一个可以长到 150 千克的瓜。这个瓜已被西昌一家酒店订货,出价每千克 100 元。在大棚另一侧的管道水培架上,长满绿油油的奶油生菜。这种油生菜目前在成都市的一些韩国料理店里,一片菜叶能卖 8 元钱。这种管道水培蔬菜 1 季亩产可达 10 吨,是大田种植产量的 10 多倍,而且没有病虫害。在大棚里,可以看到了成熟的以色列早熟番茄,这批番茄从 4 月上市,比本地番茄早了一个多月。如今,基地的芽苗菜已进入成都市的家乐福、欧尚、好又多和百佳等大型超市以及星级酒店。公司引用的南瓜苗作砧苗来嫁接黄瓜和冬瓜的技术,引来许多种植大户学习。这种以农业生物技术和信息技术推动的新农业科技革命，改造了传统农业，必将成长出具有“非常广阔前景”的现代农业。

（资料来源：http://zfdp.jinnong.cc/Comments/2010/content_321102.shtml）

3.深度精加工开发

随着人们生活水平的不断提高，生活中需要更精制、更方便、营养更全面、多种口味、多种风格的农产品，这些必须通过对农产品的深度精加工才能实现。农产品深度精加工的方式很多，如对水果可以干制、榨汁、做罐头、果脯等。

4.外观、包装和品牌的开发

按照产品的整体概念，改变产品的外观、设计产品的新包装、创建一个新品牌都属于新产品的开发。如通过在生产期粘贴字模，使苹果上长有“喜”字，迎合了消费者在喜庆场合的需要；真空包装的北京烤鸭，远销全国各地等。特别是创立农产品品牌，已成为农产品营销的重要手段。许多农产品如新疆葡萄干、四川榨菜、西湖龙井、泰国香米等，因其品牌知名度高而畅销全国并销往世界。创建农产品品牌，需要在市场定位的基础上，通过对农产品质量和特色的有效控制，树立产品的品牌形象。

5.副产品开发

副产品开发是指将农业生产和农产品加工中产生的废物废料进行综合利用，开发成适销的农产品。如将玉米秸秆氨化或青贮，加工成饲料等。

三、农产品开发的主要策略

（一）农产品趋向开发策略

依据市场需求的发展趋向，制定农产品的开发策略。具体策略有：

1.错季节生产

农产品季节性差价蕴藏巨大商机。农产品错季节生产的主要形式有：设施化种养、农产品提前或延后上市、储藏保鲜拉长产品销期、开发适应不同季节生产的农产品品种，通过多品种错季节上市。

2.开发嫩乳型产品

近年来，出现了崇尚鲜、乳的风潮，农产品开发也应适应这种新的变化趋势，适当发展一些适合鲜食的青玉米、嫩花生、青毛豆、乳鸽、乳猪、仔鸡等鲜嫩农产品。

3.降低农产品成本

增强农产品的市场竞争力，必须依靠新品种、新技术、新工艺、新机械来降低成本，或实行农产品的规模化、集约化生产来支持价格竞争。

4.提高农产品品质

随着人们对农产品营养要求的不断提高，农产品品质的进一步提高已迫在眉睫，优质优价已经成为新的消费动向，优质农产品的市场前景非常看好。

5.多品种生产

根据市场需求，引进并推广名、优、稀、特品种，以新品种来引导新需求，开拓新市场，同时生产适销对路产品，以满足多层次、多方位的消费需求，提高综合经济效益。

6.实现产品的工艺化

蔬果等农产品不仅要营养丰富，新鲜好吃，品质优，产量高，还要具有一定观赏功能，以满足消费者求新求异的审美心理，工艺化、造型化的农产品前景更为广阔。

(二)农产品要素开发策略

依据农产品的构成要素，制定农产品的开发策略。具体有以下策略：

1. 新品种的开发

通过组织培养、基因工程、胚胎移植等生物工程技术；利用遗传、变异等系统选育技术；采用物理、化学等农产品加工技术，开发农产品新品种。

2. 新品质的开发

通过生物工程技术和系统选育技术等，开发新品质的农产品，如高蛋白小麦、含碘鸡蛋、低糖葡萄等。

3. 新特色的开发

通过生物工程技术、系统选育技术和加工技术等，开发出香、脆、甜、苦、辣、酸等特色味道，以及各种形状的农产品。

4. 新包装的开发

根据消费者对包装的各种偏爱，设计、制作农产品新包装。

【阅读案例 5-4】

“沁州黄”小米的开发

“沁州黄”小米经营者在产品开发中采取了如下的做法：

1. 开发优质“沁州黄”小米。目前小米产品市场普通产品严重过剩，优质小米产品相对不足，而且随着人民生活水平的提高，对优质小米产品的需求量越来越大。因此，开发优质“沁州黄”小米前景广阔。

2. 改进包装设计。大多数的农产品经营者不重视农产品的包装设计。其实，包装对于农产品的销售更为重要。“沁州黄”小米充分重视“沁州黄”小米的包装工作，设计符合“沁州黄”小米特色和风味的包装，既增加了农产品的美观度，又提高了产品档次，增加了“沁州黄”小米的价值，提高了“沁州黄”小米的价格，延长了“沁州黄”小米的储存时间，有利于“沁州黄”小米的销售。

3. 创建农产品品牌。随着经济的发展，消费越来越变得多样化和个性化，消费者选购农产品也越来越注重品牌，喜欢购买具有较高知名度的品牌农产品。因此，创出“沁州黄”小米品牌，并且将其培育为强势品牌，创造差异性，提高其市场竞争力。

（资料来源：http://blog.sina.com.cn/s/blog_8cad6adb010164fg.html）

5. 新品牌、新商标的开发

对原来没有品牌、商标的农产品，开发、设计、申领品牌、商标；对已有品牌、商标的农产品，按照消费者的偏爱和市场竞争需要，重新设计、开发农产品的新品牌、新商标。

6. 新服务的开发

随着各种新品种、新品质、新特色等农产品的开发，必将出现许多新的服务项目。策划、设计、开发新的服务项目，满足市场消费需求，并创造增值的机会。

7. 生命周期的开发

根据市场供求变化和竞争需要，分析自身农产品在现有市场的占有率和竞争能力，研究并制定农产品各生命周期阶段的开发策略，提前进入或退出市场；增加或减少向市场的投放；保留现有市场或转向开辟新的外埠市场等。

8.加工开发

用物理、化学等加工手段，将初级农产品加工成精细、高质量的农产品。

【知识链接5-3】

农产品生命周期策略

农产品的市场生命周期是指农产品从进入市场到退出市场所经历的市场生命循环过程。一般情况下，根据农产品销售变化的情况，其市场生命周期可划分为投入期、成长期、成熟期、衰退期四个阶段。

投入期的市场营销策略。这一时期农产品刚刚进入市场，处于向市场推广介绍的阶段。此时，消费者对该农产品还不了解，销售量很低，可能只有少数追求新奇的消费者购买，因此，销售增长率低。在农产品投入期，企业必须通过各种手段把农产品投放市场，力争提高本企业的知名度。此时，营销的重点主要集中在促销和价格上，可采取以下策略：一是高价格、高促销费用的策略。农业企业在制定高价格的同时，开展大规模的促销活动，以求迅速扩大销售量，取得较高的市场占有率。此策略采用的条件是：大多数消费者不了解该产品，而已经了解的消费者急于求购，愿出高价；企业面临竞争者的威胁，急需造势。如绿色蔬菜、微型番茄等在上市之初大多采用这种策略。二是低价格、低促销费用的策略。目的是在市场竞争中以廉取胜，稳步前进。其采用的条件是：市场容量大；消费者对价格比较敏感；有相当的潜在竞争对手。

成长期的市场营销策略。农产品进入成长期后，已为市场的消费者所接受，销售量开始迅速增加，市场逐步扩大。但同时市场竞争也逐渐加剧。此时，企业的重点是继续扩大市场占有率，树立农产品和企业形象。可选择策略有：改善农产品品质、寻求新的细分市场、改变广告宣传的重点、在适当的时期采取降价策略等。

成熟期的市场营销策略。农产品进入成熟期后，市场容量基本饱和，销售增长率较低。销售量增长缓慢甚至停滞或下降。这一阶段，企业重点应放在保持农产品的市场份额上，并努力延长农产品的市场生命周期。可采取的策略如下：一是以发现农产品的新用途或改变推销方式等，使农产品销售量得以扩大；二是以产品自身的改变来满足消费者不同的需要，营销中的农产品任何一层次的改良都可视为农产品再推出；三是对农产品产品、定价、渠道、促销四个市场营销组合因素加以改良，延长农产品在市场成熟期的生命力。如在提高质量、增加品种的同时，通过降低价格，购买折扣、延期付款、增设销售网点、扩大推销规模等，提高企业竞争力。

衰退期的市场营销策略。当农产品进入衰退期，新产品或新的代用品出现，销售量急剧下降，经营者利润迅速减少。这一阶段，经营者需认真分析，决定采取何种策略以及何时退出市场。可选择的战略有：一是继续沿用过去的策略，在目标市场、价格、分销渠道、促销活动等方面保持原状。由于众多的竞争者纷纷退出市场，现有的顾客会集中到少数保持经营的企业，销售量有时不一定减少；二是把能力和资源集中到最有力的细分市场和销售渠道上，缩短经营路线，从中获取利润；三是对于衰退比较迅速的农产品，企业应放弃经营，把农产品完全转移出去或立即停止生产，也可以采取逐步放弃的方式，使其所占有的资源逐步转移到其他产品。如经营者原来生产盆花，现可转向生产切花或其他农产品。

(三)新产品开发策略

农产品任何部分的创新和改进,都属于新产品的范围。

【知识链接 5-4】

农产品新产品类型

全新型农产品,是指应用科学技术的新发明、新创造的成果而研制成功的产品。如保健食品、杂交水稻等。

换代型新农产品,是在原有产品的基础上,部分地采用新技术而研制成功的农产品,它比老产品具有更多的使用价值。如更新换代的水稻、小麦、玉米等。

改进型新农产品,是通过采用先进技术,对原有产品进行改良,使其性能、质量有所提高的农产品。如净菜、果汁、分类畜禽肉等农产品。

仿制型新农产品,是指模仿竞争者的产品,制造出比其性能、质量更优的仿制型新产品。如通过引种、驯化、选育而形成的农产品新品种等。

开发农产品新产品的策略如下:

1. 奇特策略

开发农产品新产品的造型、色彩、包装等奇特或新产品具有特殊用途。

2. 合并策略

把一些同类农产品的优点加以合并,开发出集同类农产品之长的新产品。

3. 节便策略

开发出新的农产品,能节约能源,食用方便。

4. 差异策略

开发的新农产品,与同类农产品相比,其性能、包装等有显著差别。

5. 形象策略

开发的新农产品,外观形象好,能满足消费者追求商品形象需求。

6. 专门化策略

开发的新农产品,具有专门的功能和食用价值,能满足特定消费人群的需要。

7. 快速策略

新农产品开发速度快,能"捷足先登"、"先入为主",引起消费者偏爱。

8. 优质服务策略

新农产品开发后有售后服务,使消费者能获得新农产品及其新服务。

四、提升农产品价值的方法

(一)用科技手段提高农产品价值

通过利用科技手段,改造农产品内在品质或改变农产品外观的大小、颜色、高矮等形状,可以使其市场价格明显提高,取得很好的效益。目前,采用远缘杂交、辐射育种、基因工程等高科技手段,已经培育出了不少农作物新品种,使传统老产品变"脸",实现了市场价格的翻番。

(1)农产品"大"变"小"或"小"变"大"。例如樱桃番茄、"迷你型"水果黄瓜、孢子甘蓝、袖珍西瓜、"娃娃"菜,价格均远高出普通的蔬菜产品。再如雀卵大的樱桃、鸡蛋大的草莓和葡萄、拳头大的桃子等。

(2)农产品“白”变“黑”或“黑”变“白”。近年来黑色食品比较流行,科学家们培育的黑色农产品很多,除了常见的黑米、黑芝麻、黑黄豆外,又培育出了黑小麦、黑花生、黑红薯等新品种。

(3)农产品“高”变“矮”或“矮”变“高”。如将桃树、柚橘树、柚树、彩椒、番茄等矮化后进行盆栽作为盆景出售,价格大幅度提高。将一些热带水果,如香蕉、木瓜矮化后栽植在北方的温室大棚内,使其能够在异地生长、结果,将樱桃树、油桃树、枇杷树等矮化后栽植于温室或大棚内,使其提早成熟,显著提高种植效益。也有植物“矮”变“高”后可以明显改善品质、提高售价,如对韭菜、西芹喷施生长促进剂后,叶片变长、变嫩,产量与价格均有提高;在温室培育多年生番茄、茄子,使植株巨型化,可以提高其总体产量与效益。

依靠科技,优化完善农产品品质,是提升农产品价值的基础。许多农产品基于气候或地理环境的因素,本身的品质就非常突出,如新疆吐鲁番的葡萄、东北的盘锦大米、云南的文山的三七等,但是以这样的品质进入高端市场还是远远不够的,须从育种改良、种植工艺、加工标准等方面进一步提升。

【阅读案例 5-5】

有科技含量才有高品质蛋品

圣迪乐村位于四川绵阳市梓潼县丘区,是国家级农业产业化重点龙头企业四川铁骑力士集团建设的一个占地 1 200 亩的现代化蛋品生产基地。圣迪乐在全国同行率先获得 HACCP 认证,并获得 ISO9001 认证、绿色食品认证、无公害农产品认证、有机食品认证,农业部向 2008 年奥组委推荐使用蛋品。目前,其蛋鸡养殖规模已达 275 万只,“圣迪乐”鸡蛋已覆盖全国 15 个省会城市、800 家大型卖场、2 000 家便民店、3 500 家农贸网点。圣迪乐是英语“Sundaily”的译音,意为“阳光每一天”。今天的圣迪乐村,已成为一个欣欣向荣的有机农庄。圣迪乐不仅严格实行统一环境规划和监测、统一优质鸡苗供应、统一组织生物防疫、统一提供绿色饲料、统一饲养管理程序、统一产品生产标准和统一品牌销售,从环境、生产、技术、销售等各方面确保了产品质量,而且始终依靠高新技术打造中国高品蛋品牌。

圣迪乐依托集团的省级科研技术中心冯光德实验室,与四川农大合作建立了蛋品博士工作站、与湖南农大共建了国内首家蛋品科学研究所,专家们运用现代生物技术研发蛋鸡养殖技术,“圣迪乐”蛋品不含任何激素、抗生素和农药残留,胆固醇含量低,口感好,自然清香,富含人体必需而又自身无法合成的 ω-3 不饱和脂肪酸。蛋体清洁,个头匀称,每个都喷有产品识别码以及有机食品和绿色食品的标签。圣迪乐还大力研发蛋的深加工技术,成功从蛋白中提取肽,从蛋黄中提取卵黄免疫球蛋白,出产蛋清粉、蛋白粉或液态蛋以及鸡精,生产具有独特风味的休闲食品——铁蛋、香蛋等系列产品。产业链条的完备和不断深化,成就了圣迪乐产业模式巨大的市场潜力和增值空间。圣迪乐以其高品质成为加拿大国际发展署在华唯一安全蛋品示范项目、四川省第一个生鲜类省著名商标、省名牌产品,并顺利进入中南海。圣迪乐还是参与制定我国鸡蛋质量标准的企业,在国家公布的安全鸡蛋标准中,有 8 项是参照圣迪乐的产品标准制定的。

(资料来源:http://www.jbzyw.com/cms/html/1/2/20071022/3212.html)

(二)从环境中挖掘产品价值

从自身的自然环境入手,挖掘产品的特色,提升产品价值。在市场细分化的今天,在市场中寻求出人无我有，人有我特色的空间。使这片市场具有强烈的独占性，更具特色的诉求，达到消费者记住其产品的目的。

【阅读案例 5-6】

河南：铁棍山药高品质铸就无限发展潜力

山药盛产于河北、山东、山西、河南、内蒙古等地，论品质怀山药独树一帜。怀山药作为“四大怀药”之首，医家评价其“温补”“性平”，是“药食同源”的典范，近年来社会认可度持续升温。“铁棍山药”为怀山药中的珍品，因其色褐间红、质坚粉足、身细体长，外形酷似铁棍而得名，主产区为温县。温县南临黄河，北依沁河，只有温县独特的地理位置和气候才能产出铁棍山药。

铁棍山药产量很低，每亩平均只有0.5～0.6吨（其他怀山药可达到每亩1.5～2吨，南方的山药产量甚至更高），用来做传统的山药片（用作药材或供应给南方市场煲汤用）很不划算，所以此品种曾一度无人种植、濒临绝种。近些年，随着消费者的经济承受能力和对健康饮食的重视程度都大大提高，越来越多人选择山药作为一种替代食品，铁棍山药的相对优势才充分展示出来，销路逐年上升。如今在河南的很多餐厅、酒楼里，煮熟的铁棍山药都被列为一道必备的高档健康菜肴。几乎所有到河南旅游的游客，都会在省内各大景区或者机场见到铁棍山药的销售，大多数人也或多或少会购买一些带回。近几年，特别是中央电视台“健康之路”节目两次制作怀山药的专题，由著名主持人和权威专家生动讲解怀山药的营养价值，进一步为怀山药拓展了省外市场，北京、上海等地的很多消费者都是通过中央电视台的节目知道了温县铁棍山药这种特色鲜明的滋补佳品。

目前，全县铁棍山药种植面积达3.5万亩，年产量达3万多吨，拥有36家怀山药生产加工销售龙头企业，铁棍山药合作社230余家，带动农民致富5 000户，相关从业人员9万余人，其产品远销美国、日本、新加坡以及我国港、澳、台等30多个国家和地区，为当地经济发展和农民致富注入了新的活力。

（资料来源：http://info.china.alibaba.com/detail/1068685191.html）

（三）用地方文化提升产品的价值

近年来，使用带有地理标志证明商标的农产品日益受到消费者的喜爱。地理标志产品是来源于某地区，且产品的特定质量、信誉或其他特征，主要由该地区的自然因素或人文因素所决定。地理标志产品具有地域不可更换性。带有地理标志证明商标的农产品价格普遍比同类产品价格高很多，比如山东省章丘市的大葱，在注册并使用“章丘大葱”地理标志证明商标后，售价由注册前的每千克0.2～0.6元上升到1.2～5元；山东胶州的大白菜历史悠久，早在1 000多年前就在胶州出现。注册地理标志商标后的胶州大白菜，身价由每千克几角钱变成最高能达到每棵40多元钱。

与绿色食品、有机食品不同，国家评定地理标志格外注重人文历史因素。参评的农产品不但要质量好，更重要的是有助于促进特色农产品发展及保护当地的人文资源和地理遗产。因此，参选的农产品都要有历史渊源和人文文化方面的内容。

目前农产品的市场竞争已经从价格竞争、质量竞争逐步走向产品品牌和文化竞争，地理标志产品的走热，正是这种人文价值诉求的充分体现。

(四)适应个性需求提升农产品价值

现在,绝大多数农产品都是在满足人们的基本需求。其实,在中国很多沿海富裕地区的消费者对农产品有着更多、更高、更深、更个性化的需求。因此,农产品经营者必须根据自己的产品特点,对应消费者独特需求,满足他们更加苛刻的要求,才能获得更高的收益。

【阅读案例 5-7】

苹果凭啥每个 10 元

2011 年北京延庆县张山营镇张山营村众多果农盯上了“平安夜”商机,把颜色好、个头儿大,达到一级果标准的苹果,包装成“平安果”销售。他们和广东、北京客商签订了 5 张订单。果农们抓住销售“平安果”这一商机,将大个苹果进行分类储存,自己包装好的每个能卖到 10 元左右,卖给客商的也在五六元一个,错时上市的苹果摇身一变成了“金苹果”。包上包装纸、系上彩色丝带,装箱、上车,一车车“平安果”走出延庆,运往全国各地。就这一项,为当地果农带来了不菲的收入。而据媒体报道,在“平安夜”当天,北京城区里的“平安果”一度脱销,许多小孩子上学时都要人手一个,作为圣诞礼物,求个好彩头。

(资料来源:http://nongjiale.cntv.cn/20111229/110118.shtml)

【知识链接 5-5】

个性化需求

个性化需求包括个性化的服务和个性化的产品,是指营销者利用各种沟通手段与顾客进行沟通,充分了解顾客的个人特点,如年龄、身份、职业、品位以及过去的购买行为和购买偏好等因素,因人而异地提供独特的产品和针对性服务。

个性化产品其外延与内涵与传统的产品相比都发生了巨大的变化。从产品的外延看,不仅传统的农产品、工业品是商品,而且知识、服务、信息、艺术及技术等都有了价值,无形产品逐渐占据消费者的选择视野;从产品的内涵看,无形产品成为产品的核心要素,衡量产品价值的标准产生了变化,即由传统的以物质为基础转为以知识、审美等附加值含量为基础进行衡量。消费者基本表现为追求纯粹个性化的选择方式,根据产品是否符合自己的生活方式,或者产品是否代表了一种激动人心的新概念,一种值得向往的体验来选择,他们要的是在得到优异的质量的基础上全面释放自我个性的方案。

个性化服务也叫定制服务。个性化服务包括三个方面:服务时空的个性化,即在人们希望的时间和希望的地点得到服务;服务方式的个性化,即能根据个人爱好或特色来进行服务;服务内容个性化,服务内容不再是千篇一律,千人一面,而是各取所需,各得其所。互联网可以在上述三个方面给用户提供个性化的服务。

子任务 2　农产品组合优化

产品好比人一样,都有其从成长到衰退的过程。因此,企业不能仅经营单一的产品。当然,也不是经营的产品越多越好。一个企业应该生产和经营哪些产品才是有利的?这些产品之间应该有些什么配合关系?——这就是产品组合问题。

【知识链接 5-6】

产品组合

产品组合是一个企业生产或经营的全部产品线、产品项目的组合方式，它包括四个变数：产品组合的宽度、产品组合的长度、产品组合的深度和产品组合的关联度。产品线，是指同类产品的系列。一条产品线就是一个产品类别，是由使用功能相同、能满足同类需求而规格、品种等不同的若干个产品项目组成的。一个产品项目，则是指企业产品目录上开列的每一个产品。

产品组合的宽度，是指产品组合中包含的产品线的多少，包含的产品线越多，就越宽；产品组合的长度，是指每条产品线包含的产品项目的多少，包含的产品项目越多，产品线就越长。产品组合的深度，是指每一产品项目内的品种数目，品种数越多，产品组合越深。

产品组合的关联度，是指各类产品线之间在最终用途、生产条件、销售渠道等方面相互关联的程度，不同的产品组合存在着不同的关联程度。

一、农产品组合策略

针对市场的变化，调整现有农产品结构，从而寻求和保持农产品结构最优化，这就是农产品组合策略。农产品企业在调整产品组合时，可以针对具体情况选用以下农产品组合策略。

(一)扩展农产品组合

扩展农产品组合即开拓农产品组合的广度和加强农产品组合的深度。开拓农产品组合广度是指增添一条或几条农产品线，扩展农产品经营范围；加强农产品组合深度是指在原有的农产品线内增加新的产品项目。具体方式有：

(1)在维持原产品品质和价格的前提下，增加同一产品的规格和花色。

(2)增加不同品质和不同价格的同一种产品。

(3)增加与原产品相类似的产品。

(4)增加与原产品毫不相关的产品。

【知识链接 5-7】

扩展农产品组合的优点

1. 满足不同的偏好的消费者多方面需求，提高产品的市场占有率。
2. 充分利用企业信誉和商标知名度，完善产品系列，扩大经营规模。
3. 充分利用企业资源和剩余生产能力，提高经济效益。
4. 减小市场需求变动性的影响，分散市场风险，降低损失程度。

(二)缩减农产品组合

缩减农产品组合是削减产品线或产品项目，特别是要取消那些获利小的产品，以便集中力量经营获利大的产品线和产品项目。缩减农产品组合的方式有：

(1)减少农产品线数量，实现专业化生产经营。

(2)保留原产品线削减产品项目，停止生产某类产品，外购同类产品继续销售。

【知识链接 5-8】

缩减农产品组合的优点

1. 集中资源和技术力量改进保留产品的品质，提高产品商标的知名度。

2. 生产经营专业化，提高生产效率，降低生产成本。

3. 有利于企业向市场的纵深发展，寻求合适的目标市场。

4. 减少资金占用，加速资金周转。

（三）高档农产品策略

高档农产品策略，就是在原有的产品线内增加高档次、高价格的产品项目。实行高档产品策略主要有益于：为企业带来丰厚的利润；提高企业现有产品声望，提高企业产品的市场地位；带动企业生产技术水平和管理水平的提高。

采用这一策略也存在一定风险。如果企业以往生产廉价产品的形象在消费者心目中不能立即转变，易导致高档农产品不容易很快打开销路，影响企业经营。

（四）低档农产品策略

低档农产品策略就是在原有的产品线中增加低档次、低价格的产品项目。实行低档产品策略的好处是：

(1)借高档名牌产品的声誉，吸引消费水平较低的顾客慕名购买该产品线中的低档廉价产品。

(2)充分利用企业现有生产能力，补充产品项目空白，形成产品系列。

(3)增加销售总额，扩大市场占有率。

二、农产品组合优化方法

（一）波士顿矩阵法

波士顿矩阵又称市场增长率-相对市场份额矩阵、波士顿咨询集团法、四象限分析法、产品系列结构管理法。波士顿矩阵法是根据产品的市场占有率和销售增长率评价产品的一种方法。

【知识链接 5-9】

波士顿矩阵基本原理

对于企业来说，一般决定产品结构的基本因素有两个：即市场引力与企业实力。市场引力包括企业销售量(额)增长率、目标市场容量、竞争对手强弱及利润高低等。其中最主要的是反映市场引力的综合指标——销售增长率，这是决定企业产品结构是否合理的外在因素。企业实力包括市场占有率，技术、设备、资金利用能力等，其中市场占有率是决定企业产品结构的内在要素，它直接显示出企业竞争实力。销售增长率与市场占有率既相互影响，又互为条件：市场引力大，销售增长率高，可以显示产品发展的良好前景，企业也具备相应的适应能力，实力较强；如果仅有市场引力大，而没有相应的高销售增长率，则说明企业尚无足够实力，则该种产品也无法顺利发展。相反，企业实力强，而市场引力小的产品也预示了该产品的市场前景不佳。

波士顿矩阵法将企业所有产品从销售增长率和相对市场占有率角度进行再组合。在坐标图上，以纵轴表示企业销售增长率，横轴表示相对市场占有率，各以 10% 和 20% 作为区分高、低的中点，将坐标图划分为四个象限，依次为“问号(?)”、“明星(★)”、“现金牛(￥)”、“瘦狗(×)”。在使用中，企业可将产品按各自的销售增长率和市场占有率归入不同象限，使企业现有产品组合一目了然，同时便于对处于不同象限的产品作出不同的发展决策。其目的在于通过产品所处不同象限的划分，使企业采取不同决策，以保证其不断地淘汰无发展前景的产品，保持“问号”、“明星”、“现金牛”产品的合理组合，实现产品及资源分配结构的良性循环，如图5-2所示。

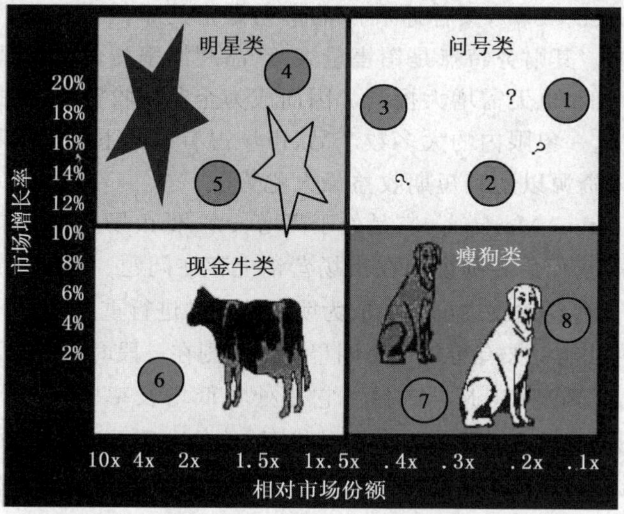

图5-2　波士顿矩阵

对于企业来说，如果能同时具有问号产品，明星产品和现金牛产品这三类，就有希望保持企业当前的利润和长远利润的稳定，形成合理的产品结构，维持资金平衡。

波士顿矩阵的基本步骤主要有：

1. 核算企业各种产品的销售增长率和市场占有率

销售增长率可以用本企业的产品销售额或销售量增长率。时间可以是一年或是三年以至更长时间。市场占有率，可以用相对市场占有率或绝对市场占有率，但是要用最新资料。基本计算公式为：

本企业某种产品绝对市场占有率＝该产品本企业销售量/该产品市场销售总量

本企业某种产品相对市场占有率＝该产品本企业市场占有率/该产品市场占有份额最大者(或特定的竞争对手)的市场占有率

2. 绘制四象限图

以10%的销售增长率和20%的市场占有率为高低标准分界线，将坐标图划分为四个象限。然后把企业全部产品按其销售增长率和市场占有率的大小，在坐标图上标出其相应位置(圆心)。定位后，按每种产品当年销售额的多少，绘成面积不等的圆圈，顺序标上不同的数字代号以示区别。定位的结果即将产品划分为四种类型。

到了这一步就可以诊断自己的产品组合是否健康了。一个失衡的产品组合就是有太多的瘦狗类或问号类产品，或太少的明星类和现金牛类产品。例如，有三项问号产品，不可能全部投资发展，只能选择其中的一项或两项，集中投资发展；只有一个现金牛产品，说明财务状况是很脆弱的，有两项瘦狗产品，负担就比较沉重。

3. 各象限产品的对策

◆ 明星产品(Stars)。它是指处于高增长率、高市场占有率象限内的产品，这类产品可能成为企业的现金牛产品，需要加大投资以支持其迅速发展。采用的对策是：积极扩大经营规模和市场机会，以长远利益为目标，提高市场占有率，加强竞争地位。

◆ 现金牛产品(Cash Cow)，又称厚利产品。它是指处于低增长率、高市场占有率象限内的产品，已进入成熟期。其财务特点是销售量大，产品利润率高、负债比率低，可以为企业提供资金，而且由于增长率低，也无需增大投资。因而成为企业回收资金，支持其他产品，尤其明星产品投资的后盾。对这一象限内的大多数产品，市场占有率的下跌已成不可阻挡之势，因此可采用对策有：即所投入资源以达到短期收益最大化为限。

◆ 问号产品(Question Marks)。它是处于高增长率、低市场占有率象限内的产品群。前者说明市场机会大、前景好，而后者则说明在市场营销上存在问题。对问题产品应采取的对策是：首先确定对该象限中那些经过改进可能会成为明星的产品进行重点投资，提高市场占有率，使之转变成"明星产品"；对其他将来有希望成为明星的产品则在一段时期内采取扶持的对策。

◆ 瘦狗产品(Dogs)，也称衰退类产品。它是处在低增长率、低市场占有率象限内的产品群。其财务特点是利润率低、处于保本或亏损状态，负债比率高，无法为企业带来收益。对这类产品首先应减少批量，逐渐撤退，对那些销售增长率和市场占有率均极低的产品应立即淘汰。其次是将剩余资源向其他产品转移。

在本方法的应用中，企业经营者的任务，是通过四象限的分析，掌握产品结构的现状及预测未来市场的变化，进而有效地、合理地分配企业经营资源。在产品结构调整中，企业的经营者不是在产品到了"瘦狗"阶段才考虑如何撤退，而应在"现金牛"阶段时就考虑如何使产品造成的损失最小而收益最大。

(二)通用矩阵法

【知识链接 5-10】

通用矩阵法

通用矩阵法又称麦肯锡矩阵、九盒矩阵法、行业吸引力矩阵，对企业进行业务选择和定位具有重要的价值和意义。它运用加权评分方法分别对企业各种产品的行业引力(包括市场增长率、市场容量、市场价格、利润率、竞争强度等因素)和企业实力(包括生产能力、技术能力、管理能力、产品差别化、竞争能力等因素)进行评价，按加权平均的总分划分为大(强)、中、小(弱)，从而形成 9 种组合方格以及 3 个区域，左上角的三个格子表示最具发展前途的产品项目，企业应采取投资发展策略；在左下角到右上角这条对角线上的三个格子的产品项目的总吸引力处于中等状态，企业可适当地采取盈利收获策略。右下角的三个格子表示产品项目的总吸引力很低，应该采取放弃或收获策略，如图 5-3 所示。

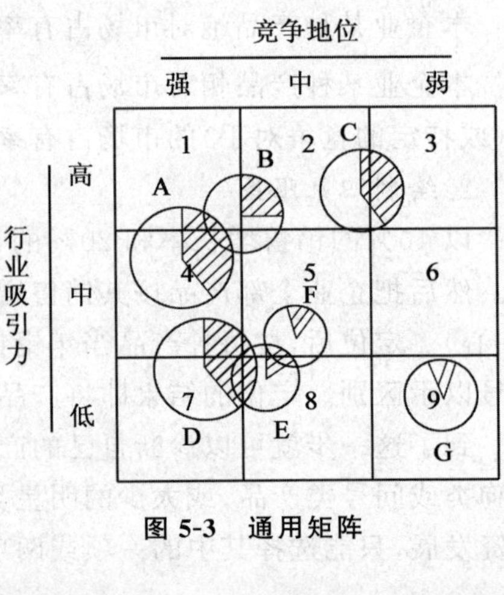

图 5-3 通用矩阵

应用通用矩阵必须经历以下五个步骤：

绘制通用(GE)矩阵，需要找出外部(行业吸引力)和内部(企业竞争力)因素，然后对各因素加权，得出衡量内部因素和市场吸引力外部因素的标准。

(1)定义各因素。选择要评估产品实力和市场吸引力所需的重要因素，分别称之为内部因素和外部因素。确定这些因素的方法可以采取头脑风暴法等，关键是不能遗漏重要因素，也不能将微不足道的因素纳入分析中。

(2)估测各因素的影响。从外部因素开始，根据每一因素的吸引力大小对其评分。若一因素对所有竞争对手的影响相似，则对其影响做总体评估，若一因素对不同竞争者有不同影响，可比较它对自己业务的影响和重要竞争对手的影响。在这里可以采取五级评分标准(1＝毫无吸引力，2＝没有吸引力，3＝中性影响，4＝有吸引力，5＝极有吸引力)。然后也使用5级标准对内部因素进行类似的评定(1＝极度竞争劣势，2＝竞争劣势，3＝同竞争对手持平，4＝竞争优势，5＝极度竞争优势)。在这一部分，应该选择一个总体上最强的竞争对手作对比的对象。

(3)对外部因素和内部因素的重要性进行估测，得出衡量实力和吸引力的简易标准。这里有定性和定量两种方法可以选择。

◆ 定性方法：审阅并讨论内外部因素，以在第二步中打的分数为基础，按强、中、弱三个等级来评定该战略事业单位的实力和产业吸引力如何。

◆ 定量方法：将内外部因素分列，分别对其进行加权，使所有因素的加权系数总和为1，然后用其在第二步中的得分乘以其权重系数，再分别相加，就得到所评估的产品在实力和吸引力方面的得分(介于1和5之间，1代表产业吸引力低或业务实力弱，而5代表产业吸引力高或业务实力强)。

(4)将该产品标在通用矩阵上。矩阵坐标纵轴为产业吸引力，横轴为业务实力。每条轴上用两条线将数轴划为三部分，这样坐标就成为网格图。两坐标轴刻度可以为高、中、低或1至5。可以用圆来表示各产品，其中直径与产品的销售总额呈比例，而阴影面积代表其市场份额。

(5)对各产品策略进行说明。根据每个产品在GE矩阵上的位置，对各个产品的发展战略指导思想进行系统说明和阐述。

子任务3　制定农产品价格

农产品定价是影响市场需求和购买行为的重要因素之一，直接关系到农产品生产经营者的收益水平。农产品定价是农产品营销活动的重要组成部分。

【知识链接5-11】

农产品定价目标

定价目标就是人们进行商品定价时要达到的主要目的，它是确定定价策略和定价方法的依据。

1. 以维持生存为目标。在激烈的市场竞争中，如果农产品生产者将维持生存作为自己的主要目标，那么人们就会选择降低产品价格，即价格只要能弥补可变成本和部分固定成本即可。

2. 以利润最大化为目标。许多经营者都喜欢制定高价格来快速取得市场利润，但这应该是你推出新产品的时候，而且这个价格应该让消费者感到物有所值。

3. 以销售增长率最大化为目标。一般情况下，销售额越大，单位成本就越低，经营者的利润也就越高。这样的农产品经营者一般可以采取低价格来吸引对价格敏感的顾客。

4. 以产品高质量来提高产品价格。现实中农产品经营者可以通过名、优、特、新产品的生产来获得高价格和高的赢利。

5. 以市场份额为目标。在竞争性市场上，农产品生产经营者用保持和增加市场份额作为定价目标，有利于参与竞争。

6. 以适应竞争为目标。大多数农产品经营者对于竞争者的价格都十分敏感，在定价之前，做认真的比较，并主要以对市场有决定影响的竞争者的价格作为定价基础。

7. 以稳定价格为目标。在市场竞争和供求关系比较正常的情况下，为了避免不必要的价格竞争，保持生产的稳定，以求稳固地占领市场，经营者常常以保持价格稳定为目标。

一、选择农产品定价方法

定价方法是农产品经营者为实现其定价目标所采取的具体方法，可以归纳为成本导向、需求导向和竞争导向三类。

(一)成本导向定价

以营销产品的成本为主要依据制定价格的方法统称为成本导向定价法。这是最简单、应用相当广泛的一种定价方法。

(1)总成本定价法。即按产品单位成本加上一定比例的毛利定出销售价。

其计算公式为：

$$单位商品价格=单位总成本\times(1+目标加成率)$$

(2)目标利润定价法。即根据企业总成本和预期销售量，确定一个目标利润率，并以此作为定价的标准。其计算公式为：

$$单位商品价格=总固定成本\div预期销量+单位变动成本+单位产品目标利润$$

(3)盈亏平衡定价。这种方法是运用损益平衡原理实行的一种保本定价法。其公式是：

$$P=\frac{F_C/Q+V_C}{1-T_S}$$

其中，F_C 为总固定成本；Q 为销售量；V_C 为单位变动成本；T_S 为营业税率。

(二)需求导向定价

需求导向定价是指根据市场需求状况和消费者对产品的感觉差异来确定价格的定价方法。它包括以下三种：

(1)认知导向定价。是根据消费者对企业提供的产品价值的主观评判来制定价格的一种定价方法。

(2)逆向定价法。是依据消费者能够接受的最终销售价格，考虑中间商的成本及正常利润后，逆向推算出中间商的批发价和生产企业的出产价格。价格计算公式：

出厂价格＝市场可零售价格×(1－批零差率)×(1－进销差率)

(3)习惯定价。是按照市场长期以来形成的习惯价格定价。

(三)竞争导向定价法

竞争导向定价法是企业通过研究竞争对手的生产条件、服务状况、价格水平等因素，依据自身的竞争实力，参考成本和供求状况来确定农产品价格。竞争导向定价主要包括：

(1)随行就市定价。在垄断竞争和完全竞争的市场结构条件下，任何一家企业都无法凭借自己的实力而在市场上取得绝对的优势，为了避免竞争特别是价格竞争带来的损失，大多数企业都采用随行就市定价法，即将本企业某产品价格保持在市场平均价格水平上，利用这样的价格来获得平均报酬。此外，采用随行就市定价法，企业就不必去全面了解消费者对不同价差的反应，也不会引起价格波动。

(2)产品差别定价法。是企业通过不同营销努力，使同种同质的产品在消费者心目中树立起不同的产品形象，进而根据自身特点，选取低于或高于竞争者的价格作为本企业产品价格。

(3)投标定价法。在国内外，许多大宗商品、原材料的买卖往往采用投标的方式来确定价格。标的物的价格由参与投标的各个企业在相互独立的条件下来确定。在买方招标的所有投标者中，报价最低的投标者通常中标。

(4)拍卖定价法。即以公开叫卖方式引导买方报价，利用买方竞争求购的心理，从中选择高价格成交的一种定价方法。拍卖定价法由卖方预先发表公告，展出拍卖物品，买方预先看货，在规定时间内公开拍卖，由买方公开竞争叫价。拍卖的出价方法有三种：

◆ 增价拍卖。拍卖时，由卖方宣布预定的最低价格，然后由竞买者相继叫价，直到拍卖人认为无人再出更高价时，则用击槌动作表示竞买结束，并将该拍卖品卖给出价最高的人。

◆ 减价拍卖。这种方法先由拍卖人喊出最高价，然后逐渐降低叫价，直到有某一竞买者认为已经低到可以接受的价格，表示买进为止。

◆ 密封递价拍卖。先由拍卖人公布拍卖品的具体情况和拍卖条件等，然后由竞买方在规定时间内将自己的出价密封递交拍卖人，以供拍卖人进行审查比较，决定将拍卖品卖给哪一个竞买者。

【阅读案例 5-8】

海南冬交会金钱龟拍出 90 万元

在 2012 年中国(海南)国际热带农产品冬季交易会拍卖会上，雄性金钱龟“金富帅”拍出了最高价 90 万元。这只养了 10 年的“金富帅”金钱龟重达 2 kg，是海南儋州中投农业开发有限公司选送的。来自广东的金钱龟养殖户钱旭明以 90 万元的高价拍下了起价 67 万元的“金富帅”。钱旭明打算将金钱龟拿来育种，“从来没见过这么大的金钱龟，这个品种好，育出来的品种也会好！”，竞拍得“金富帅”金钱龟的钱旭明满心欢喜。

此次拍卖会的拍品都是海南的名特优农产品和工艺品，一共有 54 件，涉及农、林、牧、副、渔等各个领域，由 41 个公司企业、农民专业合作社和个人选送。有不少拍卖品是珍稀或新奇特产品，如方形哈密瓜、牛奶莲雾、太空兰花、野蜂巢蜜、金钱龟、灵芝、砗磲雕刻、根雕、黎锦等。拍卖形式引进农产品交易，这个公开透明的平台可以使农产品达到合理的定价，还能减少流转环节的成本，此外，拍卖还是一种新的宣传模式。

（资料来源：http://www.hinews.cn/news/system/2012/12/13/015237115.shtml）

【阅读案例 5-9】

常规拍卖没有引起重视

有关资料显示，作为国际上最流行的一种农产品交易方式，拍卖已被世界认同。欧美许多国家鲜活农产品流通，除了少数大农场与大公司间的直接交易外，大都在批发环节通过拍卖市场实现。亚洲的韩国、日本以及欧美等国家和地区的农产品交易均以拍卖为主，日本95%的农产品是通过拍卖方式进入消费渠道，20万人口以上城市就建有拍卖制的中央批发市场。1993年，全日本在55个城市有经营蔬菜及水果的中央批发市场72个。业内人士认为，对手交易的利润隐蔽，容易导致价格信息失真，误导生产。而拍卖让供、需方直接面对面公开对话，反馈的正是市场的真正需求。因此，拍卖得出的价格被公认准确、真实，有利于指导生产，优化农业资源。

公开集中拍卖还能减少流通环节，有利于平抑市价，稳定供给。同时，由于拍卖农产品要求"三化"，即"质量等级化、重量标准化、包装规格化"。这可以减少交易过磅、容器交换等环节，提高流通效率。事实也证明了这点。山东寿光市场和浙江、江苏、重庆的一些农产品交易市场都进行了探索，并取得了可喜成绩。

深圳市福田农产品市场是1997年建立的内地第一个以拍卖方式为主要交易方式的大型农批市场，几年来成了九龙镇15 000亩无公害生产基地菜价的"风向标"，就让九龙镇的菜农赚了个盆满钵满。

（资料来源：http://www.cb-h.com/2008/shshshow.asp? n_id=23456）

二、制定农产品价格程序

在选择合适的定价目标后，需要对农产品市场需求、成本、市场价格进行测定，然后确定最终价格。

1. 测定市场需求

主要测定目标市场上消费者对拟投放市场的农产品价格的主观评价，不同营销变量组合对应的农产品需求量，不同价格条件下农产品的需求量和需求价格弹性，为后续定价的顺利进行提供依据。

2. 测算成本

根据成本类型，分析不同生产条件下生产成本的变化，估算不同营销组合下的农产品成本，以此作为定价的依据之一。

3. 分析竞争者的产品与价格

通过调查顾客对市场上竞争者销售的农产品的态度、价格等办法了解这些情况。重点调查分析同一产品，竞争者的产品质量、价格水平、可能作出的反应、替代产品的生产等有关情况。

4. 选择定价方法，确定最终价格

获取上述资料后，产品价格区间就基本上可确定下来。产品成本决定了产品价格的底线，竞争者的价格和代用品的价格以及自己产品所独有的特色为估算其最高价提供了依据。产品价格上下限区间确定后，还需参考营销组合的其他因素，并且查考价格水平是否符合国家有关的政策法规，以及对自身市场经营的影响，在此基础上最终确定价格。

【知识链接 5-12】

影响农产品定价的因素

为产品制定一个既能为消费者接受，又符合经营者利益的价格，不是一件容易的事。只有站在整体的角度，考虑各方面因素，才能制定出具有一定市场竞争力，为各方所接受的价格。

1. 产品成本。产品成本是指生产经营者为某产品所投入和耗费的费用总和。它是构成产品价格与价值的主要组成部分，所以产品成本是价格制定的下限，除非处于非常恶劣的价格竞争或其他特殊情况下，定价是不会跌破成本的。只有清楚地了解产品成本结构，定价时才能胸有成竹。产品成本包括变动成本和固定成本之和，具体可分为生产成本、储运成本和销售成本三部分。

2. 市场供求关系。市场供求状态是引起产品价格变化的外在主要因素。一般认为，价格与供给量成正比关系，价格越高，供给量越大；反之，价格越低，供给量越小。价格与需求量成反比关系，价格越低，需求量越大；价格越高，需求量越小。农产品市场供求与价格的关系同样遵循一般产品市场的规律，当市场上供大于求时，农产品价格就趋于下降；当市场上出现供不应求的状况时，农产品的价格就会自然上升。这在蔬菜、水果市场上表现得特别明显。

3. 需求价格弹性。需求价格弹性是指单位价格变化引起的需求量的变化程度。需求量受价格变化影响大的，叫做需求价格弹性大，又称为富有弹性；反之则叫做需求价格弹性小，或称为缺乏弹性。产品需求价格弹性的大小，可以通过价格弹性系数来表示。需求弹性系数非常有用，它能告诉我们市场需求量对价格变化的敏感程度，是制定和调整价格的重要依据。

需求弹性系数＝需求量变动百分比/价格变动百分比

例如某种商品价格增加了10%，需求量相应减少了5%，则这种商品的需求弹性为－0.5，负号只表示需求量与价格变动方向相反，因此，通常将负号省去，只取正值。需求弹性系数一般有以下几种情况：

一是需求弹性系数等于0，表示不管价格如何变化，需求量都不会发生任何变化。如贵重药材，因为其稀缺性和不可替代的治疗作用，如果人生了病，无论价格多高也要买，如果没有病，降价也没人要。此类产品的价格一般都定得比较高。

二是需求弹性系数等于1，表示价格变化百分比是多少，需求量变化的百分比也是多少。这类产品价格无论如何变化都不会影响盈利，比较稳定。

三是需求弹性系数小于1，表示需求量对价格的变化比较迟钝，提高价格对需求量影响不是很大，例如作为生活必需品的大米，人们不会因为降价而增加消费，也不会因为提价而减少消费。此类产品宜采取提价措施增加农民收入。

四是需求弹性系数大于1，表示价格变化对需求量的影响较大。价格发生较小的变化，就会引起需求量较大的变化。这类产品主要是高档商品农产品如高档茶叶，价格提高人们就减少消费，价格降低人们就增加消费。此类产品宜采取降价措施扩大销售，增加利润。

需要注意的是，前两种情况在现实生活中极少见到，常见的是后两种情况。

4. 目标投资收益率。在正常情况下，每一个生产经营者都会追求一定的利润目标，这些目标通常是以投资收益率或资产收益率来评估的。农产品生产经营者可供选择的利润目标一般有三种：一是长期利润目标。此时生产经营者制定正常的行业价格，但却生产优质的产品，将来可渗透打入到竞争者的市场中去。二是最大当期利润目标。指根据已知的需求和成本情况，制定一个在当季或当年可获得最大利润的价格。三是固定利润目标。农产品经营者在投资前制定一个具体的利润目标，以保证获得固定的投资收益。

5. 消费者对产品的认知。消费者对产品所持有的认知价值，对他们所能接受的价格有重大影响。当他们对产品的认知价值较高时，就能接受一个较高的价格；相反，价格高时，他们会拒绝接受。一个产品的认知价值的建立需要经营者做好营销工作，只有建立其良好的产品形象，才能提升消费者对产品的认知价值。如寿光的绿色蔬菜在这方面的成功经验值得借鉴。

三、选择农产品定价策略

农产品常用的定价策略有以下几种。

(一)渗透定价策略

农产品的同一个品种具有较大的同质性，因此经营者往往采取低价来吸引众多消费者。其理论根据是市场上存在一大群普通消费者，他们的购买行为相当理智，希望支付较低的价格来获得较高的满足。所谓低价，是相对于产品品种和服务水平而言的。这种策略的优势在于：低价低利能够有效地阻止竞争者加入，产品能较长时间地占领市场。这种策略主要包括以下3种：

1. 高质中价定位

企业提供优质的产品和服务，但价格却定在中等水平上，以价格的优势吸引众多的消费者，使消费者感到花中等的价格获得高品质消费。

2. 中质低价定位

企业以较低的价格，向消费者提供符合一般标准的产品和服务，使顾客以较低的价格，获得信得过的产品。这一目标市场的顾客群对价格敏感，但又不希望质量过于低劣。

3. 低质低价定位

产品没有质量优势，唯一有的是价格优势。这一策略主要迎合一些低收入阶层。使用低质低价策略的条件是：能够通过销售量的增加使产品的生产成本下降，且目标市场的顾客对价格非常敏感。如果发现竞争加剧，经营者应考虑有更低成本的产品推出。

渗透定价策略的适用范围是：新产品进入市场；产品市场规模大，市场竞争性较强；产品需求弹性较大，消费者对产品价格反应敏感，稍微降价就会刺激需求；大批量生产能显著降低成本；薄利多销的利润总额大于按正常价格销售的利润总额。

(二)撇脂定价策略

撇脂定价是当新产品进入市场后，经营者有意识地把产品价格定得大大高于成本，使其能在短时间内把开发新产品的投资和预定的利润迅速收回。采用这一策略的经营者在促销时，产品价格定到什么程度不以成本为标准，只要能满足顾客的炫耀心理，能显示出商品的高品质、高附加值即可。

这一策略的实施往往配合以强大的宣传攻势，将产品推向市场，使消费者尽快地认识新产品,在短时间内形成强烈的需求欲望和购买动机。当然,采取高价策略要有支持高价的产品特性。比如,高价产品应该能突出显示消费者的地位和财富,意味着产品高品质,高档次等。

(三)尾数定价策略

一般消费者往往认为尾数价格是经过精密计算的,因而产生一种真实感、信任感、便宜感。如 500 g 鸡蛋标价 5.90 元,比标价 6.00 元更能吸引顾客。现在用的尾数比较多的还有 8,取“发财”中“发”的谐音。

(四)整数定价策略

根据消费者自尊心理的需要,对一些高级商品要采取整数定价,以满足顾客的虚荣心。例如一盒农产品礼盒如果定价为 96 元,就不如定价 100 元为好。因为顾客心里感觉没有超过 100 元,心理上得不到满足,不易引起购买动机。

(五)分档定价策略

分档定价就是根据不同顾客、不同时间和不同场所,在经营不同品牌、不同规格的同类产品时,不是一种商品一个价格,而是把商品分为几个档次,每一档次定一个价格。分档定价的形式有以下几种:

1. 针对不同顾客群体定不同价格

如许多会员商店,对会员顾客实行标明的价格售货,而对非会员顾客购物则要加收价格的 5%～10%。

2. 同一产品,按不同规格实行分档定价

如把同为红富士品种的苹果按照大小分成不同的等级,每个等级确定一个价格;出售猪肉时,根据不同部位确定不同的价格。

3. 按位置分档定价

根据销售场所的区位优势,交通便利程度、商服繁华度、消费群体层次等因素确定不同的价格。

4. 按时间分档定价

比如在日本一些大的超市里鲜鸡蛋早上和晚上的价格不同。再如同样的新鲜蔬菜元旦、春节期间价格要比平时高出一倍,甚至几倍。

分档定价可以使消费者感到商品档次高低的明显差别,为消费者选购提供了方便。但分档不宜太少也不宜太多,因为档次太多,价格差别太小,起不到分档作用;档次太少,价格差别太大,则容易使期望中间价格的顾客失望。

实行分档定价要注意以下几点:市场是可以细分的,且每个细分市场的需求强度不同;商品不可能从低价市场流向高价市场,不可能转手倒卖;高价市场上不存在削价竞争;分档定价不应引起顾客不满等。

(六)折扣定价策略

经营者在顾客购买商品达到一定数量或金额时予以价格折扣。折扣定价策略包括以下几种:

1. 数量(金额)折扣

数量(金额)折扣是指卖主为了鼓励顾客多购买,达到一定数量(或金额)时给予某种程度的折扣。其形式有累进折扣和非累进折扣两种:累进折扣为买方在一定时期内累计购买达到一定数量或金额时,给予一定折扣,购买越多,折扣比例越高。非累进折扣是当一次购货达到卖主要求的数量或金额时,就会给予折扣优待。

2.现金折扣

现金折扣是指消费者在赊销购物时,如果买方以现金付款或者提前付款,可以得到原定价格一定折扣的优惠。主要是销售商为及时回收货款而采取得一种价格促销方式。

3.交易折扣

根据各类中间商在市场营销中功能的不同给予不同的折扣。交易折扣的多少,视行业、产品的不同以及中间所承担的责任多少而定。一般来说,批发商折扣较多,零售商折扣较小。交易折扣表现在农产品销售中为产地价、批发价、零售价的差价。

(七)地区定价策略

当把产品卖给不同地区的顾客时,决定是否实行地区差价。地区定价的关键是如何灵活对待运输、保险等费用,是否将这些费用包含在价格中。因为在农产品定价中运费和保险费是一项很重要的因素,特别是运费和保险费占成本比例较大时更应该重视。具体方法如下:

1.产地定价

顾客在产地按出厂价购买产品,卖主负责将产品运至顾客指定的运输工具上,运输费用和保险费全部由买方承担。这种定价方法对卖方来说是最简单和容易的。对各地区的买主也是适用的。

2.统一交货定价

不论买主所在地距离远近,都由卖主将货物运送到买主所在地,并收取同样的运费。这种策略类似于邮政服务,因此又被称为“邮票定价法”。该策略适用于重量轻、运费低廉,并占变动成本比重较小的产品。它可以使买方感到免费运送而乐于购买,有利于提高市场占有率。

3.分区运送定价

这是卖方将市场划分为几个大的区域,在每个区域内实行统一价格,与邮政包裹和长途电话收费近似。

◈ 分组讨论

1.如何提升农产品的价值?

2.农产品开发的途径和方法有哪些?

3.什么是农产品组合策略?如何进行农产品组合优化?

4.农产品定价的目标有哪些?常用的农产品定价方法和策略有哪些?

◈ 业务技能训练

1.分小组深入当地农产品生产企业了解其农产品生产情况,结合当地需求发展趋势,分析企业农产品经营现状并提出农产品开发建议,并写出调查报告。

训练目的

掌握农产品开发途径和方法。

2. 分小组深入当地某农产品生产企业，分析其现有农产品组合现状并提出改进建议，写出分析报告。

训练目的

掌握农产品组合优化方法。

3. 分小组购进某几种农产品，并选择适当场地销售所购进的农产品。记录并分析销售情况，并提交分析报告。

训练目的

掌握农产品定价的方法。

任务六　创建农产品品牌

◈ 任务目标

通过完成本任务，你应该能够：

1. 了解农产品品牌创建的要点和步骤，掌握农产品品牌创建的手段和途径；
2. 了解农产品区域品牌认定的条件，掌握区域品牌认定的程序；
3. 了解农产品品牌推广的方式，为企业策划品牌宣传推广活动。

◈ 引导性案例

农产品品牌“亮剑”

一斤鸡蛋卖多少钱？这个问题似乎有些多余，一般人脑海里第一时间浮现的答案肯定是：鸡蛋这种初级农产品，也就3～4元吧。但是有一个“德青源”品牌的鸡蛋却卖到8元1斤的高价，而且在食品安全受质疑及经济不景气的今天，广受消费者青睐，形成一个稳定且快速增长的消费群体，仅在北京就占据了品牌鸡蛋70%以上的市场份额。

德青源为何能卖得比别的鸡蛋贵一倍？独特卖点何在？德青源是如此推广品牌：鸡舍宽敞有空调，全部采用无抗生素的饲料；鸡生活在郊区封闭式的大型养鸡场里，可以在山上跑；鸡蛋上有标识，记下何时下的蛋；把鸡蛋磕在碗里之后，普通鸡蛋的蛋黄是浅黄色，德青源鸡蛋的蛋黄是橙黄色；德青源设有全天候24小时的售后服务，快速服务各大城市售点。

这样的说理与宣导，让德青源所锁定的细分消费群——城市中产阶层感受到其实实在在的价值，并迅速接受其建立的中高端鸡蛋品牌形象。

德青源在鸡蛋品质的研发和技术集成上发力，从原料采购、饲料加工、蛋鸡养殖、环境控制、兽医防疫、废弃物处理到蛋品加工等各个环节保证鸡蛋品质。而且，德青源每枚鸡蛋都打上“身份证”——一种无毒的彩色喷码，公司可以通过编码查出每枚鸡蛋的各种信息，甚至追溯到产蛋的母鸡。这样的产品附加值令消费者心甘情愿掏腰包。

德青源摒弃了“萝卜青菜，装筐就卖”的传统销售模式，不走农贸市场这一传统销售渠道，将90%的鸡蛋摆上各大超市的货架。这与其消费者定位是紧密相关的，中高端消费群让德青源找到了鸡蛋市场恶性价格战的突破口。

（资料来源：http://finance.jrj.com.cn/biz/2009/05/1415055004396.shtml）

思考：

什么是农产品品牌？它有什么功能？如何创建农产品品牌？

子任务 1　创建农产品品牌

在现代经济中，品牌是一种市场营销行为。美国市场营销协会(AMA)1960 年对品牌的定义表述为：品牌是不同竞争者为相互识别而赋予各自产品或服务的名称、说明、标记、符号、形象设计以及它们的组合。在中国，狭义范围内的"品牌"经常等同于"商标"，但是实际上，"品牌"并不是"商标"。"品牌"是产品或服务的象征。而"商标"则是符号性的识别标记。

农产品品牌是为了识辨特定的农产品，把传统意义上的农产品赋予品牌的特征，便于使之形成比较优势。品牌是由农产品生产经营企业创立，依靠知识产权保护和市场化运作发生作用，在国内外农产品市场上逐渐成为竞争的主旋律。

【知识链接 6-1】

品牌的功能

品牌在市场活动中具有一系列功能。主要包括识别、保护、信息、承诺、情感、定位、激励和增值等功能。

1. 识别功能。品牌的基本功能是识别品牌主的产品或服务，并将它与竞争对手区分开来。品牌的识别功能来自品牌形式的独特性。

2. 保护功能。品牌或品牌的一部分一旦进行商标注册，就对品牌主的这种资产具有法律保护功能，即可以利用法律武器防止和打击品牌假冒或抄袭行为。

3. 信息功能。品牌可以传达有关企业特色、企业给市场带来的利益、企业价值观、服务对象等信息。品牌信息虽然比较抽象，但比较简括，比较有联想空间，并且比较好记。品牌信息的优点在信息时代尤其突出，消费者面对爆炸式传播的信息，其接收和处理信息的能力是有限的，因此，品牌作为浓缩的、简括的、好记的市场信息越来越受消费者欢迎。

4. 承诺功能。品牌实际上是以公司的信誉对消费者的承诺，对产品或服务的担保。品牌的承诺功能就是一种保险功能，品牌尤其是著名的品牌有助于减小消费者的各种购买风险，从而促进产品或服务的购买。消费者的购买风险有：对产品或服务的质量、性能等不很了解；营销商的价格不诚实；为更多地搜集公司信息而花费的时间成本；社会评价，即社会对产品的评价低于消费者个人的评价。

5. 情感功能。品牌形象的个性化或人格化使品牌具有情感功能。品牌的情感功能常常通过广告、公共关系和形象代言人等促销方式得以发挥，因为广告、公共关系和形象代言人都是最能诉诸情感的促销方式。

6. 定位功能。品牌是一种市场定位，即一家公司或其产品在目标市场(或顾客)心目中的位置，也就是目标市场对公司或其产品的心理评价。

7. 激励功能。员工参与公司品牌的建立过程就是他们接受品牌所代表的公司价值和公司文化的过程，企业可以利用员工的品牌意识对员工进行价值激励和文化管理。

8. 增值功能。品牌能满足消费者特殊的心理需要而给他们带来额外的利益，由此能在市场上产生溢价或增值。

一、USP理论与农产品品牌创建要点

【知识链接 6-2】

USP 理论

USP(Unique Selling Proposition)即“独特的销售主张”表示独特的销售主张或“独特的卖点”,是罗塞·里夫斯(Rosser Reeves)在50年代首创的。“独特的销售主张”(USP)必须具备三个要点:一是利益承诺,强调产品有哪些具体的特殊功效和能给消费者提供哪些实际利益;二是独特,这是竞争对手无法提出或没有提出的;三是强而有力,要做到集中,是消费者很关注的。到了20世纪90年代,达彼斯对USP做了更完整的定义:USP的创造力在于揭示一个品牌的精髓,并强有力的、有说服力的证实它的独特性,使之所向披靡,势不可挡。达彼斯模式的USP主张的三个要点为:一是USP是一种独特性——它内涵在一个品牌自身深处,或者尚未被提出的独特的承诺。二是USP必须有销售力。三是每个USP必须对目标消费者做出一个主张——一个清楚的令人信服的品牌利益承诺,而且这个品牌承诺是独特的。

达彼斯模式的USP更加完善,揭示了品牌在竞争中成长和壮大需要的三个条件:独特性,强大的销售能力,令人信服的承诺。USP理论所强调的三个要点,揭示了农产品品牌的创建、培育与发展的精髓。

(一)凸显农产品优势资源的独特性

提炼“独特性”,不顾一切地将农产品独特性表现出来,将农产品的独特性作为立足之本,维护农产品所特有的自然因素和人文因素,并强化独特性经营。

【阅读案例 6-1】

诏安红星青梅

20世纪90年代,诏安青梅就以低廉的价格热销日本,许多果农因此脱贫致富,作为青梅主产区的红星乡也一跃成为诏安的“明星乡”。然而七八年后,青梅产业就跌入低谷。由于青梅销路看好,不仅诏安种植面积持续扩大,省内的永泰及广东普宁、饶平等地也大规模种植青梅,全国的青梅产量激增,直接导致供过于求,价格下跌。对此诏安县工商局与当地相关部门联合为青梅发展出谋划策,工商部门加大宣传力度,引导果农树立品牌意识,立足长远发展,把好产品质量关,同时引入日本及中国台湾等地的技术,确保将红星青梅独特的风味在后续深加工过程中保存下来。随着“诏安红星青梅”一系列产品在上海绿色食品博览会、北京原产地产品展销会上频频露面,其品牌知名度不断提高,青梅产品陆续登陆上海、北京等国内市场,并打入沃尔玛、麦德龙等大型连锁超市。

(资料来源:http://www.fjaic.gov.cn/ztzl/gsbst/zncszy/llyj/llzh/201203/t20120313_33515.htm)

(二)建立专业而强势的管理机构

管理机构是否具备专业水准,对农产品进行品质把关,是否具备积极主动的公关意识,做好宣传及危机公关,对农产品能否创建为一个强势品牌具有至关重要的作用。

【阅读案例 6-2】

云霄枇杷协会

云霄县枇杷协会成立于 2002 年，是“云霄枇杷”普通集体商标的申请人，有专兼职工作人员 34 名，会员 349 人，具备强大的技术后盾，是申报“云霄枇杷”地理标志商标的不二人选。为了使云霄枇杷地理标志得到充分、有效、合理、合法的运用，工商局在参加枇杷协会理事会议上，就诚恳而严肃地从法律及品牌发展角度，谈了对“云霄枇杷”品牌创建的看法，要求协会一定要严把种植管理、品牌宣传、质量标准认定、价格定位、产品推介等方面的把关。此外，枇杷采收季节来临之际，枇杷协会及时召开营销大户座谈会，研究部署枇杷上市的销售策略，经过协会协调组织，各营销公司所跑的销路各自分开，分别在重庆、成都、昆明、深圳、浙江、南京等地打开销路，避免销售“撞车”。在 2010 年将“云霄枇杷”普通集体商标变更为地理标志集体商标后，云霄枇杷品牌整体运作更规范、更全面，2011 年的云霄枇杷的市面收购价格为 15 元，比 2010 年同期增长 50%。

（资料来源：http://www.fjaic.gov.cn/ztzl/gsbst/zncszy/llyj/llzh/201203/t20120313_33515.htm）

（三）挖掘农产品的利益承诺

品牌是识别商品的分辨器，互不相同的品牌各自代表着不同形式、不同质量、不同服务的产品，可为消费者或用户购买、使用提供借鉴。花旗银行有一句全球统一的营销口号：花旗永远不睡觉。这并非一句简单的广告词，它代表了花旗的客户服务核心价值和利益承诺。农产品能够挖掘并实现深层次的利益承诺，无疑将在竞争市场站稳脚跟。

【阅读案例 6-3】

武夷山大红袍与漳州水仙花

武夷山大红袍打的“茶文化”牌让大红袍在茶消费市场具有了极高的辨识度。武夷山茶大红袍素有“中国茶王”之称，其制作技艺是我国文化部唯一列为国家首批非物质遗产的茶类产品，大红袍三丛六株母树的产量每年仅在 800 克左右，世代都是官廷贡品。量少，名奇，树老，味特，使其越加名贵，从某种意义上说，大红袍已经不是单纯的饮品，而是武夷山的镇山之宝。它能够给消费者带来不同于普通茶品的利益承诺，品尝大红袍，不仅仅是品尝茶叶的特殊味道，更是品尝武夷山的山水传奇，品尝着武夷山悠久的茶文化，这就是大红袍傲立茶市场的一大原因。同样，作为地理标志农产品的漳州水仙花，之所以深受消费者欢迎，也是因为其能够给消费者带来“水沉为骨玉为肌”的“凌波仙子”之观感，让人体会到其高雅、圣洁的生命本质。在漳州水仙花成功注册地理标志证明商标后，当地工商部门与花卉协会联合，督促漳州水仙花销售商统一包装、统一规格、统一质量、统一使用证明商标，漳州水仙花的吉祥、美好、纯洁、高尚内涵在统一的销售及宣传思路引导下深深进驻消费者的内心。现在，漳州水仙花内销遍布全国各地，外销出口东南亚并已扩大到美国、荷兰等国家和地区。

（资料来源：http://www.fjaic.gov.cn/ztzl/gsbst/zncszy/llyj/llzh/201203/t20120313_33515.htm）

二、农产品品牌创建七大步骤

农产品品牌创建的七大步骤是由品牌战略开始到品牌管理阶段。整个过程经历“品牌战略—品牌策划—品牌识别—品牌营销—品牌初创—品牌形成—品牌管理”七个环节。

1. 品牌战略规划

只有在企业战略的指导下才能进行“品牌战略规划”这一关键环节。品牌战略规划也就是品牌价值的体现,只有品牌的价值体现出来了,顾客才会用自己的金钱来交换产品。

2. 品牌策划

一般来说品牌策划是由很多的品牌定位来组成。譬如:品牌定位、品牌命名、品牌价值主张、目标市场定位、产品定位、价格定位、价值通路、信息传播定位、服务定位等。

3. 品牌识别设计

品牌识别设计是实施品牌建设的第一步,主要包括了 Vi 系统、产品设计、包装设计、产品宣传系统设计、产品渠道形象设计等等。

4. 品牌营销

品牌营销就是拥有品牌的人把这个品牌交换给使用这些品牌的人们。品牌营销其实就是品牌的“营”和“销”。“营”就是酝酿品牌消费的氛围,而“销”则是品牌价值的通路。

5. 品牌初创

这对企业品牌的知名度的提升是很重要。同时品牌也始于企业员工责任心和热情。所以得从员工、渠道、分销商着手来实现品牌的外部初创。

6. 品牌形成

品牌形成是对品牌的知名度和形象等大幅度提升的时候,也是真正的买卖时期。品牌形成要持之以恒地从品牌体验、客户体验、服务体验、意外惊喜体验、后续氛围体验等体验中,不断地提升品牌的知名度和形象,只有这样品牌才会不断地成长壮大起来。

7. 品牌管理

品牌管理的核心价值就是长期的经济价值。品牌的管理主要的包含了品牌投资、品牌维护和品牌资产管理。

三、农产品品牌创建手段

(一)建立农产品品质差异性

产品品质的差异性是建立品牌的基础,如果是同质的农产品,消费者就没有必要对农产品进行识别、挑选。随着科学技术的发展,只有在农产品品质上建立差异性,才能建立起真正的农产品品牌。可以从以下方面来建立产品品质的差异性。

◆ 品种优化。不同的农产品品种,其品质有很大差异,主要表现在色泽、风味、香气、外观和口感上,这些直接影响消费者的需求偏好。当优质品种推出后,得到广大消费者的认知,消费者就会尝试性购买;当得到认可,就会重复购买;多次重复,就会形成对品牌的忠诚。

在农产品创品牌的实际活动中,农产品品种质量的差异主要根据人们的需求和农产品满足消费者的程度，即从实用性、营养性、食用性、安全性和经济性等方面来评判。如水稻，消费者关心其口感、营养和食用安全性，水稻品种之间的品质差异越大，就越容易促使某种水稻以品牌的形式进入市场，得到消费者认可。

◆ 生产区域优化。许多农产品种类及其品种具有生产的最佳区域。不同区域地理环境、土质，温湿度、日照等自然条件的差异，直接影响农产品品质的形成。许多农产品，即使是同一品种，在不同的区域其品质也相差很大。例如，红富士苹果，陕西、山西的苹果的品质优于辽宁苹果，辽宁苹果优于山东苹果，山东苹果优于黄河古道的苹果。因此，因地制宜发展当地农产品生产，大力开发当地名、优、特产品的生产，从而创立当地的名牌农产品。

【阅读案例 6-4】

优良品质筑品牌

苍山县自然条件优越，资源比较丰富，地处暖温带，属季风区半湿润大陆性气候，四季分明。南部是平原，土壤肥沃，适种面广，适应大蒜生长。苍山大蒜种植自汉代传入，距今已有 1 900 多年的历史，年种植大蒜 26 万亩，苍山大蒜具有香、辣、郁、黏的特点，因含大蒜素明显高于其他产地，被誉为“天下第一蒜”，1999 年在“世博会”上获得银奖，深受世人好评。2006 年，“苍山大蒜”获得国家质检总局地理标志产品保护认证。苍山大蒜是特定地理气候条件下的农业特产，产品畅销美国、日本、韩国、欧洲以及东南亚国家，被列为全国重要农产品出口品种。

（资料来源：http://www.360doc.com/content/13/0630/20/3734979_296624319.shtml）

◆ 生产方式优化。生产中采用不同的农业生产技术措施也直接影响产品质量，如农药选用的种类、施用量和方式，这直接决定农药残留量的大小；还有如播种时间、收获时间、灌溉，修剪，嫁接，生物激素等的应用，也会造成农产品品质的差异。

◆ 营销方式优化。市场营销方式也是农产品品牌形成的重要方面，包括从识别目标市场的需求到让消费者感到满意的所有活动，如市场调研、市场细分、市场定位、市场促销、市场服务和品牌保护等。营销方式是农产品品牌发展的基础，而品牌的发展又进一步提高了农产品竞争力。

(二)注册和保护农产品商标

注册商标是农产品取得法律保护地位的唯一途径。没有法律保护地位的农产品终究要被他人侵蚀、淘汰。然而一旦品牌商标被他人抢注或冒用，不但商标价值大打折扣，更重要的是会损害名牌产品的形象，影响企业的声誉。因此，农产品生产企业在创立名牌的同时，应积极进行商标注册，使之得到法律的保护，获得使用品牌名称和品牌标记的专用权。

【阅读案例 6-5】

因祸得福的“丁当鸡”

2003 年，广西壮族自治区隆安县丁当镇作为中国首例对外公开的高致病性禽流感疫区备受世人关注。疫情过后，丁当镇禽类系列产品发展遭遇销售瓶颈。如何让这个产业重获新生？隆安县巧用丁当镇因禽流感疫情而带来的知名度，在禽流感疫情监测期满 6 个月后，隆安县围绕着因灾成名的“丁当”二字做起了无公害养殖的文章，“丁当鸡”在争论中注册了商标，并在丁当镇及周边地区培育、扶持专业养殖户，带动群众发展家禽养殖。黄生德因此成了首批丁当鸡的养殖户，养鸡2 300羽，当年获利3 000多元。隆安县也加大了"丁当鸡"品牌的宣传，将"丁当挂历"送到了北京、上海等地。目前，"丁当鸡"不仅销往南宁、桂林、柳州等地，连广州、湛江、茂名等地客商也慕名前来收购。以前，最远只能卖到南宁市区的"丁当鸡"，只因"丁当"的商标品牌，就因祸得福，得到了外省市场的认可。"丁当鸡"正以一个地方名优特色产品品牌，带动地方经济发展，促使当地农民致富。

（资料来源：http://www.gxnews.com.cn/staticpages/）

（三）宣传促进名牌形成

提高产品的知名度和美誉度，促进名牌的形成，可以从以下三个方面着手：

◆ 加大广告投入，选择好的广告媒体。广告是企业用来向消费者传递产品信息的最主要的方式。广告需要支付费用，一般来说投入的广告费用越多，广告效果越好，要使优质农产品广为人知，加大广告宣传的投入是必要的。可利用广告媒体如报纸、杂志、广播、电视和户外路牌等来传播信息。

◆ 改善公共关系，塑造品牌形象。通过有关新闻单位或社会团体，无偿地向社会公众宣传、提供信息，从而间接地促销产品。公共关系促销较易获得社会及消费者的信任和认同，有利于提高产品的美誉度、扩大知名度。

◆ 注重产品包装，抬升产品身价。进口的泰国名牌大米，如金象、金兔、泰香、金帝舫等，大多包装精致。而我国许多农产品却没有包装，有些即使有包装也较粗糙，这不利于名牌的拓展。包装能够避免运输、储存过程中对产品的各种损害，保护产品质量；精美的包装还是一个优秀的"无声推销员"，能引起消费者的注意，在一定程度上激起购买欲望，同时还能够在消费者心目中树立起良好的形象，抬升产品的身价。

（四）依靠科技打造品牌

创建农产品品牌，需要在产前、产中、产后各环节全方位进行科技攻关，不断提高产品的科技含量。

◆ 围绕市场需求，促进品种更新换代；

◆ 围绕新品种选育，做好与之相配套的良种良法的研究开发与推广工作；

◆ 要着力解决降低动植物产品药物残留问题，保证食品卫生安全，以消除进入国际市场的障碍；

◆ 围绕产后的保鲜，储运、加工、包装、营销等环节，加大对保鲜技术的研究。

◆ 根据消费者购买力和价值取向设计开发不同档次的产品，逐步形成一个品牌、多个系列，应用现代营销手段扩大品牌知名度，培育消费群体，提高市场占有率；

◆ 积极引进国外新品种、新技术、新工艺，并通过技术嫁接，推动国内品牌的创建。

四、农产品品牌创建途径

（一）实施农产品生产标准化

质量是农产品的生命线，是农产品创品牌的根本。在创建农产品品牌过程中，按标准组织生产管理，是提高农产品质量，保证农产品安全最有效的措施和手段，是打造农产品品牌的基石。

(二)形成规模效益

在生产方面，加入农民生产协会、专业性生产合作组织，内部实行不同程度的企业化管理与经营，以特色农业为龙头，走规模化道路。

(三)重视科技创新

科技是提高农产品质量的关键措施。先进的技术确保了品牌产品在质量上与功能上的先进性，从而使品牌更易被市场接受。在国际市场上各国的农产品竞争实质上是农业科技的竞争，谁的农业科技水平领先谁的农产品就会获得领先权，就具有市场竞争力。在农产品的生产过程中，必须重视科技创新，依靠技术进步，加强新品种引进培育，提高自己的产品开发能力，以新产品、特色产品、精深加工产品保持品牌的生机和活力。应广泛运用生物工程技术、现代先进种养技术、加工技术和信息技术等，发展科技含量和附加值高的品牌农产品，提高农业综合效益。

(四)运用文化营销

文化营销就是在农产品品牌中注入文化内涵，从而使产品区别于竞争对手的产品，提高其品牌价值。文化营销模式可以根据农业产业资源特点与消费者需求趋势，依托当地产品历史悠久、源远流长的文化底蕴，在农产品品牌的设计和培育中，强化浓厚的人文、风土气息，塑造农产品品牌的个性特色，丰富品牌的文化内涵，提升品牌价值。

【阅读案例 6-6】

打造“峨眉山牌”农产品品牌

早在 2003 年，何文生就来到了乐山，从事贸易生意。在此期间，他结识了乐山文化、旅游界的许多知名人士，见证了乐山城市交通和经济社会的快速发展。2008 年初，何文生在与朋友聊天中了解到，乐山虽然有许多富有特色的农副土特产品，但在旅游市场上没有一样真正“拿得出手”。当时何文生就想，能不能把这些土特产组合起来，注入地域文化元素，进行全新包装、抱团经营，作为代表乐山的旅游产品呢？很快，何文生成立公司，带着研发及营销团队，跑遍了乐山的 11 个区(市、县)，用了 20 个月的时间深入实地开展调查研究，寻访最能代表地域特色的农产品，深度挖掘其文化内涵，考察市场前景，进行产品研发及包装设计等。

功夫不负苦心人。2009 年 12 月，经过认真细致的分析筛选和研发，何文生首先推出了代表峨眉山地域特色的“峨眉山三宝”系列旅游产品。峨眉山物华天宝，佛教文化源远流长，气候温润适宜，野生植物茂盛，其中最为珍贵、最具特色、最受僧人们喜爱的首推灵芝、龙须笋和雪魔芋了。因此，何文生便将这 3 样产品组合起来，打造出了“峨眉山三宝”品牌，并将产品与峨眉山最具特色的佛教文化巧妙结合起来，赋予了产品深厚的文化内涵。《白蛇传》中，白娘子救许仙所盗的仙草就是峨眉山中的千年灵芝，峨眉山僧人们也常年用灵芝切片泡水当茶喝。“峨眉山三宝”中的灵芝均选用生长在峨眉山上的野生优质灵芝，每一批产品都必须先经省农科院检验后才能进行加工，利用先进技术将灵芝直接研磨成粉，保持其最充分的保健和药用价值，分袋即食的包装方式也迎合了人们在快节奏生活中对产品便捷性的需求。灵芝茶推出后，销量非常好，主要销往河南、广东、深圳、上海等地区，深受消费者欢迎。首战告捷的何文生再接再厉，又先后推出了“乐山五绝”、“郭家山货”、“郭家珍茗”、“彝寨三宝”以及“特色工艺保健杯”等系列特色地域品牌产品。目前，公司正式面市的产品已经达到11种，另外还有6种山货系列、民族地区特色农产品正在研发过程中，不久即将问世，让更多的游客通过产品认识、了解、喜爱乐山。

（资料来源：http://www.leshan.cn/GB/29/67818.html）

（五）建立绿色品牌形象

随着消费者对绿色产品认识的提高以及健康消费观念的增强，绿色品牌农产品以鲜明的形象和安全的品质越来越受到国内外市场的欢迎。通过创建和宣传绿色品牌，更快捷地向消费者传递绿色产品的质量和特色信息，使消费者感到物有所值，降低其对绿色农产品价格的敏感度，进而接受绿色产品并积极、重复地购买，增强优质绿色产品的市场竞争力。

（六）注重品牌整合传播

创建农产品品牌，还要增加对品牌产品的宣传投入，塑造品牌形象，打响知名品牌。要善于利用媒体广告以及博览会、招商会、网络营销、专题报道、展销会和公共关系等多种促销手段，进行品牌的整合宣传，提高公众对品牌形象的认知度和美誉度，做大做强农业品牌。要重视现代物流新业态，广泛运用现代配送体系、电子商务等方式，开展网上展示和网上洽谈，增强信息沟通，搞好产需对接，以品牌的有效运作不断提升品牌价值，扩大知名度。

子任务2　农产品区域品牌认定

一、认识农产品区域品牌

采用区域公用品牌类型创建农产品品牌、发展区域产品销售，提高区域形象的成功例子较多：如美国的艾达华土豆品牌、中国台湾的台湾好米、日本神户牛肉、新西兰奇异果等。作为农产品品牌的一种重要类型，农产品区域品牌指的是特定区域内相关机构、企业、农户等所共有的，在生产地域范围、品种品质管理、品牌使用许可、品牌行销与传播等方面具有共同诉求与行动，以联合提供区域内为消费者的评价，使区域产品与区域形象共同发展的农产品品牌。

【阅读案例6-7】

“原生态农产品”成为区域品牌

丽水市遂昌县有两样著名农产品：每千克100元的生态米和每千克160元的土鸡。优良的品质，来自得天独厚的自然环境和原生态的养殖模式，造就了其原生态区域品牌。生态米选用优质良种，不用化肥，不用农药，稻田里养殖鸭子和田鱼，使水质保持纯净，辅以无任何污染的源头水灌溉，并且只种单季稻，使得稻米营养积累期长，营养成分比普通大米高出很多。遂昌县黄泥岭村的原生态土鸡培育，采用母鸡孵小鸡、天然放养的方式，土鸡只吃稻谷、玉米和小虫。在推向市场后，"纯种土鸡"的价格从每千克 80 元涨到每千克 160 元，并成功进入了上海、杭州等地的高端市场。

遂昌县随即把"原生态农产品"当作区域品牌来打造，重点培育八大原生态农产品。"土味"换来大市场和大价值：黄泥岭村万只土鸡被订购包销，全村 80％的农户靠养土鸡走上了致富路，"七山头"土猪肉供不应求，金竹山茶油作为国宴用油……

（资料来源：http://paper.ce.cn/jjrb/html/2010-05/07/content_105447.htm）

（一）区域品牌的要素构成

"农产品区域品牌"是市场对某区域中某类产品的认可，是众多同类企业行为的综合体现，它为一群生产经营该类产品的企业所共同拥有，消费者能通过该区域的名称联想到这类产品。它包含两个要素：

◆ 区域性。一般限定在一个地区或一个城市内，带有强烈的地域特色，并为整个地区相关企业服务。

◆ 品牌效应。往往代表一个地区产业产品的主体和形象。区域品牌是一定区域范围内社会、文化、经济中具有特色的内容的总和，是区域信息的载体，是一张"区域名片"，是一个识别系统，是一种巨大的无形资产，由区域（地名）＋产业（产品）名称构成。

（二）农产品区域品牌的特性

◆ 一般须建立在区域内独特自然资源或产业资源的基础上，借助区域内的农产品资源优势。

◆ 品牌权益不属于某个企业或集团、个人拥有，而为区域内相关机构、企业、个人等共同所有。

◆ 具有区域的表征性意义和价值。特定农产品区域公用品牌是特定区域代表，因此，经常被称之为一个区域的"金名片"，对其区域的形象、美誉度、旅游等都起到积极的作用。

【阅读案例 6-8】

大佛龙井荣获"最具影响力中国农产品区域品牌"

近年来，"大佛龙井"在绿茶界的领军地位日益显现，"大佛"这一农产品区域公用品牌的成功运作，已经超越了经济层面的认知，而上升为一种文化现象。新昌和大佛龙井分别被中国国际茶文化研究会授予"中国茶文化之乡"和"中华文化名茶"。"大佛"是全国龙井茶类中第一只通过国家工商总局行政认定成为中国驰名商标的品牌。大佛龙井价格指数由中国茶叶流通协会发布，成为全国第一个发布价格指数的绿茶品种。2011 年，"大佛龙井"获"中国十佳农产品品牌"，2012 年，该县茶叶总产量 5 180 吨，茶叶总产值 6.86 亿元，其中大佛龙井茶出现了均价提升与产销两旺的好势头，实产 4 340 吨，产值 6.78 亿元，每千克平均价 156.22 元，同比提高 12.41％，大佛龙井品牌价值达到 22.99 亿元，并连续进入全国茶叶区域公用品牌十强。

（资料来源：http://fj.sina.com.cn/tea/xc/2013-01-23/10393544.html）

二、农产品区域品牌认定

农产品区域品牌认定通常实行政府支持、协会主导、社会参与的机制，坚持无偿、自愿、公开、公正、公平的原则。

(一)申报条件

申请农产品区域品牌必须符合下列要求：

◆ 为种植业、畜牧业、渔业等产品，或仅改变其物理性状而不改变其化学结构、不含各种添加剂的初级加工农产品。一般为单一品种或某一类产品。

◆ 在特定的生产区域内有一定规模化的生产基地，并拥有区域公共品牌的注册商标或取得国家区域产品保护制度注册确认的品牌。

◆ 生产地区自然环境和人文历史独特，有一定的生产传统、生产规模和文化传承。

◆ 三年内无质量安全事故，具有良好的品质和美誉度、较大的市场份额和发展空间，在当地农业和农村经济中占有重要地位。

◆ 至少获得无公害农产品、绿色食品、有机农产品、农产品地理标志等认证中的一项。

凡有下列情况之一者，不能申请农产品区域品牌：

◆ 申请人注册地址不在省内；

◆ 近两年内，产品在县及县以上各级质量安全例行监测和质量抽查中有不合格记录；

◆ 近三年内发生重大质量安全责任事故，或有重大质量投诉经查证属实；

◆ 连续三年市场占有率明显下降；

◆ 有使用国家禁止使用的农业生产资料、原材料以及不符合质量安全要求的农业投入品记录；

◆ 生产国家产业政策和有关法律法规限制的产品；

◆ 有偷税漏税、掺杂使假、虚假广告等违反法律法规行为。

(二)农产品区域品牌申请材料

申请农产品区域品牌一般应提交一下材料：

◆《农产品区域公共品牌申报表》；

◆ 产品品牌商标注册证书复印件；

◆ 法人登记证明或营业执照复印件；

◆ 采用标准的复印件；

◆ 由通过省级计量认证，并经省级以上农业行政主管部门考核合格的检测机构出具的一年内的有效检验报告原件，如是复印件必须加盖原检测机构公章，或一年内省级以上有关部门组织的监督抽检合格证明；

◆ 无公害农产品、绿色食品、有机农产品、农产品地理标志证书复印件；

◆ 出口量、出口国和出口额的相应证明复印件；

◆ 其他相关证书、证明复印件。

(三)农产品区域品牌申请表

农产品区域品牌申请表内容如下：

1. 申报农产品区域品牌综述

主要介绍区域公共品牌的基本情况，重点是近三年的生产经营、市场开拓、产品质量、商标注册、品牌建设、自主创新、产业效应、产业发展及政府推动、监管体系、服务体系建设等情况。

2. 基本情况表

基本情况表涉及内容有：

◆ 申请人名称、申报品牌名称、注册商标名称(图案)与商标注册号、商标注册时间与注册地、申报品牌产品所执行的标准、申请人性质、证照或备案证书及编号、申报品牌区域范围、产品生产基地面积(万亩)、授权使用申报品牌的单位数量(个)、申报品牌的从业人员总数(人)、申报品牌或其产品认证名称、时间及编号、申报品牌的产品销售的国家、地区、省市、产品所获奖项(包括专利)、时间及证书号。

◆ 申报品牌简介：包括品牌名称；产品名称与产品品种；产品自然环境独特性、生产加工历史悠久性与人文历史传承性；与其他同类产品相比，客户或消费者给予申报品牌及其产品积极的评价等。

◆ 申报品牌的质量管理情况：包括采用的标准以及标准执行情况，具体有品种、种苗、种植养殖过程，采集、包装、运输、贮藏，质量承诺、质量认证、质量追溯体系建设，环境保护等全程质量标准化管理等。

◆ 申报品牌的销售情况：包括销售渠道、年销售量、销售额、出口情况等。

◆ 申请品牌的市场情况：包括进入行业的时间、产业化水平、市场化程度、市场占有率、对行业发展的影响力等。

◆ 申报品牌的经营情况：包括经营秩序、产品包装、产品防伪、产品宣传、渠道开发、售后服务与顾客满意度等。

◆ 授权使用申报品牌的单位(包括农户)及其概况等。

◆ 申请品牌的社会贡献情况：包括富民效应、提升地方形象、促进区域经济发展等。

3. 综合情况表

综合评价表主要填写前三年的情况，评价指标及评价内容如下。

◆ 知名评价：包括申报品牌的全国公众认知度，申报品牌获得荣誉情况，申报品牌获得专门保护或专利情况；

◆ 质量评价：包括申报品牌产品的主要性能指标，申报品牌产品采用的质量检测体系，申报品牌产品通过的质量认证情况，管理标准、工作规范、技术标准、检测体系等的建立情况，对员工的培训情况及证明材料；

◆ 市场评价：包括国内市场销售情况，出口情况；

◆ 经营评价：包括经营状况，经营手段；

◆ 发展评价：包括技术研发，规模水平，品牌支持，技术装备水平；

◆ 效益评价：包括经济效益和社会效益。

三、农产品区域品牌发展策略

由于区域品牌是以区域为一个品牌的特定名称，是众多企业的浓缩和精华。因此，农产品区域品牌对内要提高区域内部自身质量建设，对外要发展区域营销。

1. 确定区域品牌主体

不同地域产业集群的区域品牌主体可以有五种类型：

◆ 政府作为主体，即政府将区域品牌的建设作为公共工程来对待，安排专门的部门进行管理并投入资金扶持品牌建设；

◆ 准政府机构，由政府授权企业对商标的使用，将集群内企业纳入统一品牌中，提升企业竞争力；

◆ 行业协会，区域内众多独立企业的产品统一使用一个品牌，该品牌由行业协会来管理；

◆ 企业家联盟，由若干企业联合注册商标，共同拥有商标使用权；

◆ 龙头企业，以龙头企业主导品牌为主体，整合集群内企业，凭其强大的资金实力建造统一的销售网络，打造全国品牌或世界品牌。

2. 制定公共政策

由于区域品牌的公共物品属性，容易产生“搭便车”现象，部分企业没有投资创立或提升品牌，却利用区域品牌掠夺经营、大肆生产，破坏品牌形象使品牌价值贬值。因此，应制定有效的政策进行管理。公共机构可以由集群态势和营销策略需要，界定政策的范围，形成集群内企业一致行动的准则，建立配套的费用预算及分摊机制，提高企业的积极性和主动性。

3. 区域品牌定位体现区域产业集群特色

区域品牌要在市场调研与细分的基础上，结合集群内企业的条件及产业集群的特色，寻找能够发挥竞争优势的市场作为目标市场。定位要体现集群特色，确定区域品牌的特殊内涵，但是也要兼顾不同消费者的文化背景与审美情趣，不能过分注重追求集群特色而陷入狭隘的本地化。否则，区域外的消费者难以理解和认同，不利于区域品牌的形成和传播。

4. 提高区域品牌产品质量和信誉

产品的品质是品牌的基础，而良好的信誉更能维持品牌形象，获得顾客的认知和信任。要提高产品质量，可由行业协会和龙头企业牵头制订一整套行业标准，通过质量认证来执行，建立良好的行业发展秩序，保证区域品牌产品的质量和信誉。

5. 实行网络营销

在区域品牌营销中，网络营销非常重要。进入区域的、全国的、全球性的交通、金融、技术、人力、信息、生产专业化与分工、市场和社会关系网络，充分利用网络资源和市场，是壮大区域品牌自身优势的关键。

子任务 3　农产品品牌宣传推广

农产品品牌宣传推广是品牌建设的最终目的，即将品牌最终送到消费者手中从而实现品牌价值。

一、选择农产品品牌宣传推广方式

农产品品牌推广的方式多种多样。近年来我国农产品营销中最有效的品牌推广方式为口碑传播、电视广告、利用产品本身的推广、公共关系、网络广告、人员推销、实地推广、终端促销等。

1. 口碑传播

口碑传播就是让满意的人告诉他身边的亲朋。口碑传播的说服力比广告,比公关等任何推广方式的说服力都要强,是农产品品牌推广最有效的手段之一。

口碑传播的要领是产品品质确实好;要有人有意识地对产品特点进行总结,并概括成朗朗上口或者易懂易记、幽默风趣的传播语言效果更好。

2. 广告宣传

广告是借助大众媒体的营销宣传术,是农产品品牌推广的主要工具。在世界多个国家和地区以精美生动的电视广告、印刷广告、车厢广告等进行整合广告传播,使其品牌形象深入人心。

运用广告宣传农产品需要注意准确地把握消费者的真正需求,卖点要鲜明,表现形式要有创意。

3. 利用产品本身进行品牌推广

调查发现,许多消费者对产品本身的品牌推广极感兴趣。如"SOD"蜜苹果将产品商标或品牌名称贴在果品本身,通过改变日照结果将品牌文字或图案留在果品身上,让顾客非常直观地感受品牌,印象非常深刻。只是这种推广方式的适用范围非常有限,很多农产品难以操作。

4. 公共关系

公共关系主要是通过塑造企业的形象,提高企业或产品的知名度和美誉度,给公众留下积极、美好的印象,间接地促进产品销售的品牌推广方式。适合农产品品牌推广的公关策略主要有:

◆ 相关会议的展示和演讲。如参加农产品博览会、交流会、相关专题的研讨会等,展示产品形象,宣传产品特点,传播品牌概念。

◆ 利用与消费者息息相关的活动或者节日等进行品牌推广。

◆ 公益服务。如向特定公众进行赞助等,这是公关常用的方式,用来树立企业的美誉度和知名度。

◆ 书面材料。在对主管部门汇报时或者在媒体刊发时采用此方式。

公共关系虽然促销见效慢,但对品牌形象的塑造和传播却极为有效。运用巧妙的话,往往能收到事半功倍的效果。

5. 网络推广

网络推广具有明显的非强迫性、交互性、实时性、经济性、形式多样、易统计性等特征。近年来,一些企业利用网络来进行农产品品牌的推广,取得了非常明显的效果。

【阅读案例 6-9】

中国寒地黑土网

黑龙江寒地黑土农业物产集团是黑龙江省供销合作社投资创办的集团化建制的有限责任公司。集团以世界稀有的寒地黑土农业物产生态资源为依托，充分利用现有的寒地黑土农业经济品牌的市场效应，以绿色、有机农业物产为开发经营对象，主要经营有机大米系列、东北黑蜂蜂产品系列、有机杂粮及薯类、食用菌系列、野生山野菜系列、野生浆果系列、野生坚果系列、边境特产系列、礼品系列，共计九大类 200 余种，远期整合产品计划达 1 000 个品种以上。该集团就是通过《中国寒地黑土网》公益官网实现与消费者互动和销售。还有就是制造话题，迎合受众窥私心理。通过在各大论坛、门户类网站发布话题贴，引起点击和传动，成为热点新闻。

(资料来源：http://www.globrand.com/2010/495767-2.shtml)

6. 人员推销

人员推销是企业的销售人员用面谈的方式，向具有购买欲望的顾客介绍商品，推销商品，实现企业销售目标。品牌农产品的推广需要建立强大的推销队伍，通过演示和演说积极传递品牌农产品的新信息，建立长期的客户关系。

如果农产品企业采用高端定位，希望实施高端消费带动战略，就需要利用团购等形式，借助于一些处于较高地位的某些组织或某些人进行产品试销，便需要人员去推销。企业要发展经销商，也需要一定的推销代表。

7. 实地推广

就是利用好原产地的优势来进行品牌推广。

8. 终端促销

终端品牌推广集中体现在品牌宣传、品牌展示(包装)、摆放位置、导购员的介绍等方面。如何设计吸引人眼球的宣传品(海报、吊旗、条幅、展板等)，产品外包装至关重要；选择合适的排放位置，集中、大量摆放统一品牌的产品也会产生较强的视觉冲击力；导购员得体的介绍，充分展示产品的卖点，传播品牌的文化内涵，更是品牌推广最有效的环节和手段。

二、关注农产品品牌推广成功因素

成功的推广一个农产品品牌是一件十分不容易的事。除了正确地选择、恰当地运作品牌推广方式之外，还需要注意如下一些影响农产品品牌推广成功的因素。

(一)农产品本身特点成为品牌推广的“卖点”

现代营销学认为，要想让消费者购买你的产品就必须给消费者一个购买你产品的理由。例如，三真米“富硒”防癌，普洱茶“养胃”、三特鸡蛋“绿壳”营养好等便是例证。信阳毛尖好是因为信阳的特殊气候和土壤；原阳大米好在于黄河水中有利于稻谷生长的物质与当地的土壤有机的结合；灵宝的苹果特别甜，是因为那里的土壤里含金量高等。

(二)推广方式与农产品品牌目标定位一致

提升推广效果，提升品牌的知名度，找对目标人群很关键。一种农产品一旦定位为高端产品，绝对不能选择路边店、小型零售店，更不能走街串巷乱吆喝。如果是定位于大众消费，定价不能太高，包装不能太高档，也不适宜在高级大卖场中出现。

(三)品牌名称易于传播和推广

简洁、上口、易读、易记、易懂、富于启发、寓意吉祥的品牌名称是品牌传播的第一要素。让消费者听见、看见品牌就忘不掉是品牌推广的最高境界,让消费者消费过产品后有说头、有想头、有品头是品牌推广成功的标志。

(四)产品包装有助于品牌推广

包装有时候就是品牌形象的重要构成部分,它不仅是品牌形象的直接体现,也是品牌持续传播的主要载体。精美、灵巧、实用、特色鲜明的包装一旦与产品的特性相适应,便会快速直接地刺激消费者的购买欲望,甚至消费者在使用过之后也舍不得扔掉,便会发挥更为持久的促销作用。

(五)宣传推广力度适度

进行品牌宣传推广,需要一定的资金投入。农产品企业的品牌推广费用必须与企业的实力相匹配,量力而行。值得注意的是,好的品牌推广不一定靠钱堆出来,巧妙的运作完全可以取得四两拨千斤的奇效。正所谓运用之妙,存乎一心。

(六)农产品品牌推广随生命周期阶段调整

通常情况下,在产品生命周期的引入期,应以报道式的广告为主配合促销,鼓励消费者尝试使用新产品,旨在提高产品品牌的知名度。在成长期,消费者对品牌的认知水平大大提高,应加强广告和促销,促使消费者购买,重在提高产品品牌的美誉度。在成熟期,广告诉求重点应转变为提醒老顾客重复购买。

(七)高档定位农产品品牌"自上而下"地进行推广

高档定位的农产品品牌,可通过公共关系、人员推销、团购、免费品尝等方式,让这部分人养成该品牌产品消费习惯,从而带动更多的人模仿和从众消费。

(八)遵循由近及远的原则开展品牌推广活动

农产品品牌的传播除具有口碑性、区域性之外,还具有明显的由近及远的传播特点。现代社会,虽然大众传媒和因特网可以使品牌传播的范围更广、速度更快,但要改变消费者的习惯却非朝夕之功。所以,农产品的推广最好实行"本地带动、周边辐射,由近及远、循序渐进"的推广战略,既可以节省费用,又可以稳步发展。

三、制定农产品品牌推广方案

农产品品牌推广方案由以下部分构成:

(1)品牌环境分析;

(2)品牌定位;

(3)制定推广战略;

(4)制定品牌策略;

(5)整合传播工具进行品牌推广;

(6)人员安排及费用预算;

(7)效益评估。

【阅读案例 6-10】

广西农垦无公害农产品品牌推广方案

一、市场环境分析

据悉，我区将实施“无公害食品行动计划”和“三绿工程”(绿色通道、绿色食品、绿色消费)，计划从今年起分三个阶段让城乡居民吃上真正放心的无公害产品。南宁市科技局也于 2003 年起投入 60 万元全面启动了“安全食品计划”科技项目，以期打造出一批具有南宁地方特色的“品牌”农产品，让消费者吃到更多、更好的“放心食品”，由此可见政府职能部门对老百姓“菜篮子”的关心和实施决心。

在“无公害”概念逐渐深入人心的大背景下，作为有着无公害农产品种植丰富经验和技术实力的企业，广西农垦在本地市场上的份额却几乎处于零状态。一方面，广西农垦 60% 的产品用作出口和供应外地市场，另一方面，南宁市的无公害农产品市场为几家中小规模的企业所把持，我们希望通过充分的市场调查和分析，通过有效的销售渠道，介入南宁市场，以高品质、好口味赢得消费者的认可，从而提高“广西农垦无公害农产品”的知名度，树立良好的品牌形象，不断扩大市场份额，最终成为市场上同类产品的佼佼者。

二、市场调查及情况列表

超市鲜蔬情况抽样调查表

品名	进驻超市	出现形式	产品种类	包装	份额/%
自产	南城总店、人民路店、江南华联诺玛特	超市自有	芥菜、白菜、青菜等时令鲜蔬菜	散扎装	64
“绿大洲”	江南华联、南城总店、人民路店	自有品牌	仅限于日本青瓜和彩椒	软塑盒装	8
“八桂”	南城总店、人民路店		齐全，与自产类相当	散扎装	25
“绿锦”	南城总店、人民路店		仅限于生菜和芥菜	简易份装	2
“金光”	华联、南城		仅限于网纹甜瓜	散装	1

超市顾客调查表

受访问题	选择意愿	比例/%
采购习惯	固定购买超市自产鲜蔬	62
	固定购买“无公害”鲜蔬	26
	随意性较大	12
对包装的选择	散装(单扎)	73
	软塑盒装	25
	纸箱装	2

自由市场采购者的调查。通过对淡村市场的随机调查表明，虽然有部分人对“无公害”概念并不知晓，但更多的消费者持接受和认同态度，不过普遍认为由于其价格原因，很难被列入其日常性消费开支当中。

三、调查分析

物流配送

由于鲜蔬存在保鲜期的限制，消费者都希望购买到最新鲜的产品，这就需要建立一套完善的配送、物流体制，确保时蔬的新鲜和供货环节的持续性、衔接性。

销售终端

南宁市区现有几个大型的农副产品自由市场：北湖市场和淡村市场，虽然日吞吐量和成交额可观，但在短时期内进入此类市场，势必遭受冷遇，原因有：

➪ 形成此类大型市场的地缘因素；

➪ 消费人群对鲜蔬类商品的购买积习；

➪ 周边消费群体的消费普遍居中等(偏下)水平。

在市内各大超市，已经培养了一批对“无公害”概念持认可和接受态度并实施消费行为的人群。应该说，随着健康食品意识的逐渐深入人心和政府职能部门着力推进的“安全食品计划”的深入，“无公害农产品”必将从超市走向更大的消费空间。

四、产品定位

1.终端定位。“绿色无公害农产品”作为一种日常性健康消费品，其价格相比起自由市场和超市自有品牌的鲜蔬略高，也只有在超市才有具备购买能力的消费群体，而其他标示“无公害农产品”的品牌也都无一例外地选择了进驻超市的方式。因此我们把“广西农垦”的市场终端定位在各大超市。

2.产品包装。市内现有“无公害农产品”品牌中大部分是鲜蔬，鉴于“广西农垦”的产品种类相对比较少，应该避开在种类数量上的弱势，而强调其产品档次的定位，结合消费者在包装上的选择心理，采用一种全新的包装方式，与其他品牌区别开来，这样也避免了产品在外观上的同质化。

采用小份软包装和硬纸盒装两种方式，既方便了家庭的取食方便，也能满足于走亲访友的送礼需求。

3.目标人群定位。主消费人群：有知识、有正当职业、家庭收入水平较高、关爱家人、注重生活品位和质量的家庭女性(为主)，无论从对自己健康的关心程度和经济能力方面，她们发出自觉的健康食品消费行为，并总在寻找更为便捷的途径达成健康的要求。

次消费人群：家庭女性为主。她们在食品的选购上随意性较强，对品牌消费忠诚度有限，但对新生事物具有良好接受能力。

潜在消费人群：年龄在20岁左右的青年。他们或是尚在学校读书，或是刚进入社会、收入不高，还没有建立小家庭，但是对健康却有着相当高的要求。

4.推广诉求点：“吃出健康来。”

五、品牌的树立和市场推广活动

1.品牌形象的塑造

● 卖场宣传：

产品上市之初在各入驻超市门口设置若干幅宣传板，以“吃出健康来”为主题，从“无公害农产品”概念、注重食品健康卫生的重要性、“广西农垦”的实力等方面进行宣传，在卖场内的货品区设置“广西农垦”的品牌宣传栏、悬挂品牌指示牌。活动期间对顾客派发宣传单，内容同前。

● 媒体宣传(选择组合):

南宁电视台,介绍和频道、栏目、时段等待定。

《南国早报》。该报纸是目前南宁地区发行量最大的报纸,优点是信息传达面广,被阅读率高。以软文的形式连续一个星期对"广告农垦"和"无公害农产品"进行正面介绍。

南宁市人民广播电台《交通传真》。据调查,南宁市人民广播电台《交通传真》是被关注程度最高的一档广播节目,很多人出门都会收听该栏目播报的交通及其他资讯。其优势是:在一定的时间里可以传递更多的信息量,收费相对较少。

● 社区宣传:

作为一种全新的完全方式,社区宣传在信息传播方面正表现出越来越突出的优点:针对性强,可以将诉求信息潜移默化地向目标受众传达,比以较直接的市场宣传更温和的方式进行宣传,和社区成员形成和谐的互动关系。

2. 活动。

卖场:由经过专门培训的品牌方人员现场制作蔬菜沙拉(小青瓜、彩椒),不仅可以让消费者品尝,还可以让有兴趣的人亲自动手制作。配合散发的宣传单,向消费者传达一种"广西农垦无公害农产品"品质高、营养丰富、口感更好的印象。

社区:在具备中高消费水平人群的社区公共信息区设置宣传资料,并在小区内以"广西农垦"的名义开展公益性质的活动,如生活小窍门宣传、开办临时烹饪等活动。

3. 小赠品。活动中需要用到的实用小赠品,如迷你健康菜谱、便携日历、环保菜板等。

六、市场运作周期战略

1. 品牌的建立期

时间:2003 年 12 月 23 日—2003 年 12 月 26 日

形式:媒体宣传、卖场宣传

2. 品牌的巩固维护期

时间:2004 年 2 月 11 日—2004 年 2 月 13 日

形式:卖场促销、社区宣传

3. 品牌的保有期

当进行完前两个步骤时,再进行一系列的市场效果跟踪调查,根据调查得出的结果确定是否进入品牌的保有期。

七、人员安排及费用预算(略)。

八、效益评估

(略)。

(资料来源:http://wenku.baidu.com/view/)

◆ 分组讨论

1. 如何利用 USP 理论创建农产品品牌?

2. 分析品牌与区域品牌有什么区别?

3. 如何认定农产品区域品牌?

4. 举例说明品牌宣传和推广对企业的意义? 如何做好农产品品牌推广?

◈ 业务技能训练

1. 选择当地某种农产品,分小组为其设计品牌创建方案。

训练目的

掌握农产品品牌创建要点、步骤和手段。

2. 选择当地某农产品,为其准备申报区域品牌的材料。

训练目的

掌握申报区域品牌的方法。

3. 选择当地某品牌农产品,分小组为其设计品牌推广方案。

训练目的

掌握农产品品牌推广技能。

任务七　农产品包装和标识

◈ 任务目标

通过完成本任务，你应该能够：

1. 了解哪些农产品必须包装销售，掌握绿色包装设计的要求；
2. 了解各类农产品包装技术，选择科学合理的农产品包装；
3. 掌握农产品标识和标注的要求，为农产品及其包装制作科学合法的标识信息。

◈ 引导性案例

农产品也需要用包装来赢得市场

在2012年举行的首届中国山东（青岛）国际农产品交易会的海产品展区，地道的青岛特产沙子口的金钩海米的一种新包装吸引了不少市民的眼球。“一小盒二两，卖到了120块，仍然有很多人来买。以前卖海米就是一个塑料袋，一袋装半斤，很多老百姓买回去，要么吃不完浪费，要么嫌太贵太麻烦，改包装后销量更好了。”

2012年第二次大面积收割的蓝村大米，在2011年每盒10斤的基础上推出了8斤装的包装。虽然包装重量缩小了，但是盒里大米的身价却提高了，从原来13.8元1斤的清香一号变成了现在15.8元1斤的清香二号。清香二号交易会刚开始的几天就已经卖了500多箱。青岛蓝村清香水稻种植合作社负责人孙海祥在展会上看到中国台湾商家对大米的包装，受到了很多启发，明确表示这次展会回去，他们还要好好研究包装，争取做得更好更细。

胶南的琅琊鸡蛋一枚三块八，价格跟买一斤普通鸡蛋差不多，这种鸡蛋是利用当地的优良地方品种琅琊鸡作为母本和父本，通过人工授精技术，遵循自然规律喂养生产的。琅琊鸡蛋蛋型小，蛋黄大颜色深，具有健脑、护肝，降血压的功能。但是因为缺少很好的包装和推广，目前的知名度并不是很高。此外，产自即墨七级镇张王庄村的榆黄菇、产自金口镇的实心生食芹菜、产自绿元素生态农业科技公司的全世界最小的有机黄瓜，无论在品种特点还是在食用口感上都有独特之处，但是因为缺少必要的包装和宣传而默默无闻。

（资料来源：http://spzx.foods1.com/show_1871181.htm）

思考：

农产品如何利用包装和标识赢得市场和消费者？

子任务1　农产品包装设计

包装是商品的重要组成部分，传统的概念认为包装是“商品的包扎”、“包含着内容物的容器”。最初的包装就是为了保护商品，维护商品的使用价值。如今，包装已经成为宣传商品，提升商品的附加值和竞争力的一种方式。俗话说，人靠衣装，佛靠金装。与其他商品一样，农产品也能走包装之路。包装不需要多奢华，最主要是能够让消费者购买时感到方便，能激发他们的购买欲。

一、明确哪些农产品要包装

我国《农产品包装和标识管理办法》明确规定：农产品生产企业、农民专业合作经济组织以及从事农产品收购的单位或者个人，用于销售的下列农产品必须包装：

1. 获得无公害农产品、绿色食品、有机农产品等认证的农产品，但鲜活畜、禽、水产品除外。

2. 省级以上人民政府农业行政主管部门规定的其他需要包装销售的农产品。符合规定包装的农产品拆包后直接向消费者销售的，可以不再另行包装。

【知识链接 7-1】

农产品包装的功能

1. 保护功能。这是包装的最基本功能，农产品从生产向消费领域转移的过程中，必然会经过多次不同情况、不同条件的空间转移，以及外界因素如温度、湿度、冲击或震动、微生物等的影响。如果包装不当，就会造成农产品的破损、变形、霉变、腐烂、虫蛀等损失。而科学的包装能有效保护农产品的外观形态和内在品质，减少损耗，维护产品的价值。

2. 容纳功能。容纳功能也是包装的基本功能，几乎所有的农产品在运输和储存中都需要适度包装。

3. 便利功能。便利功能是为产品的空间移动、携带、消费、使用在各个领域提供一切方便条件。例如，在运输领域中，方便运输储存、装卸搬运、堆码保管及统计等；在销售领域，方便展销陈列、销售计价以及利用自动售货机等；在消费领域，方便携带、使用、开启、存放及重新封装等；在用后处置领域，方便回收、处理等。

复用功能包装和改用功能包装是便利功能的延伸。复用功能是指包装内的商品用完后，包装还可以反复使用。改用功能是指包装内的商品用完后，包装可以改作其他用途继续使用。这样，不仅扩大了包装的用途，而且能长期发挥包装上广告的宣传效用。

4. 信息传递与促销功能。包装表面上大都标示有信息。例如，运输包装上标示着运输标志和储运要求；销售包装上标示着商标、名称、品种、规格、产地、原料成分、性能特点、功能用途及使用方法等。一些消费品包装上还标有建议零售价格，从而起到介绍商品、宣传商品、传递相关信息的功能。

广告宣传、装饰（美化）性包装是销售包装的信息传递与促销功能的延伸。包装是商品的“外衣”，它把商品的性能特点、质量特征通过包装优美的造型、色彩、图案和合理的定位来表现、装饰和美化，常给人以美的享受，同时诱导、激发消费者的购买欲望和兴趣。在自选超市中，包装起着无声推销员的作用。

5. 增值功能。消费者认知商品的第一要素是包装，包装的档次习惯上被认为是代表着内装商品质量和档次。现如今，人们也还以包装的精度来判定内装商品的真伪。一种精致、相宜的包装能反衬商品的价值，可以大大改善商品的形象，使消费者对商品的价值有较高的认可度，进而提高了商品的身价，也提升了商品的竞争力。

【阅读案例 7-1】

农产品装进礼品盒　销售额达亿元

在灌云各大超市和特产专卖店看到,被装进礼品盒的灌云豆丹、南岗粉丝、凤鹅等商品价格翻番,每天的销量仍是供不应求,成为消费者馈赠亲友的佳品。据该县农业资源开发部门介绍,目前全县每年都有价值近2亿元的农产品装进礼品盒,走进平常百姓家中,既让百姓饱了口福,又鼓足了农户的钱袋。除了灌云豆丹、南岗粉丝等土特产外,该县东王集乡的银杏、伊山镇的时令水果,以及陡沟芦蒿、沂北双程酱油等农产品,也都纷纷被装进了礼品盒,销往全国各大超市,每年可实现销售额1 000多万元。目前该县已拥有农产品加工企业40多家,其中市级以上龙头企业13家,有3个系列12个农产品获国家绿色标志,为农产品质量提供了有效保障。

(资料来源:http://www.xhcsz168.com/news_show.asp? tid=51&newsid=251)

二、绿色包装设计

【知识链接 7-2】

绿色包装设计

绿色包装设计是一种综合多因素的发展中的系统设计方法,是以环境和资源为核心的包装设计,是将包装的质量、功能、寿命和环境一体化的系统设计。它不仅需要考虑包装的质量、功能和成本,更要考虑从原材料到加工、使用、废弃全过程中包装对环境的影响。绿色包装设计可使资源、能源得到最大限度的利用,使包装对环境的影响减少到最低或完全无污染,达到优化设计的目的。

无公害农产品的包装必须进行绿色包装设计。绿色包装设计的主要内容包括绿色包装材料和绿色包装结构。

(一)绿色包装材料

绿色包装设计要求选材时不仅要考虑包装产品的功能,而且应考虑环境的约束准则,应该选用那些无毒、无污染、易回收再生和易降解的材料。包装产品从原材料选择、产品制造、使用、回收和废弃物的整个过程均应符合生态环境保护的要求。它包括了节省资源、能源,减量、避免废弃物产生,易回收利用,再循环利用,可焚烧或降解等生态环境保护要求的内容。绿色包装材料设计就必须在包装设计的初期考虑包装材料回收的可能性、回收价值大小、回收处理方法等一系列问题,从而达到包装材料、能源的最大利用,并且对环境污染最小的设计思想和方法。

【知识链接 7-3】

无公害农产品包装物选择原则

无公害农产品包装应选择能在流通过程中保护产品、方便储运、促进销售的容器、材料及辅助物。无公害农产品包装物选择的原则是:

1.保护食品质量。包装物应保持无公害农产品的内在质量,包装物的材料必须不含对人体有害的各种物质,并具有隔绝有毒物质和有害生物的功能;从而能使无公害农产品有较长的保质期(货架寿命),保持鲜活食品的鲜活程度,不会带来二次污染,少损失原有营养及风味。

2. 方便贮藏运输。包装物必须具有包容归并、整理保护的功能，从而使无公害农产品储藏、运输方便、安全。

3. 能够促销增效。包装物应提高无公害农产品的外观质量，要能增加美感，引起食欲，促进销售，有利于提高价格，增加产值；要尽可能降低包装成本，从而提高效益。

4. 符合环保要求。包装物对环境不会造成污染。包装物从原料、制造、使用、回收和废弃的整个过程都应符合环境保护的要求，它包括节省资源、能量，减少、避免废弃物产生，易回收再循环利用，可降解等具体要求和内容。

5. 具有无公害农产品标签、标志。包装物必须有无公害农产品的标签、标志。绿色食品还必须加贴有配套使用的防伪标签，从而实现对无公害农产品的保护和监控作用。

绿色包装材料大致分为三大类：

(1)可回收处理再生的材料。可回收、再生利用材料主要包括：纸类材料、金属材料、玻璃材料。

(2)环境可降解的材料。在自然环境条件下，可以分解为简单无机物，重新进入生态系统物质大循环的材料。主要包括：生物材料、纸制品材料、可光降解、生物降解、热降解、光/氧降解、水降解等各种可降解的高分子材料、可食性材料及草、麦秆、天然纤维填充材料等生物合成材料。

(3)可焚烧回收能量，不污染环境的材料。主要包括部分不能回收处理再造的线型高分子、网状高分子材料、部分复合型材料。

(二)绿色包装结构

1. 包装物外观形态结构

包装物外观形态结构主要有涂料状、膜袋状、瓶罐状和盒箱状 4 大类：

◆ 涂料状包装物。液态，或可以溶解、加工成液态的物质，涂抹在水果表面，可以形成一种保护膜，具有防止污染和保鲜作用的包装物，如虫胶等。一般只用于有不食用外皮的水果，如橘、柑等。

◆ 膜袋状包装物。利用生物、金属、塑料等材料加工成厚度很薄的各种膜状材料，也可先加工成纤维再制成各种编织材料，分别具有隔离、密封、保鲜、透气、蔽光等不同的功能。大部分膜状材料、编织材料均可加工成规格不同的包装袋，包装袋方便而且经济。无公害农产品的内包装一般以膜状材料及其制成的包装袋为主，外包装根据不同包装物，用膜状材料或编织材料的包装袋均有。

◆ 瓶罐状包装物。利用生物、金属、玻璃、塑料等材料均可加工成规格、形态各异的瓶状、罐状容器。一般液态、半液态或颗粒状食品内包装均采用瓶罐包装。

◆ 盒箱状包装物。利用生物材料(枝条、木材、纸类等)、塑料材料等可以加工成规格、性能、形态不同的盒、箱状包装物，具有抗外力冲击、挤压、摩擦的功能。一般盒箱状包装物均作外包装为主，使用方法有一次性利用、可再生利用和重复周转利用。

2. 包装物的生产

包装材料以及包装物的生产加工要求清洁生产，即产品生产制造和预期消费过程中，合理利用自然资源，使对人类和环境的危害程度减到最小。

绿色包装设计要求具有保护功能，结构符合力学强度，加工制作工艺设计简单，经济节能无污染，还应考虑包装的回收再利用、可降解功能及绿色生产标准、环保标准等内容。

【知识链接 7-4】

运输包装和销售包装

按照包装在流通中的作用，商品包装可以分为运输包装和销售包装两大类。

1. 运输包装，又称大包装或外包装，是以保护商品不受损伤和破坏，便于商品的运输、装卸和储存为目的，用于盛装一定数量的销售包装商品或散装商品的大型包装。运输包装通常可分为两类：单件运输包装和集合运输包装。

单件运输包装是以一个单件作为运输单元的包装。单件运输包装通常有箱型、桶型、袋(包)型、捆扎、坛罐、篓筐等包装。单件运输包装通常有纸制、木制、金属、塑料、陶瓷、玻璃、竹、柳等包装。其中，纸和纸板作为包装材料，在包装工业中的用量远远超过其他任何材料。

集合运输包装是将若干单件组合成一件大包装或装入一个大的包装容器内，形成的大的包装单元。常见的形式有集装箱、集装袋、托盘三大类，其中以集装箱使用最广泛。

2. 销售包装，又称内包装、小包装或零售包装，是指直接用来盛装一个(或若干个单体)商品，构成一个销售单元，并在销售中随商品一同到达消费者手中的包装。常见的销售包装是按照包装的便利作用可分为四类：便于携带的销售包装，例如，手提式包装；便于陈列的销售包装，例如，悬挂式包装、堆叠式包装、展开式包装；便于使用的销售包装，例如，易开式包装、配套包装、复用包装(包括可再封合包装)等；便于识别的销售包装，例如，透明包装和开窗包装、习惯包装。

子任务 2　采用农产品包装技术

农产品包装技术包括了生物产品及其加工产品包装前的处理技术和包装方法。

一、植物(鲜活产品)的包装技术

(一)果蔬农产品的包装

1. 包装前的处理技术

各种水果、蔬菜均存在着呼吸、水分蒸发，并继续成熟和衰老，受有害生物的侵害，发生虫伤、腐烂。包装必须充分考虑防止、减弱果蔬产品贮藏、流通过程中的不利因素。

果蔬等鲜活食品在包装前必须进行整理、分级和初加工。

◆ 果蔬整理是根据无公害农产品标准，进行清洁，去除杂物和不符合规格的产品；根据果蔬种类不同的需要，去除枝梗、根部、帮叶等不能食用的部分；有些水果还可在果实外皮涂上特制的防止水分蒸发，抑制呼吸强度涂料(虫胶)。

◆ 果蔬分级就是根据产品的大小、色泽、形状、成熟度、病虫害、损伤等情况，按照一定的标准，进行严格的挑选分级，使产品品质、规格一致，便于包装、贮运和销售，实现果蔬生产、销售标准化。果蔬种类不同，食用器官和分级目的不同，分级标准也不一致。

◆ 为了延长贮藏时间和保持产品质量，或为了改变口味，生产有特殊风味的产品，对部分果蔬产品还需进行粗加工，如晒干、脱水、腌制、糖制等。

2. 包装材料与方法

果蔬包装材料要求质轻坚固，不易变形，能承受一定的压力，无不良气味，价格低廉，取材方便，大小适宜，便于堆放搬运，内部平整光滑，便于气体交换和热量散失。包装容器有：竹、荆、白蜡、紫穗槐制成的篓、纸箱、塑料周转箱、网袋、塑料薄膜袋等。包装容器不同，包装方法也有差异：硬质容器内部须放清洁、干燥、柔软的衬垫物、填充物，如蒲包、草席、纸、泡沫塑料、稻壳、刨花、干草等；果蔬个体用柔软、光滑、干净、无异味、有韧性的纸、塑料薄膜包裹后，再包装；采用专门的内固定纸浆塑膜包装等。

(二)粮油农产品的包装

小麦、玉米、啤酒大麦、大豆、花生等粮油无公害农产品，均有呼吸作用、后熟作用、能发芽，是有生命活动的产品，也均是会陈化、会虫蛀、会霉变的产品。包装必须充分考虑到减弱粮油食品的生命活动，防止病虫危害。

1. 包装前的处理技术

为了有利于贮藏和运输，粮油食品在包装前的处理技术主要有：干燥、去除杂质和粗加工。

◆ 各种粮油农产品都有一定的安全贮藏的水分标准，包装前必须采用人工晒干或机械烘干的方法，降低粮油食品中的水分。

◆ 去除杂质使产品在纯度和净度方面达到无公害农产品有关标准。

◆ 粮油粗加工是利用有关机械和技术去除粮油初产品中人类不能利用或不习惯利用的副产品，如把稻谷加工成米。

2. 包装材料与方法

粮油农产品对包装的要求是：无不良气味，价格低廉，取材方便，大小适宜，便于堆放搬运，内部平整光滑，便于气体交换和热量散失，不易破损。包装容器主要有麻袋、塑料编织袋、塑料薄膜袋等。包装方法可人工，也可进行机械包装。

二、动物农产品的包装技术

(一)肉类食品包装

畜禽肉类无公害农产品一般都必须经过宰杀、分割后包装，这些没有生命的肉类蛋白质、脂肪等有机物有分解、氧化作用，有机物还会被细菌、病毒侵染，腐烂变质。

1. 包装材料

肉类食品要求包装材料无毒无味，隔气隔水，大小适宜，不易破损，便于堆放搬运。一般均有内、外两层包装：内包装以保质为主，外包装以便于贮运为主。内包装容器主要为多种类型塑料薄膜袋或金属罐，外包装主要为纸箱、钙塑箱、塑料周转箱等。

2. 包装方法

主要采取清洗、装袋、密封或吸气真空包装。其他一些常用的防腐方法也可和真空包装结合使用，如：脱水、加入香料、灭菌、冷冻等。此外，还可采用双层塑料薄膜袋包装，内层用软质塑料薄膜袋吸塑真空包装，外层用较硬的塑料薄膜袋密封包装，再根据销售地点、运输情况，采用适宜的外包装：本地市场销售，可以采用塑料周转箱，需长途运输则应采用纸箱、钙塑箱定量(袋)进行包装。

鲜肉和肉制品真空包装后能达到比以前长好几倍的保存期，但必须满足一系列条件：

◆ 肉和肉制品的生产、加工设施必须保持卫生；

◆ 屠宰和包装作业之间的间隔时间和距离不能太长；

◆ 确保只有优质、新鲜、各项指标符合标准的产品才加以包装。

真空包装不能代替冷藏，容易腐败的肉和肉制品从屠宰厂、加工厂直至送到用户手中都要连续冷藏才可保持质量。

(二)蛋类食品包装

蛋类食品包装材料要求：无毒无味，能承受一定的压力，防止碰撞摩擦，便于气体交换和热量散失，便于堆放搬运，不易变形，不易破损，大小适宜，价格低廉。包装容器主要为：塑料周转箱、钙塑箱、纸箱等，箱内一般还加衬垫物、填充物，或可固定蛋品防止碰撞摩擦的模具。也可采用内外包装：内包装用硬质塑料膜制成可固定10个左右蛋品的蛋模盒，再装入能承受一定压力的外包装箱内。

(三)奶类食品包装

奶类食品的包装因食品的物理状态有不同的要求而不同。鲜奶和酸奶要求无毒无味，能承受一定的压力，防止碰撞摩擦，便于堆放搬运，不易变形，不易破损，大小适宜，价格低廉；奶粉则要求无毒无味，不易破损，大小适宜，价格低廉，便于堆放搬运。内销鲜奶和酸奶一般均以玻璃瓶、塑料薄膜袋为包装容器，作为内包装，而以塑料周转箱作为外包装，以供一定范围内鲜奶和酸奶的流通；外销鲜奶和酸奶则以密封纸盒、塑料薄膜袋为内包装，以塑料周转箱、钙塑箱、纸箱等为外包装。奶粉则以塑料薄膜袋、金属罐作为内包装，同样以塑料周转箱、钙塑箱、纸箱等为外包装。

三、菌藻及粗加工食品的包装技术

(一)菌藻的包装

食用菌、藻类农产品(食品)可以鲜货和干货两种形态进入流通领域。鲜货包装以保鲜、防污染为主要目的。因此，以塑料保鲜袋进行密封或真空包装是鲜菌类食品内包装的主要方式，外包装可根据贮藏时间长短，运输距离远近进行科学选择。干货包装以防止吸湿、防止污染为主要目的。因此，一般以各种无公害塑料薄膜袋进行密封包装。

(二)粗加工食品的包装

粗加工食品从产品成分来看，大致可分为以碳水化合物为主、以脂肪为主、以蛋白质为主、以醇、酸为主和混合成分产品五种类型。根据食品的主要营养成分和物理性状，可采用不同的包装方法。

1.碳水化合物为主的产品

如粉丝、挂面、通心粉、面包、饼干及各种膨化食品等，其包装主要以防止污染和防止水分变化为主。内包装主要采用塑料薄膜袋密封包装。

2.脂肪为主的产品

主要是经过加工而成的各种动、植物油、色拉油、调和油等，除少数动物脂肪外，多为液态。包装的主要目的是防污染、防氧化，并要求不易破损、使用方便。包装容器，小包装主要为玻璃或塑料瓶，大容器主要为塑料或金属桶。

3. 蛋白质为主的产品

蛋白质为主的产品品种繁多，性状各异，有液态、半液态和固态，有粉状、块状、颗粒状等，如豆浆、豆奶粉、豆豉等各种豆制品、蜜饯、果干、鱼片、肉干及各种脱水蔬菜等。根据无公害农产品各品种性状，选择适宜的包装物，一般内包装采用膜袋密封包装、膜袋抽气包装、外包装采用盒箱包装。

4. 醇或酸为主的产品

主要为液态产品，如各种酒类饮料、食用醋类食品。醇类和高级酸类产品，一般采用瓶罐密封包装。一般食用醋也有采用膜袋密封包装。

5. 混合成分产品

这是包含各类营养物质的加工食品，要根据产品的主要成分、物理性状，全面分析其包装要求，选择适宜的包装材料和包装物。

子任务 3　正确使用农产品标识

农产品标识是指用于识别农产品及其质量、数量、特征、产地和使用方法等所做的各种表示的统称。可以用文字、图案、符号、数字以及其他说明物等表示。

一、明确农产品标识主要内容

1. 必须标注内容

农产品标识中必须标明：产品名称；产地；生产者或经销商名称、地址及联系电话；生产日期；有使用期限的要标明保质期及贮存条件；有分级标准的产品要注明产品质量等级；获得质量认证的产品，须标注其相应标志；使用添加剂的，还应当按照规定标明添加剂的名称；属于农业转基因生物的农产品，应当按照农业转基因生物安全管理的有关规定进行标识；依法需要实施检疫的动植物及其产品，应当附具检疫合格标志、检疫合格证明。

2. 推荐标注内容

农产品标识中推荐标注：产品标准编号；产品重量（毛重、净重或毛重、包装物重量）；包装件体积；产品规格；商标；产品条形码；有关储运中的图形符号；其他。

【知识链接 7-5】

农产品标识的相关规定

2006 年实施的《中华人民共和国农产品质量安全法》及农业部《农产品包装和标识管理办法》都对农产品标识有明确规定：

1. 农产品生产企业、农民专业合作经济组织以及从事农产品收购的单位或者个人包装销售的农产品，应当在包装物上标注或者附加标识标明品名、产地、生产者或销售者名称、生产日期；有分级标准或使用添加剂的，还应当标明产品质量等级或添加剂名称。未包装的农产品，应当采取附加标签、标识牌、标识带、说明书等形式标明农产品的品名、生产地、生产者或销售者名称等内容。

2. 农产品在包装、保鲜、贮存、运输中所使用的保鲜剂、防腐剂、添加剂等材料，应当符合国家有关强制性的技术规范。

3.农产品标识所用文字应当使用规范的中文。标识标注的内容应当准确、清晰、显著。

4.销售获得无公害农产品、绿色食品、有机农产品等质量标志使用权的农产品,应当标注相应标志和发证机构。禁止冒用无公害农产品、绿色食品、有机农产品等质量标志。

5.畜禽及其产品、属于农业转基因生物的农产品,还应当按照有关规定进行标识。

6.依法需要实施检疫的动植物及其产品,应当附具检疫合格标志、检疫合格证明。

二、掌握农产品标识要求

(一)农产品标识的基本要求

(1)标识的所有内容,不得以错误的,易引起误解的或带欺骗性的方式描述和介绍产品;

(2)标识中的所有文字必须是规范的汉字,根据需要也可同时使用相对应的汉语拼音、少数民族文或外文,但字体不得大于相应的汉字;

(3)标识中所用计量单位应是国家法定计量单位;

(4)标识必须印制清晰,不易脱落,易于辨认和识读。

(二)农产品的标注要求

(1)产品名称:应表明产品的真实属性,并符合下列要求:

◆ 国家标准、行业标准对产品名称有规定的,应采用国家标准、行业标准规定的名称;

◆ 国家标准、行业标准对产品名称没有规定的,应使用不会引起用户、消费者误解和混淆的常用名称或俗名;

◆ 如标注“奇特名称”(不按常规的命名方法,使用户、消费者不易理解、不能识别产品的产品名称),“商标名称”(以产品的商标命名的产品)时,应在同一部位明显标注国家标准、行业标准规定的或不会引起用户、消费者误解和混淆的常用名称或俗名。

(2)生产者或经销商名称和地址:应是依法登记注册的,能承担产品质量责任的生产者或经销商名称和地址。

(3)产地:生产者标注的产品的产地应当是真实的,并按照行政区划的地域概念进行标注。产地是指产品的最终制作地、加工地和组装地。法律、行政法规对产品产地的认定另有规定的,从其规定。

(4)日期:表示方法应当符合国家标准规定或者采用“年、月、日”表示。

◆ 生产日期:植物产品是指收获日期;畜禽产品是指屠宰或者产出日期;水产品是指起捕日期;其他产品是指包装或者销售时的日期。

◆ 限期使用的产品,应当标明生产日期和安全使用或者失效日期。

(5)重量:重量的允许偏差应明示,并首选毛重、净重标注方式,在难于明示净重时,允许采用毛重、包装物重量标注方式。净含量的标注应当符合《定量包装商品计量监督规定》的要求。

(6)获得质量认证的产品:必须是国家授权部门审批的、并在有效期内认证的产品方可标注相应认证标志。

(7)产品标准编号:应是有效版本的国家标准、行业标准、地方标准或经备案的企业标准号。

(8)产品等级规格:必须是以相应产品标准为依据,不应擅自标注。

(9)保质期和贮存条件:必须是以相应产品标准为依据进行标注。

(10)商标、产品条形码:按相关要求进行标注,不应伪造。

(11)包装件体积:是指对农产品实施装箱、装盒、装袋、包裹、捆扎等不同形式的包装体积进行标注。

(12)有关储运图形符号按 GB/T 191 规定执行。

(13)添加剂:标注使用的添加剂名称。

(14)其他:畜禽及其产品、属于农业转基因产品等,还应当按照有关规定进行标识。

(三)标识的印制及印制位置

(1)标识的印制可采用印刷、粘贴、拴挂、钉附及喷涂等方法。

(2)标识的印制位置。箱式包装,标识内容印制在箱体外表面易于识读的适当位置;袋式包装,标识内容印制在包装袋外表面适当位置;筐、篓式、包裹、捆扎等不宜印制标识的包装,将标识内容印制在标识牌上。标识牌必须坚固,不易破损,并牢固拴挂在包装物两侧。

【知识链接 7-6】

农产品质量认证

农产品质量认证指由权威的第三方机构对农产品按照相应的标准进行检测,并出具检验报告,对符合标准的农产品授予相应证书和标志的过程。我国的农产品质量认证主要包括:无公害农产品、绿色食品和有机食品的质量认证(表 7-1)。

无公害农产品(无公害食品)是在无污染的生态环境中,采用安全生产技术生产,不影响人体健康和生态环境的农产品(或初级加工品)。

绿色食品是按可持续发展原则,生产加工过程中通过严密监测、控制、防范或减少化学物质污染、生物性污染及环境污染,并实行"从土地到餐桌"全程质量控制而生产的无污染、安全优质、营养类食品。

有机食品是生产环境无污染,在原料的生产和加工过程中不使用人工合成农药、化肥、生长调节素、催熟剂、饲料添加剂、化学色素等化学合成物质,不采用基因工程技术,应用天然物质和环境无害方式生产、加工形成的环保型安全食品。

表 7-1　我国三种安全食品在认证上的不同

项目	有机食品	绿色食品	无公害食品
依据	国家环保总局有机食品发展中心制定的有机产品认证标准	中国绿色食品发展中心制定的统一标准,分为 A 级和 AA 级	规范产地环境、生产过程和最终产品安全性的相应农产品(食品)标准
级别	无级别之分,不允许使用任何人工合成的化学物质	A 级允许限量限品种限时间使用安全人工合成农药肥料添加剂等,AA 级不允许使用任何人工合成化学物质	不分等级,允许使用限品种、限数量、限时间的安全人工合成化学物质
认证机构	国家环保总局有机食品发展中心;中国农科院茶叶研究所	中国绿色食品发展中心	省、市、地区农业管理主管部门在国家工商局正式注册或颁发了省级法规其认证才有法律效应
认证方法	检查员制度,以实地检查认证为主,检测认证为辅	A 级与无公害食品认证相似,AA 级与有机食品认证相似	检查认证和检测认证并重,强调从土地到餐桌的全程质量控制

分组讨论

1. 哪些农产品在销售时必须有包装?

2. 什么是绿色包装设计?

3. “三无产品”(无厂商\无日期\无合格证或许可证)错在哪里?是否是装潢设计的疏漏?

4. 资料:某杂粮公司生产的袋装绿豆,获得绿色食品认证标志,但其包装上并未标注该绿色食品认证标志,并且只标注了品名、产地、生产者名称,封口处并未见任何生产日期标识。请用所学包装标识知识,结合《农产品包装和标识管理办法》及《中华人民共和国农产品质量安全法》分析一下杂粮公司生产的袋装绿豆在包装及标识上有什么不妥,应该如何改正?

业务技能训练

1. 分小组深入当地无公害农产品生产企业,调查其产品包装是否符合绿色包装的要求,并写出调查报告。

训练目的

掌握绿色包装的要求。

2. 分小组深入当地农产品生产企业,调查其产品采用的包装技术是否存在改进的地方?并写出调查报告。

训练目的

掌握农产品包装技术。

3. 分小组选取当地农产品企业,为其设计产品标识。

训练目的

掌握农产品标识内容和标识要求。

任务八　农产品销售渠道选择与管理

◆ 任务目标

通过完成本任务，你应该能够：

1. 了解选择农产品销售渠道的原则、策略，选择农产品销售渠道；

2. 了解新型农产品销售渠道，掌握建立新型销售渠道的操作程序和方法；

3. 了解渠道冲突、渠道调整，掌握化解渠道冲突和渠道成员管理的方法。

◆ 引导性案例

“苏合”合作联社农产品销售渠道宽

宜兴市苏合农产品销售专业合作联社是由市委农办牵头，市供销合作总社组织市晶昊果蔬种植专业合作社、市华丰养殖专业合作社、市天信生态种养专业合作社等23家农民专业合作社组建起来的农产品销售联合体，注册社员1 539名，带动周边农户4 500多户，涵盖高效蔬菜、有机水果、茶叶、青梅、水产养殖、禽畜养殖等多个方面。

加强产销对接，打通销售环节，是做强联社及所属各农民专业合作社的关键。苏合农产品销售专业合作联社首先将23家农民专业合作社的百余种优质农产品集中到一起，采取统一店面展示直销、统一打出“苏合”标志、统一建立营销网站的方式进行销售。同时，依托市瑞德蔬菜果品批发市场，以及江苏大统华购物有限公司下属的8家超市，并通过在比较大的社区服务中心设立农产品直营销售店、参加农产品大型展销会等途径，建立农产品产销对接平台，从而把宜兴的优质农产品销往了大江南北。特别是借助宜兴大统华超市这一销售平台，设立农产品销售专柜，并利用大统华的网络优势，把农产品配送辐射到苏南周边县市及浙江省的有关大型超市，真正实现了农超对接，有效解决了宜兴本地部分果蔬由外地客商分散收购、缺乏价格话语权、质量难控制等问题。

自2012年3月上旬以来，联社通过大统华超市“苏合”专柜，每天将下属的市晶昊果蔬种植专业合作社社员种植的300多千克鲜草莓销售一空，每斤售价比市场批发价高出1元。2011年夏季，面对部分社员葡萄滞销的问题，联社在市供销合作总社等单位的支持下，加强与超市的产销对接，销售了社员种植的10万多千克葡萄。2011年12月2日至4日，在宁举行的2011海峡两岸(江苏)名优农产品展销会上，联社的鲜百合、“官林野鸭”、乌米饭、和桥豆腐干等20多种特色农产品吸引了南来北往的客商。期间，联社与来自南京、上海等地的3家净菜超市签订了总额达数十吨的产品购销意向合同。2011年联社的农产品销售总额则达1 000多万元。

(资料来源：http://www.cnepaper.com/yxrb/html/2012-03/23/content_13_7.htm)

思考：

1. 苏合农产品销售专业合作联社的产品是如何销售的？

2. 农产品销售的渠道有哪些？

子任务1　选择农产品销售渠道

对于农产品生产者而言，除了打造产品的黄金品质之外，最重要的就是渠道铺设。即使有好的农产品，如果没有渠道，没有终端产品也到不了目标消费人群的手中。因此，要想使农产品呈现在消费者面前，一定要重视渠道的建设。

一、农产品主要销售渠道

农产品从生产领域向消费领域转移过程中，由具有交易职能的商业中间人连接了一个通道，这个通道就是农产品的销售渠道。销售渠道作为产品流通的途径，一端连着生产，另一端连接消费。目前农产品的销售渠道主要有三种类型。

（一）自产自销

农产品生产者把生产出的产品直接销往国家的粮食收购点，或者自己运送到市场卖，或者设立直销店（点）销售（图8-1）。这种方式中间没有中间商"扒皮"，所得的收入全部归农产品生产者。但是自产自销也有成本高的问题，农产品生产者必须要占用一定的时间去售卖，还要花费运费、市场管理费等，售卖的数量也受人力的限制。

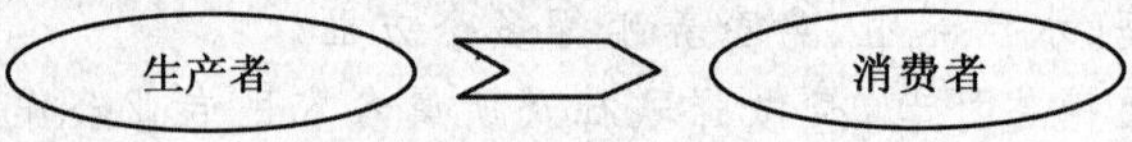

图8-1　自产自销渠道

（二）通过农产品中间商售卖

通过中间商售卖的一般做法是将农产品在地头上卖给商贩，然后再由商贩卖给消费者（图8-2）。这种方式下，对农产品生产者来说虽然方便，省时省事，但是却要忍受商贩的价格盘剥，特别是在农产品生产者不掌握相关信息，也不知道当地行情，又没有商谈价格技巧的情况下，产品往往被商贩压低价格收购。

图8-2　通过中间商渠道

【知识链接 8-1】

农产品渠道商

渠道商是指连接农产品生产者和消费者之间的第三方，包括：产品代理商、零售商家、批发商等以经营和管理销售渠道为主的商人。渠道商的主要工作就是促使产品顺利地进行销售，为农产品生产者建立稳定的销售渠道。一条市场销售渠道包括某种产品的供产销过程中所有的企业和个人，如资源供应商、生产者、商人中间商、代理中间商、辅助商以及最后消费者或用户等。

(三)通过超市向消费者销售

这种方式是符合目前市场趋势的营销方式，也叫农超对接(图 8-3)。在这种方式下，农产品的营销渠道是"农家—超市—消费者"。这种渠道环节少，物流快捷，成本低，效率比较高，已经成为发达国家农产品销售的主要渠道，在全球形成发展趋势。

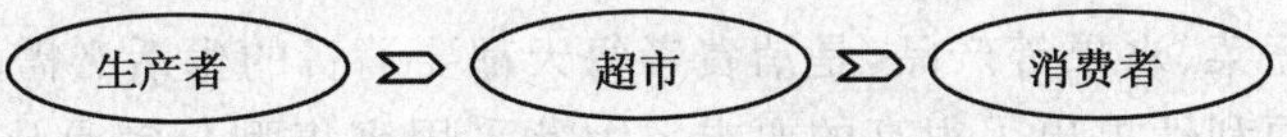

图 8-3　农超对接

【知识链接 8-2】

选择农产品营销渠道的原则

农产品营销渠道管理人员在选择具体的分销渠道模式时，无论出于何种考虑，从何处着手，一般都要遵循以下原则：

1. 畅通高效的原则。畅通的分销渠道应以消费者需求为导向，将产品尽快、尽好、尽早地通过最短的路线，以尽可能优惠的价格送达消费者方便购买的地点。畅通高效的分销渠道要求争取降低分销费用，以尽可能低的分销成本，获得最大的经济效益。

2. 覆盖适度的原则。在选择分销渠道模式时还应考虑及时准确地送达的商品能不能销售出去，是否有较高的市场占有率足以覆盖目标市场。

3. 稳定可控的原则。分销渠道模式一经确定，便需花费相当大的人力、物力、财力去建立和巩固，整个过程往往是复杂而缓慢的。只有保持渠道的相对稳定，才能进一步提高渠道的效益。

4. 协调平衡的原则。在选择、管理分销渠道时，应合理分配各个成员间的利益，鼓励渠道成员之间有益的竞争，减少冲突发生的可能性，解决矛盾，确保总体目标的实现。

【知识链接 8-3】

选择农产品销售渠道的策略

选择农产品销售渠道的策略主要有：

1. 综合性分销渠道策略。即运用多种分销渠道综合地推销自己的产品，通过批发商把产品分布到各零售点，销售面十分广泛，竞争性特别强。适用于日用消费品和生活必需品的销售。

2. 选择性分销渠道策略。由于产品的特殊性，或经营者能力的限制以及用户的偏好等，经营者要选择较为合理的、有效的分销渠道作为自己产品的理想销售线路。

3. 独家分销渠道策略。在某一特定市场，经营者仅选择一家批发商或零售商专门销售其产品，一般情况下，这些经销或代理商不再经营其他同类产品。适用于消费品中的选购品，如农业机械。但独家经销容易因推销力量不足而失去市场，对生产者和经销商来说，风险都大。

对上述三种策略的选择，应随着情况的变化而变化，有时用一种或两种策略，有时也可综合运用。

二、选择农产品销售渠道应考虑的因素

选择正确的销售渠道，要考虑农产品经营者的主观条件和客观条件等诸多因素，其中关键的因素是目标市场的状况、产品的特点和经营者本身的资源状况。

(一)消费者的需求

从消费者角度来说，渠道空间的便利性、合理的价格、农产品的新鲜度、安全无污染是他们关心的问题。因此，必须围绕着消费者的需求来规划布局农产品的渠道。

1. 渠道空间便利性

农产品特别是蔬菜、水果等产品，是消费者每天都要消费的生活必需品。消费者对这些产品的销售渠道空间便利性提出了很高的要求。因此采用密集型分销是比较合理的，主要方便消费者就近购买。

2. 产品价格

对于每天都要消费的农产品，消费者对其价格通常比较敏感。因此，如何控制成本是农产品渠道需要解决的问题。减少流通环节，可以有效地控制农产品成本，降低农产品价格。

3. 产品新鲜度

消费者普遍对农产品的新鲜度要求比较高。因此，一方面，要最大限度地减少诸多的中间环节，保持农产品的“鲜度”，减少损耗。另一方面，要加强保鲜、冷藏等技术的应用。

4. 产品安全

消费者对农产品的安全健康也非常重视。因此，一方面要加强保鲜、冷藏等技术的应用。另一方面，可以通过提升终端形象和档次，让消费者消除对产品质量的疑虑，产生一种信任感。

(二)农产品本身属性

鲜活的农产品在运输、储存、销售中会发生腐烂、发霉和病虫害，极易造成损失，周转要快，要尽量缩短流通环节，渠道越短越好；而比较耐久的农产品，则可以采用比较长渠道销售。

(三)经营者本身的资源

1. 经营者的规模和声誉

实力很强、市场声誉高的经营者，一般利用少环节或直销渠道，而资金和条件有限的经营者，多数要依靠中间商的力量。

2. 管理能力

管理先进的经营单位，可以直接派出推销人员或自己设立销售网点，使渠道缩短，缺乏销售经验和能力的农产品经营者，则可依赖中间商。

3. 控制渠道的愿望

有些知名品牌，为了维护产品的声誉，控制产品的售价，宁愿花费较高的直接推销费用，采取短渠道销售；有的经营者只求卖出产品，不想控制销售渠道，大多依赖中间商销售。

4. 成本效益

经营者可供选择的营销渠道很多，但在选择过程中，要考虑成本和效益情况，注意选择低

成本、效益好的方案,以利于提高其利润水平与竞争能力。

近年来,随着市场的不断发展成熟,不断形成了一些新型的渠道模式,比如农超对接、电子商务、连锁直销等。这些新型渠道模式的出现,可以大幅度提高渠道效率,便于控制渠道成本,是农产品生产者提高市场竞争力的有效手段和必然选择。

三、创新农产品销售渠道的方式

品牌的知名度要靠销售规模来体现,而销售规模要靠销售渠道的运作才能实现。搞好农产品销售渠道建设,加强对销售渠道的开辟和管理,形成一个通畅、高效的农产品销售网络,是农产品营销的重要工作,也是农产品品牌创建成功的关键环节之一。

(一)实行区域代理

在某个区域市场上寻找具有一定渠道网络规模和对网络具有控制管理能力,具有一定资信、实力,而且理解销售策略,愿意合作的中间商作为公司的销售代理商。在签订协议的基础上,委托代理商销售各种或某些农产品,将农产品推进代理商已有的农产品流通渠道网络。依靠代理商能够较快地开辟市场,形成销售规模。但在产品没有知名度的情况下,代理商很难全心全意地做市场。农产品生产企业应配合某个区域市场渠道开拓,搞好宣传促销工作,扩大产品在该市场的知名度,增进消费者对该品牌农产品优良品质和特色的了解。

(二)实施区域渗透

农产品多为人们日常生活所必需,市场需求大,而城市的居民相对较为集中,对农产品市场的开辟较为有利。农业企业可以选择一些居民小区,通过组建超市专柜、集市专区、直销点、专卖店,集中力量铺货、宣传、促销,打开局面形成规模后留一部分力量维持运转,然后把主力拉到另一区,在总结前一小区经验教训的基础上,强攻新区市场,攻下后再扩展。渗透策略的最终目的是在大城市建立区域化的直销网络,有选择地占领居民比较集中的消费市场,不求最大,只求最好。这样做的好处是,风险较小,容易积累市场经验,但需要一支团结善战的营销队伍,需要好的策略和管理。

◆ 突出名牌农产品销售终端专卖。在城市市场销售终端,应适应人们需求的升级和对购物环境的要求,改变传统的集市地摊销售模式,提升终端市场层次,拓宽终端市场形式,将终端由农贸市场向超市和专卖店拓展。并在超市和农贸市场设立名牌农产品专营区,突出优质农产品的专卖,对培养消费者的农产品品牌意识和质量意识具有非常显著的宣传引导作用。

◆ 农贸市场的优质农产品专营区。部分消费者在传统消费观念和购物行为的支配下,仍然喜欢到农贸市场进行日常采购;农贸市场商贩的低成本包税经营和生鲜流通本身的低层次性,使得他们具有生鲜初级产品价格上的竞争性。因此,农贸市场在农产品销售中依旧占据着非常重要的地位。利用这种销售终端,开辟优质农产品专营区,突出优质农产品的专卖,确保产品质量和信誉,避免鱼目混珠,便于消费者识别和购买,有利于名牌农产品市场向深度开发。

◆ 超市优质农产品专柜。人们在超市购买农产品是基于超市的信誉和质量保障。超市对陈列的商品一般会要求外形好看,大小统一,包装醒目新颖,这对农产品也不例外。进入超市的农产品要包装标准化,在产地市场就必须做好挑拣、分级、包装产后工作。

◆ 直销点、专卖店。专卖店和直销点是农产品专营市场供应链销售终端的一种形式,农产品销售组织通过建立多种形式的农产品配送中心,向城市专卖店和直销点实行农产品专供直销,可以缩短流通环节,减少运销环节污染,这是实行农产品市场准入,保证农产品流通质量的最有效形式。配送中心架起了基地与最终消费者之间的桥梁。作为产品质量的保证人,配送中心必须对基地生产的农产品质量进行监控，从而确保配送产品的质量，同时，与基地购销关系的建立，可以有效引导基地农民按标准化生产，发挥龙头带动作用。发展农产品配送，实行产销直挂，也是新时期农产品绿色营销的有效模式。

【阅读案例 8-1】

江苏打造销售联社“苏合”直营店集中开业

随着农民专业合作社的快速发展，合作社基地规模日益扩大，农产品销售难问题时有发生。对此，江苏积极鼓励和引导合作社组建销售联社，在市区开设直营店以促进农产品产销衔接。扬州市 2009 年 6 月在全省率先建成扬州市润泽农产品销售合作联社，社员单位涉及 22 个合作社，开设了 5 家直营店，所有产品全部实行打码销售，销售价格比市场平均价格低 15%以上。

江苏已将农产品销售合作联社建设列入省财政扶持项目，2011 年开始对符合条件的 32 个销售合作联社给予了重点扶持。先后组织了两期销售合作联社理事长培训班，从销售合作联社成员合作社筛选到牵头领办人的确定，从直营店选址到门店装修等全方位给予指导。

为了着力打造销售合作联社的市场品牌优势，2010 年 7 月，江苏省农委在工商部门申请注册了“苏合”商标，免费给全省各市县销售合作联社统一使用，并要求各地销售合作联社主打“苏合”品牌，探索“苏合”模式。

据介绍，“苏合”销售合作联社必须具备“六有”条件，即有直营店面、有规范的章程、有严格的管理制度、有良好的运行机制、有合法的利益分配方法、有科学的风险保障措施。截止到 2011 年，江苏已组建销售合作联社 73 家，其中，“苏合”销售合作联社 33 家，在城市社区开设直营店 62 家，直接带动 1 285 家农民专业合作社进城直销农产品。今年以来，已实现销售收入 7.4 亿元。

（资料来源：http://www.jlagri.gov.cn/）

【阅读案例 8-2】

“专营店直销”农产品对接市场

在石家庄辛集市佰富养猪专业合作社开设的冷鲜肉专营店里，环境整洁，肉类产品摆放分类有序，虽然肉价一斤要比市场价高出一两块钱，还是吸引了很多消费者。据佰富养猪专业合作社理事长史朝辉介绍，这个合作社是 2007 年注册成立的，有 136 个养猪户，养了 2 万多头猪，一直以来生猪都是卖给天津、北京的猪肉加工企业，利润还不错。但是为了能进一步提高社员们的收入，合作社才决定开设直营店，自己经营自己管理。专营店卖的肉产品都是合作社社员按照统一标准生产的。合作社不但为社员统一供应种母猪、精液、饲料，统一防疫灭病，而且还要求统一的饲养模式。合作社开专营店，至少减少了两个流通环节，利润就直接到合作社了，佰富养猪专业合作社的社员每一头猪利润增加了 200～300 元。佰富养猪专业合作社开设直营店之后，养猪就实现了产供销一体化，消费者到店来卖肉，就知道猪是哪儿产的，用什么办法养的，出了问题找哪儿，合作社社员必须按照标准进行饲养，以保证产品品质。

（资料来源：http://info.1688.com/detail/1022418248.html）

(三)倒做渠道

倒做渠道是区域代理和区域渗透相结合的产物。具体工作程序与区域渗透相似，也是先划一个区域，集中力量做渠道，做成后再转入下一市场。不同的是，倒做渠道在区域市场成熟后就选择一符合条件的经销商作为区域代理，将渠道交给代理商，这种方式对零售渠道的控制能力不会丧失，同时抑制了代理商的反控能力，对市场始终占有主动权。倒做渠道的最终理想模式是在一个城市建立一个可控的金字塔式的短渠道的分销网络，从而建立一个稳固的销售基础。虽然要花很大的精力，而且要耐得住性子，但做成了即是自己的市场，这对于像农产品这样的生活必需品来说，是非常值得的。

【阅读资料 8-1】

农产品销售渠道发展趋势

随着农产品市场营销从以农产品生产为中心，发展到顾客需求导向和关系营销的观念，农产品营销渠道的发展呈现出新的发展趋势。

1.农产品渠道结构短化。在新的经济背景下，顾客的需求日益个性化，顾客对农产品销售渠道过程参入程度越来越高，信息技术为异地交易提供了物质基础，便利的运输大大提高了农产品物流的速度。顾客可以在市场上根据需要购买自己的农产品。如美国，78.5%的农产品通过“生产地—配送中心—超市、连锁店—消费者”渠道通路完成其分销过程。只有20%的农产品通过“生产者—批发市场—销售渠道”的传统农产品营销渠道。农民的集贸市场只占1.5%。这种渠道环节少，物流快、成本低、效率高的渠道结构已在全球形成发展趋势。

2.渠道系统的一体化。渠道系统的一体化分为垂直一体化，水平一体化和渠道集成化。垂直一体化是由生产者和中间商组成的一种合体。以生产为中心的垂直一体化称之为向上垂直一体化。以中间商为中心的垂直一体化称之为向下垂直一体化。如我国：“公司＋基地＋农户”是一种典型以生产者为中心的垂直一体化。水平一体化是由两个或两个以上渠道成员利用各自优势联合开拓农产品市场机会。渠道集成化，也称多渠道化，是指同时运用两个或两个以上的营销渠道通路进入某一细分市场。

3.渠道内部关系从交易关系向合作联盟发展。传统的农产品营销渠道成员间，因目标不同而在运作过程中具有差异性，造成一种不一致的痛苦关系。目标不同而操作过程相同，又易产生一种误解关系。目标相同，过程不同，从而造成一种在管理过程中的错误关系。随着农产品市场营销竞争的激烈，这种矛盾关系必然会影响各成员的共同利益，从20世纪80年代开始，逐渐建立起在交易关系基础上的合作关系，在合作关系基础上的伙伴关系和在伙伴关系基础上的联盟关系。

子任务2　建立新型农产品渠道模式

【阅读案例 8-3】

上海多利农庄有效压缩中间环节

上海多利农庄经营之初就确定了“压缩中间环节”的经营原则，他们利用互联网自建渠道，采取了“有机农业＋电子商务＋会员制”的模式，即会员以月、半年或年度为周期预先付费，打包销售。有机蔬菜自田间收获后，绕开供应链上经纪人、各级代理、零售商等四五个环节，直达餐桌。多利农庄目前的销售渠道主要集中于三个方向：一是大型的团购会员单位，比如中欧国际工商学院、宝钢、上海证交所、国家会计学院等大型企事业单位客户；二是以礼品卡或者礼券的方式面向普通市民，通过在高端小区举办互动活动等形式来吸纳新的个体和家庭客户；三是利用官网的电子商务渠道进行直销。在多利农庄的销售总额中，三类渠道分别占据了4：4：

2 的比例。多利农庄还引入了日本宅急便物流为合作伙伴，配送半径覆盖了半个上海，蔬菜从采摘到最后配送至会员家中，中间过程不超过 24 小时，并且配送成本只占整个收入的 15%～18%。

（资料来源：http://hzdaily.hangzhou.com.cn/）

一、社区支持农业（CSA）渠道模式

社区支持农业是最近几年兴起的一种农产品渠道模式。“社区支持农业”具体是指社区居民向农场购买类似“会员”的资格，到收获季时定期获得一定数量的时令蔬菜或其他农产品，包括鸡蛋、肉类、奶酪、鲜花、水果和家庭手工制作的面包点心等。其最大的特点就是没有了中间商，在消费者与农产品生产者之间建立起一种特殊的合作关系，打造了一条社区、家庭与生产基地的直供链条。这种销售模式实现了生产者与消费者双赢的局面。消费者不用担心自己购买的农产品是否具有危害，农业的生产者有了稳定的销路。

在这种模式下，农产品有一个稳定的销售市场，生产者可以降低管理、销售、包装等各项费用成本。而消费者可以在契约中约束生产者在生产过程中对农药、化肥、激素等影响庄稼正常生长的物质的使用，使其遵循自然规律及生态学原理展开种植。此外，消费者还有权参与决定种植类别，随时查看作物的生长，与农产品生产者讨论哪种农作物在下一季节优先种植。生产者和消费者直接互动进行产品的生产与销售，双方是平等的风险承担者和收益所有者。

目前，日本有超过 150 000 份的社区支持农业契约，在北美有超过 1 000 个 CSA 农场为超过 10 万户家庭提供服务。近年来，在农产品质量安全形势的驱使下，在农业合作化模式的推动下，国内许多地方 CSA 开始走上前台，如北京耕年华农庄、北京圣林农庄、河南南马庄农民生产合作联社有机农场、青岛老黄牛农庄、上海青蓝耕读合作社、西安城乡互助中心——白鹿原城乡互助基地、重庆合初农场等。

【阅读案例 8-4】

“分享收获”农园

2013 年 3 月 14 日早晨 6 点，家住北京通州区的刘先生准备出门跑步，他打开家门，一箱有机蔬菜已经摆在家门口了。刘先生打开保鲜箱，数了数，蒿子秆、菠菜、小油菜、小白菜、土豆、萝卜，六样蔬菜，外加一块豆腐，不多不少。看着菜根上还带着些许的泥土，刘先生非常满意，“还挺新鲜的”，他一边自言自语，一边把这箱重达 4 千克的蔬菜搬进了屋里。在此之前的 5 点半，“分享收获”的配送员李钟祥刚刚放下蔬菜，拿着前一晚刘先生放在家门口的空箱子离开。实际上配送员 4 点多就起床了，然后把今天需要配送的 30 箱已经由同事们前晚采摘并且处理好的蔬菜装车，核查配送单，5 点钟准时出门。这些有机蔬菜全都来自通州 51 岁农民郎广山的 50 亩菜地里。这就是当下正流行的“社区支持农业”。

“分享收获”农园采用“公司＋家庭农场”的经营模式，由公司向会员收取订金，然后将其中的一部分支付给负责种菜的郎广山进行有机蔬菜的种植，然后由公司向郎广山收购蔬菜，再向会员配送。据“分享收获”的工作人员介绍，会员的订金缴纳有两种选择：一是 5 880 元/年，共配送蔬菜 49 箱，每周一箱，每箱 4 千克蔬菜；另一种是 9 408 元/年，共配送蔬菜 98 箱，每周两箱，每箱 3 千克蔬菜。另外，如果需要配送猪肉和柴鸡的话，还需要每年分别支付 3 750 元和 1 800 元的订金。通过提前支付订金的方式，农民得到了收益上的保障，而消费者则可以吃到安全健康的有机蔬菜和肉类。

（资料来源：http://finance.ifeng.com/news/industry/20130315/7777335.shtml）

(一)建立 CSA 渠道模式的要点

建立 CSA 渠道模式要考虑清楚以下内容:

(1)目标及可持续性。要考虑为什么要做 CSA? CSA 的优势在于:稳定的市场、彼此良好的关系、真正的食物与人建立直接关系;劣势在于:要种植大量不同品种的蔬菜,与大量不同的人打交道。

要考虑项目经营上的可持续,要有很好的预算,成本和收益预期,对于 CSA 来说很重要的是不将收益最大化作为目标,但成本的计算是必需的,每年预期收入多少? 除了金钱上的收益外,还有哪些预期?

(2)合作伙伴。要注意合作伙伴彼此之间清晰的预期,要建立风险最低的退出机制以及解决矛盾的机制。

(3)支持者。支持者包括可信赖、有经验的顾问;核心小组;农业技术顾问等。核心小组在 CSA 中起到了核心作用。他们一般对农场决策、任务协调,如会员、产品份额和 CSA 日常事务等农场运营活动起到重要作用。

(4)规章。在合同中需要清晰的表明一些问题的规章,如果不取菜怎么办;如果没有提前通知不在家,菜已经送到怎么办;更改配送日期;费用如何支付;如果来农场带来孩子或者宠物需要注意哪些问题等。这些规章应尽可能要简明扼要。

(5)交流。要尽可能与成员交流理念和规章。交流的方式可以有宣传单、网站、微博、博客、简报、邀请成员来农场参观等。

(6)宣传。可以考虑采用:

◆ 传单:所有可能经常被提问到的问题都可以采用传单的形式回答,将这些传单放在健康食品商店、孩子经常光顾的地方、健身房、咖啡厅等地方;

◆ 媒体:很多电视台、报纸、杂志都很关注关于 CSA 的故事,可以尝试着和他们建立联系;

◆ 网站:自己的网站以及与农场友好的团体网站;

◆ 各种团体:和已经形成的组织化的团体打交道可降低交易成本。例如,环保 NGO、学校、俱乐部、教会、业主委员会,看是否可以跟他们商量做一场讲座;

◆ 寻求健康食材的餐厅,可以作为配送点或者宣传点。

(7)组织。组织方面要做好支付系统、交流方式;成员数据库和资料(姓名、电话、邮箱、份额方式、支付方式等);建立成员临时变动的解决方法,如出国、度假、不在家等;记录这一年的种植计划及问题,作物品种的选择,天气、病虫害,每周配送问题摘要,农资支出,成本和收益等。

(8)销售。销售要考虑份额形式、份额价格和其他农场的价格。份额可以有全份额、半份额、冬季份额和附加份额。

(9)配送。配送的方式有:

◆ 农场取菜。

◆ 会员配送:有很多农场的会员会承担配送的任务;在中国,很多农场坚持自己配送,在配送中可以跟成员交流。

◆ 自己装箱:有些农场将成熟产品直接配送到配送点,如两箱西红柿、三箱黄瓜、五箱生菜等,给出本周取菜基础清单,还有哪些可以多取,哪些可以少取的提示,避免某些成员不喜欢吃某种菜而浪费,然后成员取菜时候会根据自己家庭需要自己取菜。

◆ 取菜点:取菜点要考虑阴凉、冷藏设备;交通是否方便;周围是否居住区;开放时间。

◆ 其他农场的产品:是否提供其他生产者的产品或自然清洁产品等。

(10)土地。如果本来就有土地,要考虑长期的土地计划;如果租地,要考虑土地合约、租赁时间、稳定性、土壤质量、灌溉、交通、电、储藏空间、土地的使用历史、土地周边的情况、设备等,这些都需要在土地的合约上体现出来。选取土地之后,最好要做土壤检测,以便了解土壤的情况。

(11)种植。种植要注意种植的品种的多样性;梯队种植(通过增加品种、梯队种植、移苗、直播等方式降低风险);遵守健康的农业耕作方法:土壤构建、昆虫防治、季节延续;迎接病虫害和气候变化的挑战,并且做最坏准备。

(12)劳动力。要考虑是否雇佣其他劳动力?用什么方式雇佣劳动力等。

(13)设备。设备包括生产有机农产品的机械、育苗盘、各种工具、防虫网、黄板等。

(14)作物管理。作物管理涉及蔬菜清理区域;收获和配送的容器;储藏;多余蔬菜的销售;多余蔬菜的捐赠;最坏收成的打算等。

(15)保险。保险涉及工作人员和实习生。

(16)评估。评估要做好成员的回访,成员问卷,每年的工作的对比。

【阅读案例 8-5】

小毛驴市民农园

位于北京市海淀区西北边后沙涧村的小毛驴市民农园创建于 2008 年 4 月,占地 230 亩,是由清华大学人文与社会科学学院博士后石嫣和其他四位核心团队成员创办的。现在,“小毛驴”已经发展到 1 000 多户会员,并成为全国 CSA 的发展样板。

小毛驴市民农园通过构建多重信任体系和产品直销服务系统,打造“本地生产、本地消费”的产销共同体,将传统市场运作中被分割的生产者和消费者之间的纽带重新建立起来。具体做法是:小毛驴市民农园的 CSA 成员,与农场建立风险共担的合作关系。成员在一个季节的种植之初,就预先支付下一季蔬菜份额的全部费用,农场则按照预定计划负责任地生产出健康的有机蔬菜和各种农产品,定期配送给成员家庭,并且保证蔬菜及农产品的健康与安全。生产过程产生的各种风险由双方共同承担;成员须不定期到农场参与劳动体验,并监督农场的生产;农场定期举办各种活动、编辑相关简报,给成员传达农场的动态信息,宣传环保有机的生活观念。农场的客户主要分两种:一种是配送份额,配送从 5 月底到 11 月中旬共计 24 周的新鲜时令蔬菜,整份成员每周配送二次,半份成员每周配送一次,24 周内蔬菜整份额总重量不少于 480 斤,半份额总重量不少于 240 斤,每周蔬菜均不少于 3 种,分农场取菜、定点取菜、配送到点、配送到家四种方式,价格从 1 440 元到 4 000 元不等;一种是劳动份额,每家人可分得 30 平方米的地,农园提供从 4 月初到 11 月底种植所需的全部种子、300 斤有机肥料、水及必要农具和种植技术服务,预先支付年租金 1 500 元,需每周不定期到农场管理菜园。农园还有配额附加份额:必须先选择配送份额才可以选择附加的柴鸡、鸡蛋、生态猪肉、大米、蜂蜜、各种豆子谷类、面粉、花生油等,价格不一,产品有的来自小毛驴,有的来自其他合作社。

(资料来源:http://www.visitbeijing.com.cn/lodging/agritainment)

(二)建立 CSA 渠道模式程序

(1)发起者号召成立 CSA 渠道模式,开始招募成员。向朋友或邻居建议或联系现有的合作组织、学校、团体、协会等,参加者都要遵循平等信任、互利互助、协商管理的原则。

(2)筹备预备会议。详细介绍什么是 CSA 渠道模式、地方食品的益处、支持小型农场的意义等,解答现场提问,评估参与者的认同度,并吸收热情高的参与者成立核心小组。在接下来的讨论会上，形成共同理念。如对有机食品、地方食品的认识，是否吸收不同社会背景的成员，是否允许儿童参与，如何分配劳动份额，生产产品的种类以及是否愿意公开成员信息等。

(3)核心小组开始筹备具体事宜。确定种植者和生产规模，产品分配原则及配送范围，明确成员责任，审议生产者提出的预算，制定会费和交付细则，明确目标种类和数量规模，制定儿童守则，明确购买的配套装置所有权及使用注意事项，并开始宣传，组织招募，招募成员要根据具体情况适度控制成员规模。

(4)参加成员达成共同协议。提前支付下季产品的预付款，分担因天气原因造成的产品数量和质量的损失，参加田间劳动、配送以及其他日常工作，登记注册法人资格，可以是消费者协会、农民合作组织、有限责任公司或非盈利组织等。

(5)融资、获得土地。启动资金包括生产者分摊资金、消费者会费、外界捐赠款项、借贷等；土地使用权获得可以是生产者自有土地，也可以通过土地信托组织、中介组织进行租赁。

(6)具体分工及经营管理。参加农场劳动及日常管理的包括会员及其家庭、雇佣人员及义工和见习生，参加劳动成员日常安排主要包括田间日常劳动和配送两大部分。按合同协议明确各自职责。开始正常运转后，具体经营管理维护事宜由所有成员民主决策，协调实施。建立CSA 渠道模式程序如图 8-4 所示。

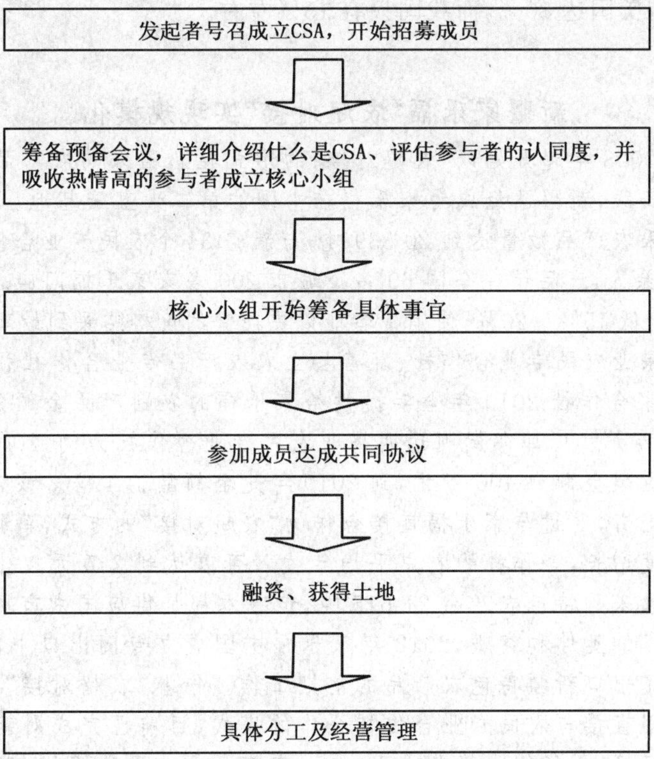

图 8-4　CSA 渠道模式运作流程

【阅读资料 8-2】

CSA 渠道模式类型及发起者的身份

目前，国内的 CSA 渠道模式可以大致划分为三类：一种是像“小毛驴”这种公司租地开办农场，然后与消费者对接的；另一种是像“分享收获”这种采用“公司＋家庭农场”或者“公司＋合作社”的方式，然后再与消费者对接的；再就是绕过公司这一中间环节，由生产者与消费者直接对接的。国内CSA渠道模式按发起者的身份可分为如下几类：一是由小农合作社作为生产主体的CSA渠道模式，比如，国仁绿色联盟、河北安金磊、成都郫县安龙村、山东济南我家菜园；二是由市民个体或者合伙作为生产主体发起的CSA渠道模式，如重庆合初人、北京天福园、厦门土笆笆；三是由政府、高校、科研院所等官方机构发起的，带有试验性质的CSA渠道模式，如北京小毛驴市民农园和常州大水牛市民农园；四是由NGO发起的CSA渠道模式，如上海生耕农社。

二、农超对接渠道模式

农超对接是农产品生产者和商家签订意向性协议书，由农产品生产者向超市、菜市场和便民店直供农产品的新型流通方式。农产品与超市直接对接，既可避免生产的盲目性，稳定农产品销售渠道和价格，同时，还可减少流通环节，降低流通成本，通过直采可以降低流通成本20%～30%，给消费者带来实惠。

农超对接是国外普遍采用的一种农产品生产销售模式，目前，亚太地区农产品经超市销售的比重达70%以上，美国达80%，而我国只有15%左右。

【阅读案例8-6】

新疆家乐福“农超对接”实现规模化

家乐福中国于2008年起开始以“农超对接”的形式在新疆采购农产品，销往其全国门店。经过几年的摸索和实践，新疆已经成为家乐福在中国的第二大直采基地。从2009年至今家乐福（中国）在新疆直采农产品数量达到20 339吨，与新疆34个农民专业合作社建立直接采购关系，惠及农民7.5万余人，产品销往全国60多个城市200多家家乐福门店。直采的农产品市场售价较传统模式售价低15%～20%，使消费者能以更便宜的价格购买到最新鲜的农产品。

库尔勒阿达西果业农民专业合作社、鄯善县立农农产品专业合作社和麦盖提麦乡刀郎农产品专业合作社三家合作社2010年全年提供给家乐福的农副产品金额分别达到了1 620万元、570万元和460万元。以库尔勒阿达西果业农民专业合作社为例，2009年，家乐福中国在合作社采购苹果和香梨金额为400万元，到2010年此金额翻了4倍。该合作社理事长陈平按捺不住喜悦地告诉记者，通过与家乐福直接合作的“农超对接”的方式，新疆的库尔勒香梨在全国家乐福销量大幅度增长，合作社的农户平均年收入可以达到2万元以上。截至2012年底，家乐福中国已在新疆采购特色农产品21 615吨，但基本都是供应国内市场。

作为“农超对接”的延伸和突破，2012年家乐福中国成立专门出口中国农产品的公司“蔬果茂”，并迅速展开了出口新疆特色农产品的前期工作。借鉴“农超对接”的成功经验，在出口采购上家乐福仍沿用直接与农民专业合作社合作的模式，目前已完成对新疆部分合作社的各项审核，包括土壤、环境、供货能力等各方面，接下来家乐福中国在新疆将重点开展采购工作，并寻找更多的合作社成为其出口产品的供应商。

（资料来源：http://www.xj.xinhuanet.com/2012-10/31/c_113556881.htm）

（一）农超对接程序

农超对接程序大致如下：

（1）农产品生产者提出农产品进场申请，超市公司总部商品部派出采购人员验看证照手续，实地察看企业的生产卫生、设施条件。

(2)符合要求后签订进场合同，明确双方的责权利。

(3)合同经商品部主管签字批准后，农产品生产者即可成为供应商。

像“家乐福”、“沃尔玛”、“麦德龙”等大型超市大多是由总部统一购置调配农产品，进驻要求较为严格，而一些地区本土超市的要求则要宽松得多。因此，让农产品先进本土超市是一个不错的选择，这些超市比较欢迎“农超对接”的方式，且没有任何进场费用。

农超对接采购流程如图 8-5 所示。

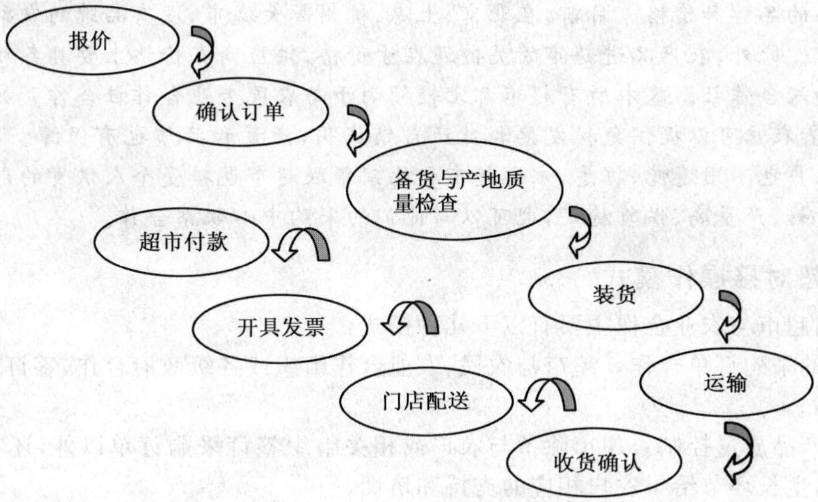

图 8-5　农超对接采购流程

(二)农超对接对供应商的要求

农超对接，农产品供应商应该具备一定资质，相关的手续必须健全，生产流程要规范卫生，产品在生产和运输途中必须符合规定温度。例如，家乐福要求农产品的供应商要配备冷藏车和干净并且经过消毒的周转箱；包装规范，生熟分开，蔬果要新鲜并用卫生的周转箱分类放置；肉类供应商要提供产品检疫合格证。对于无良好包装、标签的产品，运输车辆和周转箱不卫生或直接放在车辆地板上的产品，家乐福均拒绝接收。农产品进入家乐福要把握三个关键点：清洁、温度和保质期。

【知识链接 8-4】

农产品进超市的条件

1. 产品质量要过关。超市对农产品的普遍要求是高质量、高标准，所有进场的农产品必须是无公害、绿色食品，并要有证书。要求外形好看，大小统一，包装醒目新颖。深加工的农产品必须有卫生检测报告，包装须有条形码和保质期，冷冻的商品保质期不超过一年。生鲜农产品、水产品要保持良好的新鲜度，隔日的商品不再二次销售。由于生产、运输能力的限制，一般此类商品供应商只能承担相隔不远的 1～2 个卖场、超市的供应，很难满足全部门店的需要。有的生鲜农产品、水产品进场可以不需进场费，供应商在指定柜台、地点自行经营，卖场、超市只收取扣点。生产规模大、运输能力强的供应商可以在交纳进场费等费用后，由配送中心配送到多个门店销售。

2. 各种“合格证”要齐全。供应商必须具有企业法人执照、卫生许可证、税务登记证。瓜果蔬菜类产品需要工商质检部门开具农药残留标准证明和自产自销证明；生禽类需要工商质监部门开具产品检测报告及自产自销证明等；像豆制品、粉丝等农副产品则要提供产品检测报告和生产许可证，如果有商标还要提供商标注册证明。

3. 较强的供应和运输能力。特别是在水产品、蔬菜商品上，运输能力要强，确保商品供应数量足额、及时，不能断档。原则上一个供应商要能提供系列农产品，尤其是水产品要尽量保证品种齐全。

4. 农产品的品牌和价格。目前，在北京、上海、杭州等大城市，没有品牌的农副产品基本上无法进入超市。此外，农产品进超市的关键还在于价格，供应商在价格上要具备相当的优势。

5. 最好加入合作社。基本所有超市都比较倾向于与农民专业合作社合作。加入专业合作社，不仅意味着农户可以提供免税发票和自产自销证明，产量和品质也有保障。不过，没有加入合作社的农户也不用遗憾，据悉，永辉超市和北京华联超市也接受个人供货的形式。只要你的农产品质量好、产量高、供货稳定，也可以与他们的采购中心联系合作。

(三)农超对接操作模式

目前国内超市与农业合作主要有以下几种模式：

(1)简单的采购订单合作。超市与农民、农业合作组织或各级政府合作，签订采购订单，包销生鲜农产品。

(2)生鲜产品质量控制。超市除了与农户或相关组织签订采购订单以外，还在种子、种植技术等农产品生长环节给予农户相应的支持和培训。

(3)超市与农产品基地合作或超市自建农产品基地。

(4)超市自建试点基地，带动和组织农民扩大生产。

(5)超市自建农产品批发市场，兼营生鲜农产品批发与零售。

【阅读资料8-3】

沃尔玛、麦德龙、家乐福以及华润万家的农超对接模式

1. 沃尔玛建立农超对接基地。沃尔玛农超对接的特点是建立农超对接基地。具体有两种形式，即“超市＋龙头企业＋农超对接基地”和“超市＋合作社＋农超对接基地”。沃尔玛较多通过农业产业化龙头企业为中介同农民合作，发挥龙头企业自身的农场管理经验技术。为合作对象提供专业的农产品种植养殖技术或资金，建立食品安全监督体系和农超对接基地自身的食品安全体系。

2. 麦德龙教农民种田。麦德龙主要通过麦哲达农业信息咨询公司实现农超对接，从“教农民怎么种田，怎么包装蔬菜”这些最基本的问题入手，保证农产品从基地、农场、加工、物流到销售符合消费者最安全的要求，建立鲜活农产品质量可追溯体系。麦德龙农产品基地创立了全新的供应链，由麦德龙提出科学的标准化生产流程，引入农技咨询公司指导企业、农民养殖、种植，委托第三方机构对农产品质量进行检测，通过麦德龙平台销售。为此，麦德龙还在中国投资设立了首家专门从事农技指导、咨询和培训的麦哲达农业信息咨询公司，向合作企业和农民提供生产、加工、包装、物流及市场运作全方位的专业培训与咨询，实现“农场到餐桌”的全过程产品质量控制及可追溯。

3. 家乐福对接农民专业合作社。家乐福农超对接的核心是通过农民专业合作社来组织农民的产品，即“超市＋农民专业合作社＋农民”模式。农超对接依据采购半径的不同，设计了两个采购系统，即全国农超对接采购部门和地区农超对接采购部门。前者主要采购水果和适合于长距离运输的蔬菜，比如，苹果、梨、橙子、干果、马铃薯和反季节蔬菜等；后者则重点采购城市周边的蔬菜和当地名优水果。据了解，家乐福近年来大力推广农超对接项目，已与全国27个省市，超过300家的农民合作社建立了合作关系。截至2012年年底，上海和北京的家乐福卖场的农民直采产品占生鲜采购的比例已经先后突破50%。此外，为了帮助农民合作社开拓销售渠道，家乐福集团目前已开始计划将中国农民直供产品纳入跨国采购业务，把更多的中国农产品推向国际市场。

4. 华润万家直采模式。华润万家的农超对接采取"超市＋基地"的供应链模式，直接与鲜活农产品产地的农民专业合作社对接。据悉，目前华润万家分别与天津东丽区华明镇、天津宝坻区、天津市蓟县、河北省、山东省建立了农超对接大型生产基地，产品涉及蔬菜、水果、禽蛋、肉类等各种城市居民生活必需鲜活农产品。华润万家表示，直采比例未来两年将达70%以上。

【阅读资料 8-4】

国家支持"农超对接"政策

1. 加大"农超对接"政策支持力度。支持超市加快冷链系统、物流配送中心等流通基础设施建设，支持合作社建设冷藏保鲜设施、配置冷藏运输工具、检验检测设备等。超市从农民专业合作社购进的免税农产品，可按13%的扣除率计算抵扣增值税进项税额。

2. 鼓励农民专业合作社做大做强。鼓励同类农产品合作社在自愿的基础上开展联合与合作，充分发挥集聚效应，形成规模效益，提高均衡供应超市农产品的能力。

3. 推进农产品标准化生产和流通。支持农民专业合作社率先实施标准化生产，加强安全生产记录管理，依据农产品流通相关标准，对农产品进行分级、包装、加贴标识，创建品牌，实现合作社产品质量可追溯。继续支持符合条件的农民专业合作社开展蔬菜园艺作物标准园、畜禽养殖标准化扶持项目、水产健康养殖示范场创建。引导农民专业合作社根据超市的需求，实行统一采购种苗、统一采购和使用农资、统一记载田间档案、统一采收产品、统一检测农残。

4. 降低"农超对接"门槛。严禁超市向合作社收取进场费、赞助费、摊位费、条码费等不合理费用，严禁任意拖欠货款。超市一般应采取日结的方式收购蔬菜等生鲜农产品，尽量缩短账期。鼓励超市和合作社签订长期对接合同，建立长期、稳定、紧密的对接关系，提高合同契约意识和诚信意识。

5. 搭建农超对接平台。利用产销旺季，组织各类农产品交易会、农业展会、网上促销活动，引导农民专业合作社与超市签订长期购销合同。鼓励和引导有条件的超市开设农超对接产品销售专卖区和专卖柜台，扩大社会影响。

6. 加强"农超对接"人才培训。定期开展农民专业合作社成员培训，帮助农民专业合作社掌握市场信息，熟悉超市营销策略。

7. 加强"农超对接"信息化建设。鼓励连锁经营企业和农民专业合作社通过农超对接服务系统实时发布供求信息，逐步开展网上签约和交易试点，发展农产品电子商务。

三、农社对接渠道模式

农社对接营销模式即鲜活农产品生产者在城市社区设立直销点或直销店，开展鲜活农产品直销。通过"农社对接"，农产品生产者大大降低了市场风险，减少了运营成本，并能根据市场需求，配置资源，安排生产，拉长了产业链条，逐步掌握市场竞争的主动权，还能够便于打造农产品品牌，提升自己的利润空间。据统计，蔬菜直销进社区与过去卖给菜贩子相比，菜农增加收益20%以上，且回款快、市场信息量大、反馈生产迅速，生产者经营管理能力和营销水平得到了很大提升。

从实践看，农社对接相较农超对接而言，进一步减少了流通中间环节，从而更多地降低了流通损耗。截至2012年底，通过对北京、河北、江苏等13个省(市)的统计，参加“农社对接”的农民专业合作社有7 612个，建立直销店(点)12 176个，年销售额迭167.5亿元，每个直销店的利润从2万元到80万元不等。湖北襄阳市天顺隆达蔬菜合作社每个直销店年净盈利达12万元。

(一)满足农社对接的基础条件要求

开展农社对接要具备以下基础条件：

1.资金

在社区设立直销店(点)，需要经营场所、运输车辆、冷链设施。不仅在起步阶段一次性投入较大，而且在运营过程中也需要一定的流动资金。目前，城近郊区社区的场地租赁费用较高，资金往往是制约农产品生产者开设更多的直销店的首要问题。

2.长期稳定供货

社区直销店(点)需要常年均衡供应，满足居民的多样化需求。单个农产品生产者的产品数量和种类有限，季节性强，长期实施“农社对接”面临产品供应不全、不足的问题。应通过联合或兼并合并、共享品牌、共用店面等方式，实行跨区域、跨品种、跨产业的合作，开展联合销售，构建农产品均衡供给的长效机制。

3.设施装备

冷链设备是影响开设社区直销店(点)的一个重要制约因素。社区直销店(点)销售生鲜农产品，需要相应的产地冷库、保鲜车辆、包装加工、检验检测等设施装备。储藏设施条件差，配送工具落后不仅制约了产品供应保障能力，还在一定程度上影响了产品质量安全，同时也是社区直销店(点)利润不高的重要原因。据了解，开展农社对接，通过加强对鲜活农产品田间地头的预冷处理，减少流通储藏时间，可以降低鲜活农产品70%的损耗率。

4.管理能力

“农社对接”对财务管理、物流配送、电子商务等专业岗位管理能力提出了需要。因此，社区直销店(点)要有相应的专业管理人员。

(二)建立农社对接产品质量保障措施

实施“农社对接”的农产品生产者应全过程抓好食品安全工作。具体措施有：

1.标准化生产

通过标准化生产从源头上为产品安全提供技术保障。例如，山东高密惠荣菌菇专业合作社从原料采购、菌种配方到打包、灭菌、接种、养菌及机械、运输工具、库房、操作人员的消毒等中间环节，再到产菇房的生产、管理、采收、包装、储存、运输等终端环节，不仅有严格的程序、标准限制，更有重量、时间、温度、湿度、成分、比例等量化的指标限制。

2.规范化管理

通过规范化管理，实行产品质量追溯制度。例如，山东高密惠荣菌菇专业合作社分批次、班次、时间、部门、人员、工序落实严格的检验和签字制度，实现拌料、打包、灭菌、接种、养菌等各个环节无缝隙对接，发现问题追究相关部门、人员的责任，各级负责人承担连带责任。产品采收后，按产菇房编号、批次、数量、等级、时间由市场部进行验收登记后收购储存和销售。市场销售过程中若出现质量问题，根据包装标识可以追溯到每个产菇房并进行处罚。

3. 严格质量监控

在销售环节实行严格质量监控。应坚持随收购随发货，尽量不留库存。在销售淡季出现库存的情况下，一律装入恒温库保存，出库时按先进先出的顺序销售。不具备冷藏条件的，均按小批量多批次的原则进货，防止因积压时间过长导致货物变质。不得为了延长保鲜时间而采用喷洒保鲜剂等化学保鲜方式。严格的质量管理、过硬的产品质量和良好品牌信誉，能提高直销店(点)产品竞争力。例如，在2013年惠荣菌菇专业合作社的金针菇，在销售价格高于同类产品15%的情况下，仍然呈现出强劲的旺销势头，市场占有率和销售量稳居胶东半岛市场第一位。再如，望乡优质小麦种植专业合作社已经形成了面粉日加工1 000吨，挂面日加工300吨、馒头日加工30 000个生产能力。

除上述渠道模式外，配送业务、电子商务也是很重要的渠道模式。配送业务是农业产业化企业直接与大专院校、酒店、企事业单位开展点对点的合作。电子商务是在网上直销的模式，它具有开放性、低成本、高效率的特点。通过开展网络直销，能够有效的控制库存，压缩流通环节，控制流通成本。同时，网络信息技术能够及时监测消费者的购买行为和习惯，更好的指导生产和销售。网络本身也是一种媒介资源，通过网络载体可以对产品进行推广和宣传。

【阅读案例 8-7】

杭州：蔬菜专业合作社向酒店直供蔬菜

杭州春溢联合蔬菜专业合作社根据开元酒店的订货需求，调整种植结构，做到“酒店需要什么，农民就生产什么。”同时，春溢合作社还在蔬菜新鲜度上做最大努力，根据酒店厨房的订货，保证24小时之内把蔬菜配送到酒店。开元酒店之所以选择春溢合作社，源于春溢合作社的竞争实力。成立于2006年的杭州春溢联合蔬菜专业合作社，由最初21位股东种植的几十亩无公害蔬菜发展为带动周边农民种植面积达7 000多亩的规模；合作社设计了自己的“春溢”商标，以品牌理念指导种植和经销；为了达到高效高质的标准，合作社运用先进蔬菜种植技术及良种，聘请科技人员，保证蔬菜产品的质量和安全。开元酒店与春溢合作社交流平台的建立，既减少了农产品的流通环节、降低了流通成本，增加了农民的收入，又有利于实现农产品从农田到餐桌的全过程的质量控制。

(资料来源：http://hzdaily.hangzhou.com.cn)

子任务3 农产品销售渠道的管理

农产品销售渠道的管理涉及化解销售渠道冲突、加强渠道成员的管理和销售渠道的调整几个方面。

一、化解销售渠道冲突

由于农产品在保鲜、仓储和运输过程中具有独特的需要，且受季节性影响较大，农产品销售渠道相对于其他产品的销售渠道而言更不易控制，常会造成渠道无法保持长久的稳定状态，从而导致了农产品销售渠道冲突相对于其他产品的销售渠道冲突更易发生。

【知识链接 8-5】

农产品销售渠道冲突

当一个渠道成员的行为与他的渠道合作者相反时,渠道冲突便产生了。渠道冲突以对手为中心和方向,并且其目标也由渠道合作者操控。渠道冲突的类型可以分为许多种。按照冲突的对象,销售渠道冲突有三种类型:水平冲突、类型冲突和纵向冲突;按照激烈程度和发展过程,渠道冲突的类型有潜在冲突、可察觉的冲突、感觉冲突和显性冲突四种;按照冲突的作用,冲突可分为破坏性冲突和建设性冲突两种。

建设性的渠道冲突会对农产品营销产生一定的积极作用,如拓宽渠道、扩大销售、提高品牌知名度等,而破坏性的渠道冲突效果则相反。通常意义上的渠道冲突大多是指破坏性的渠道冲突。破坏性的渠道冲突对农产品品牌的影响主要在于如下几方面:

首先,冲突中的各方往往为了自身的利益,竞相采取压价、降价、抛售、变相降价等措施进行销售,严重损害了品牌形象。

其次,冲突中的各方看不到光明的前景,谁都不愿意主动投资于品牌宣传,自然会影响品牌传播的效果。

第三,被动销售、恶性窜货等现象的发生,在扰乱市场格局的同时,也会破坏正常的价格体系,损害品牌的长期利益。

(一)识别渠道冲突

农产品渠道冲突主要包括农产品生产企业与经销商之间的冲突、农产品生产企业与大卖场之间的冲突、经销商与零售商之间的冲突。具体表现如下:

1. 农产品生产企业与经销商之间的冲突

近些年来,随着我国农产品行业的渠道深耕,农产品生产厂家为了广泛销售自己的产品,在传统渠道上的促销费、宣传费等通路费用往往通过自己的业务代表,直接应用到终端,这改变了卖方市场背景下厂商与经销商在通路费用上的利益冲突。例如,冷鲜肉食品,生产冷鲜肉食品的厂家希望产品能在保质期内尽快上架,并迅速销售,尤其是在销售旺季(过年过节等日子),厂家需要经销商提高配送能力,能够保证在短暂的销售旺季尽可能地提高销售额。而经销商出于对猪肉市场销售旺季短,在旺季过后增加的配送线搁置浪费等情况的考虑,不愿意再增加运输成本。这必然会引起厂家与经销商之间的冲突。

2. 农产品生产企业与大卖场之间的冲突

农产品生产厂商与大卖场之间的矛盾冲突主要体现在窜货和财务赊销问题上。随着大型零售渠道权力的增加,“店大欺人”的现象日渐突出。大型卖场较一些不知名的生产企业具有绝对的渠道权力,强迫生产企业接受重要客户铺底赊销的结款方式。而以结款、还款等为条件强迫生产企业让出部分自身利益,参加这些重要客户的促销活动,更是目前很多农产品市场如乳制品、果类产品市场普遍存在的现象。在各超市大卖场中,常常出现厂家返利促销等活动,例如经常出现的蒙牛、伊利、光明等牛奶产品,农夫果园、果缤纷等果汁饮品,都是农产品中比较典型的例子。这样不仅增加了生产企业资金的周转难度,也使企业经营面临风险,降低了企业的利润空间。同时,大型卖场为了巩固自身的行业地位,吸引更多的消费者,取得更好的业绩,不断增加与供应商谈判的条件,如更高的促销费用和更低的价格,并且在得到优惠条件后,采取低价倾销的政策,各部门之间的窜货现象屡有发生,甚至还将产品充斥到非零售渠道中。这使得生产企业的产品市场价格体系出现混乱,严重挫伤了经销商的积极性,从而导致生产企业利润下降。

3.经销商与零售商之间的冲突

我国很多农产品生产企业的产品销售仍停留在生产企业、经销商、零售商三层销售的阶段,尤其是中小型农产品生产企业。经销商与零售商之间发生冲突的突出的表现是供货不足和供货不及时。零售商由于资金和库存等的限制,单次进货量少,并且零售商由于销售情况常常呈现不稳定状态,所以进货次数和数量常常不能很好地预测,这就导致了他们希望经销商能够在他们需要的时候尤其是销售旺季及时供货并满足他们的供货份额。而经销商会因为对订单的预测不足、运输成本过高等问题,无法满足零售商的要求,这就进一步导致了两者之间矛盾的产生。这种矛盾突出的体现在日常消费的农产品中,如禽蛋类产品。由于蛋类产品的需求不容易预测,并且无规律可循,这就导致了零售商在进货的过程中与经销商产生一些不必要的冲突。

(二)化解农产品渠道冲突要领

1.沟通是化解渠道冲突最直接有效的途径

沟通是保持渠道成员良好关系,建立密切联系的有效方法。农产品生产企业可以通过沟通将产品的文化和内涵传递给渠道其他成员,其他成员之间也可以通过沟通加强了解,能够在销售过程中提供必要的帮助,更加有利于产品的销售,增加各成员所获取的信息数量,降低获取信息所需要的成本,减少因为信息不畅所带来的冲突。

2.有效激励是减少渠道冲突的政策导向

渠道各成员由于存在个体差异性以及利己倾向,导致各成员的目标也存在着很大的差异,难免会造成很多不必要的冲突。企业可以设置共同的目标,团结渠道成员,有效规避冲突。设置共同目标一般仅适用于化解外部冲突。比如,当某农产品厂商的渠道系统遭遇另一同质产品厂商渠道系统的强力挑衅以至于可能“渠毁厂亡”的情况下,设置共同目标就是渠道系统内的所有渠道成员立即放弃内部斗争,全力以赴抵制外来的“侵略”以求生存。

3.有效协调是化解渠道冲突的必要措施

农产品企业针对渠道中的冲突,可以安排企业专门的协调员或市场专员从中调解,针对厂家与经销商,厂家与大卖场,经销商与零售商之间存在的供货、运输、销售方式、利润分配等问题,进行有效地谈判和协调,减少不必要的资源浪费和信息不畅,帮助渠道各成员之间不断加强联系,建立良好的合作伙伴关系,相互信任,共同为完成营销目标而努力。

4.帮助弱者是减少渠道冲突的保障措施

在渠道中,总有一些渠道成员由于技术、资金、影响力等优势在渠道中占据主动权,这就对弱势成员造成了很大的压力,甚至导致一些成员退出渠道,这就需要农产品企业在这种冲突中发挥主动性,在技术和资金上帮助弱势成员建立自己的优势,从而摆脱强势成员的垄断局面,一方面增进企业与其他成员之间的联系,另一方面提高整个营销渠道的实力。

二、加强渠道成员管理

农产品渠道成员管理主要涉及选择渠道成员、对主要渠道及中间商的评估和激励渠道成员。

1.选择渠道成员

选择农产品渠道成员主要综合以下因素确定:目标市场;地理位置;产品经营范围;促销措施;提供的服务;运输和储存条件;财务状况及管理能力。

2. 对主要渠道及中间商的评估

对主要渠道的评估主要从以下三个方面进行：每一条渠道销售额与销售成本的关系；生产商对渠道成员的可控程度；渠道成员的信誉及其适应市场变化的灵活性。对中间商的评估可以通过以下方面进行：销售指标完成情况；平均存货水平；向顾客交货的快慢程度；对损坏和损伤商品的处理；与生产商宣传及培训计划的合作情况；对顾客的服务表现。

3. 激励渠道成员

对渠道成员的激励可以采取以下的措施：向渠道成员提供物美价廉、适销对路的产品；合理分配利润；授予独家经销权；开展各项促销活动；给予资金支持；提供市场信息等。

三、销售渠道的调整

评估之后，若发现现有渠道模式与市场环境要求存在差距，应对渠道做适当调整，以适应市场新的变化。如当消费者的购买方式发生变化、市场扩大、新的竞争者兴起和创新的分销战略出现等，便有必要对渠道进行改进。销售渠道的调整包括增减渠道成员、增减销售渠道和调整销售系统三个层次。

1. 增减个别渠道成员

在考虑渠道改进时，通常会涉及增加或减少经销商的问题。作这种决策通常需要进行直接增量分析，通过分析，要弄清这样一个问题，即增加或减少某渠道成员后，厂家利润将如何变化。但是，当个别渠道成员对同一系统的其他成员有间接影响时，直接增量分析方法就不再适用了。

2. 增减某些特定的销售渠道

你也许会常常考虑这样一个问题：你所使用的所有市场营销渠道是否仍能有效地将产品送达某一地区或某类顾客。这是因为，厂家市场营销渠道静止不变时，某一重要地区的购买类型、市场形势往往正处于迅速变化中。你可针对这种情况，借助损益分析与投资收益率分析，确定增加或减少某些市场营销渠道。

3. 调整销售系统

最困难的渠道变化决策是可能是改进和修正整个市场营销系统。这些决策不仅会改变渠道系统，而且还将迫使你改变你市场营销组合和市场营销政策。这类决策比较复杂，任何与其有关的数量模型只能帮助管理人员求出最佳估计值而已。

【知识链接 8-6】

营销渠道调整方式

1. 调整渠道结构。将原来的直接渠道，调整为间接渠道。

2. 调整分销方式。如原来采用独家代理的方式，为制约独家代理商的扩张，可适当增加代理商数目，调整为多家代理方式。

3. 调整渠道政策。如价格政策、铺货政策、市场推广政策、信用额度政策、奖惩政策等。

4. 调整渠道成员体系。对于业绩有较大增幅的渠道成员，可提高其在渠道中的地位，反之，降低在渠道中的地位。

5. 调整局部市场区域的渠道。根据市场结构的变化，可增加该地区市场的渠道数目，以致撤出该城市场。

6. 更新整个分销网络。为使厂家目前的渠道模式脱胎换骨，需要重新设计和布局，只有当渠道遭受外部严重威胁或内部发生重大变化时方可做此调整。

◈ 分组讨论

1. 农产品的销售渠道有哪些?
2. 如何选择农产品的销售渠道?
3. 如何建立 CAS 渠道模式?
4. 如何完成农超对接?
5. 如何进行渠道管理?

◈ 业务技能训练

1. 分小组深入当地农民专业合作社,了解其产品销售渠道,综合各种因素评价其渠道选择是否恰当,并提出改善渠道的建议。

训练目的

学会农产品销售渠道的选择。

2. 选择当地某专业合作社,分小组为其设计 CAS 实施方案。

训练目的

掌握 CAS 渠道建立的方法。

3. 调查当地农超对接、农社对接程序,分小组为专业合作社开展农超对接、农社对接提供实施方案。

训练目的

掌握农超对接、农社对接的程序和方法。

4. 选择当地农产品生产企业,调查其如何开展渠道管理,并写出调查报告。

训练目的

掌握渠道管理的内容和方法。

任务九　农产品网络营销

◈ 任务目标

通过完成本任务，你应该能够：

1. 了解无站点网络营销和基于网站的网络营销的方式；
2. 借助供求信息平台开展农产品网络营销；
3. 利用网络社区、网上商店平台开展农产品网络营销；
4. 利用搜索引擎、网站资源合作开展基于网站的农产品网络营销。

◈ 引导性案例

大学生网络售鱼如鱼得水

2011年7月王少帅从山东体育学院运动训练专业毕业了，面对不容乐观的就业形势，王少帅毅然决定自己创业。为减少创业的盲目性，王少帅多方调研走访，他发现锦鲤美观大方，比较好养，而且品种好的锦鲤价格不菲，是一种群众喜欢的养殖品种。于是，他决定把养殖锦鲤作为自己的创业项目。为了掌握养殖技术，他每天到花鸟虫鱼市场、水族馆等地进行实地查看，晚上利用网络自学锦鲤养殖技术，不断给自己"充电"。

2012年5月初，王少帅和自己的初中同学李春锋一起在城前镇洼陡水库承包了10个鱼塘，购置了渔网、投饵机等养殖设备。2012年5月2日，他们从广东购买了20万尾红白鱼苗，从聊城购买了10万尾大正鱼苗。由于锦鲤鱼苗喂养比较精细，第一个月先喂豆浆，然后喂塑料面，再喂小颗粒，3个月后喂大颗粒，两人不敢有丝毫懈怠。尽管小心了再小心，6月份鱼塘还是出现了死鱼现象。好在市水产局及时帮助，通过采取药物调剂、更换新水，放养一定的白鲢鱼减少绿藻的数量等措施，控制了鱼苗死亡。

养殖技术逐步掌握了，关键是销售。年轻人思路开阔，王少帅和李春锋除到各地跑花鸟虫鱼市场、观赏鱼批发市场、水族馆等，还把网络销售作为重点，把自己养殖的锦鲤拍照传到网上，利用"58同城""赶集网"等免费网站，发布信息。

很快网络销售见了成效。邹城的一家渔场预定了5万尾，聊城的吉祥渔场和天津的天河渔场预定了6万尾。同时他们通过锦鲤俱乐部、论坛上认识了一些养殖大户，大家互相交流市场信息，共同发展。目前，王少帅他们的锦鲤已销售到曲阜、滕州、济南、济宁等地，从5月份开始养殖，9月初开始销售，目前已销售锦鲤5万余尾，其他的已经全部预定完毕。

王少帅清晰地记得，由于在网络上宣传做得好，第一批鱼养好的时候，短短几天之内，曲阜的客商便以每条50元的价格要了50条，滕州的水族馆要了50条，兖州和邹城的鱼友则要了200多斤。而且仅通过"中国锦鲤论坛"这个网站，王少帅第一次就卖掉了400多斤锦鲤。

谈起下步规划，王少帅稚嫩的脸上透出几分成熟和自信："下一步，我们打算在做好养殖的基础上，开通我们的官方微博，利用这个互动性更强的新媒体来做好我们的销售工作，争取让我们的锦鲤'游'向全国各地。"

思考：

1. 开展无站点农产品网络营销主要有哪些方法和渠道？

2. 如何将这些方法和渠道应用于农产品网络营销？

农产品网络营销，又称为“鼠标＋大白菜”式营销，是农产品营销的新型模式和重要渠道，是企业整体营销战略的一个组成部分。依据营销主体是否建立网站，可将农产品网络营销分为无站点网络营销和基于网站的网络营销。两种情形分别有不同的网络营销方法，也有一些通用的网络营销方法。

子任务 1　无站点农产品网络营销

营销主体只要具备了接入互联网的基本条件，就具备了开展农产品网络营销的基本条件。营销主体可以借助于各种网络资源尤其是在农产品相关网站（农业行业网站、政府农业管理部门官方网站等）发布自己的企业或产品信息，达到宣传和促销的目的。网络资源主要包括供求信息平台、网络分类广告、黄页服务、网络社区、网上商店平台等。下面选择几种常用的方法进行具体介绍。

一、借助供求信息平台开展农产品网络营销

在互联网上，有一些网站专门为营销主体提供供求信息发布，目前有代表性的有阿里巴巴、慧聪、供求平台、环球资源等，行业性的如中国农业网、中国农业信息网、中国农资网、新农村商网等。在这些供求信息平台上，往往有大量的供求信息，不仅可以通过浏览相关企业的信息获得商机，也可以自己将经营概括、产品信息、促销信息等发布在这些网站上。

下面我们以新农村商网为例介绍开展农产品网络营销，具体步骤如下：

1. 登录

登录新农村商网首页（http://nc.mofcom.gov.cn/），如图 9-1 所示。

图 9-1　新农村商网首页

【前沿聚焦 9-1】

新农村商网

新农村商网隶属于商务部于 2006 年 4 月启动的“农村商务信息服务工程”建设工程中的“一网一报一站”，其中“一网”是指建立“新农村商网”，通过公共信息服务的方式，为农民实时发布有关政策和农村商品供求信息，提供咨询和供求信息网上对接服务。几年来，新农村商网建设取得初步成效，特别是通过举办“农产品网上购销对接会”有效地帮助部分农民解决了“卖难”、“买难”问题，农民们高兴地称新农村商网是帮助他们发家致富的“金桥”。

2. 注册会员

如果还未成为该网站的会员，请先进行会员注册，点击“免费注册”，进入注册页面，根据提示正确填写相关信息，如图 9-2 所示。

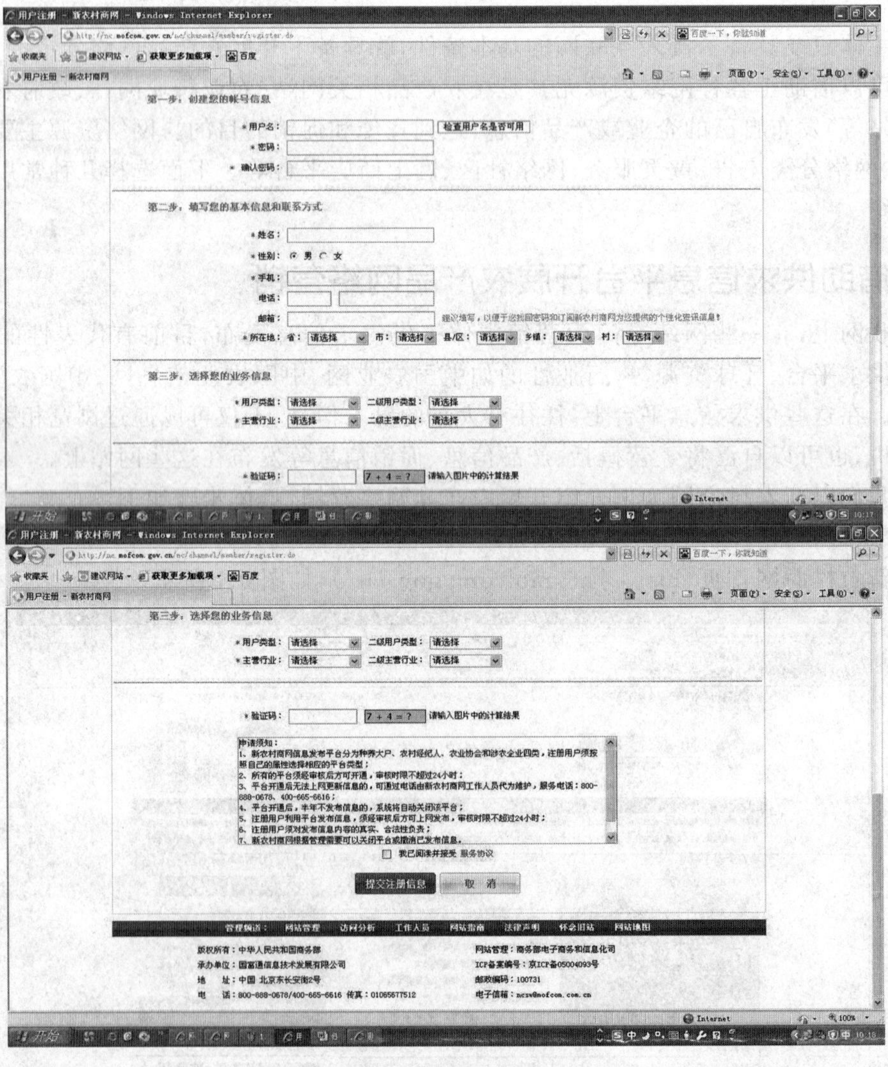

图 9-2 注册会员

填写完毕后，点击“提交注册信息”，就会成功注册，如图 9-3 所示。

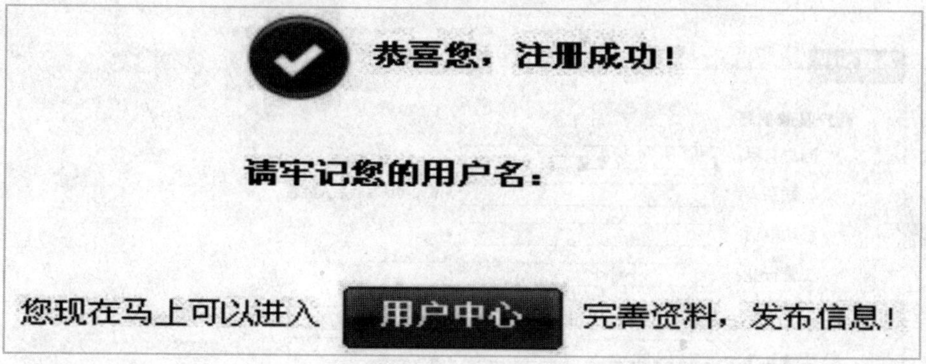

图 9-3　注册成功

3. 会员登录

成功注册为会员后，进入新农村商网的首页，点击“登录”进入登录界面，如图 9-4 所示。

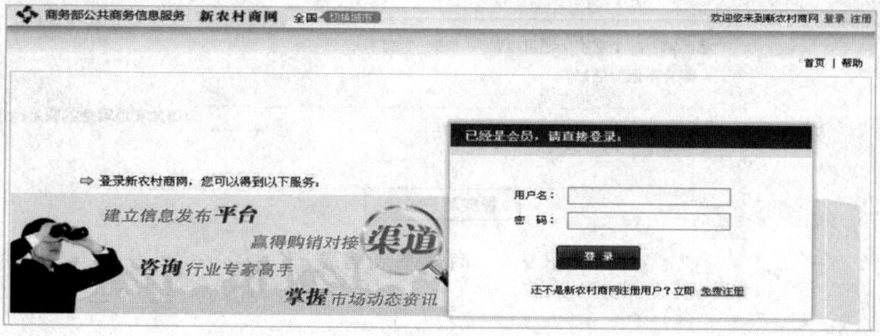

图 9-4　会员登录

4. 完善资料

正确输入用户名和密码后，即可进入会员中心首页，如图 9-5 所示。

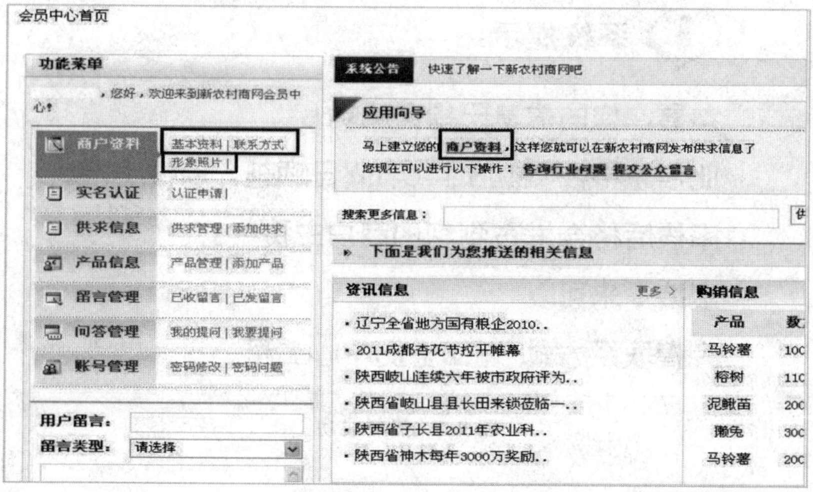

图 9-5　会员中心

点击左侧菜单中的基本资料，进入商户资料添加页面，填写并提交商户基本资料，如图9-6所示。

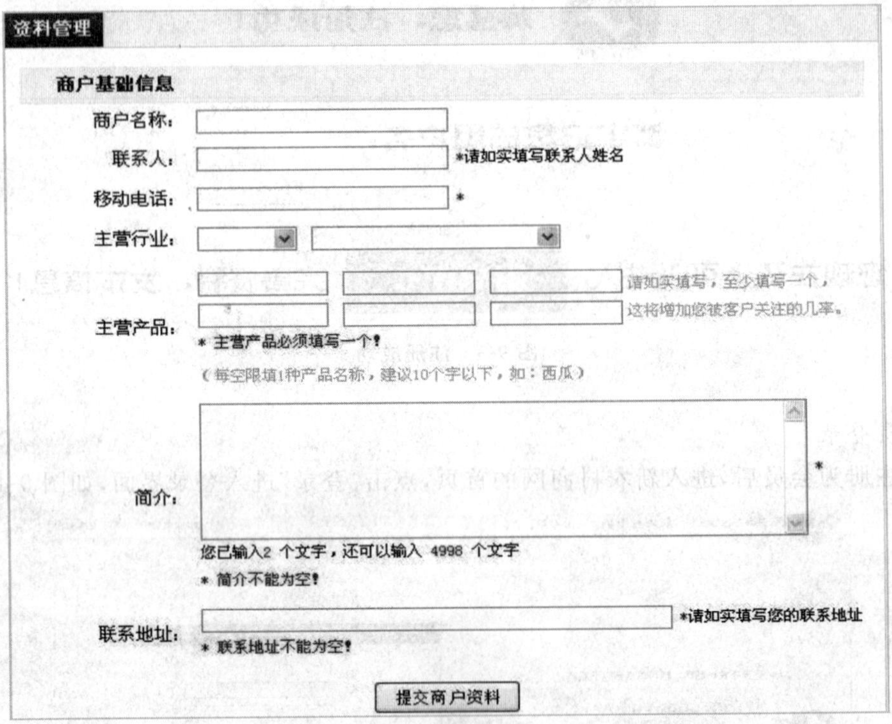

图 9-6　商户基础信息

内容填写完毕，点击“提交商户资料”，如图9-7所示。等待新农村商网工作人员对商户提交的信息进行审核，审核无误后，关于商户的资料就会发布在商户主页上了。

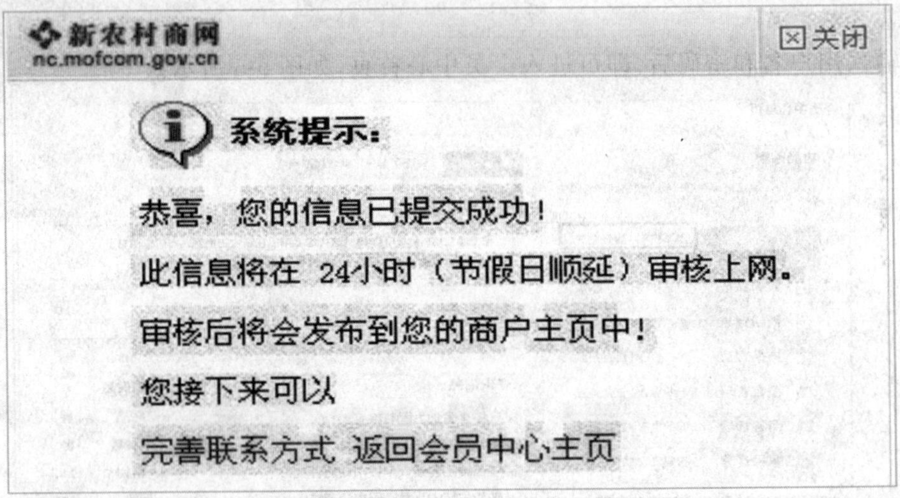

图 9-7　提交成功

按照同样的方法，将联系方式和形象照片完善。

5. 发布信息

完善了用户资料后，就可以点击左侧菜单中的添加供求，进入添加供求页面，根据提示填写营销信息，如图 9-8 所示。

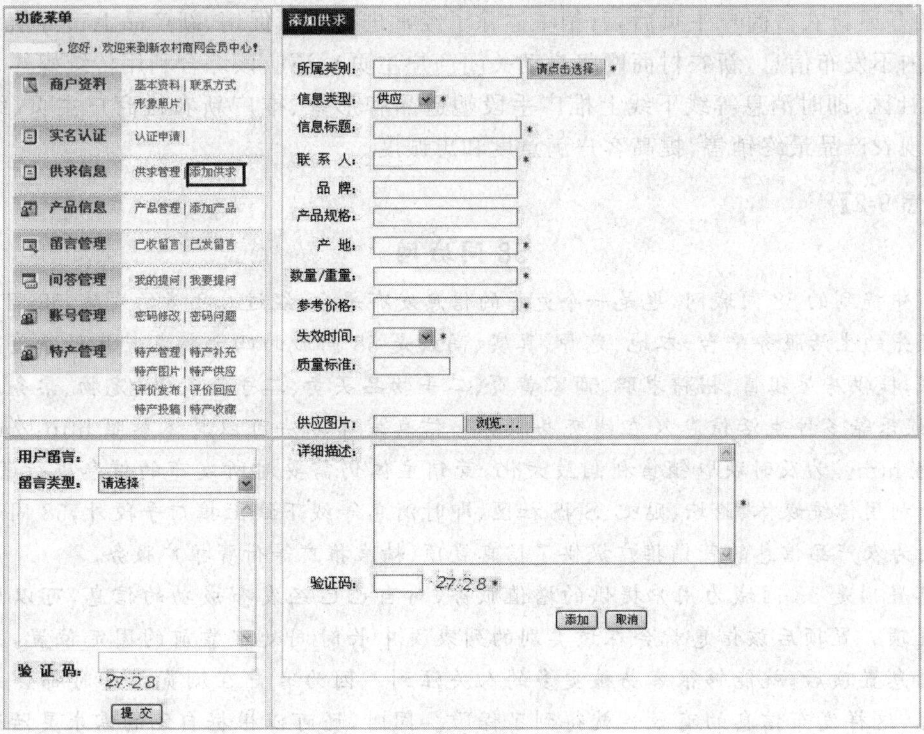

图 9-8　添加供求

供应信息填写完毕后，点击“添加”后等待新农村商网对商户的信息审核后，就可以发布到商户主页了，如图 9-9 所示。

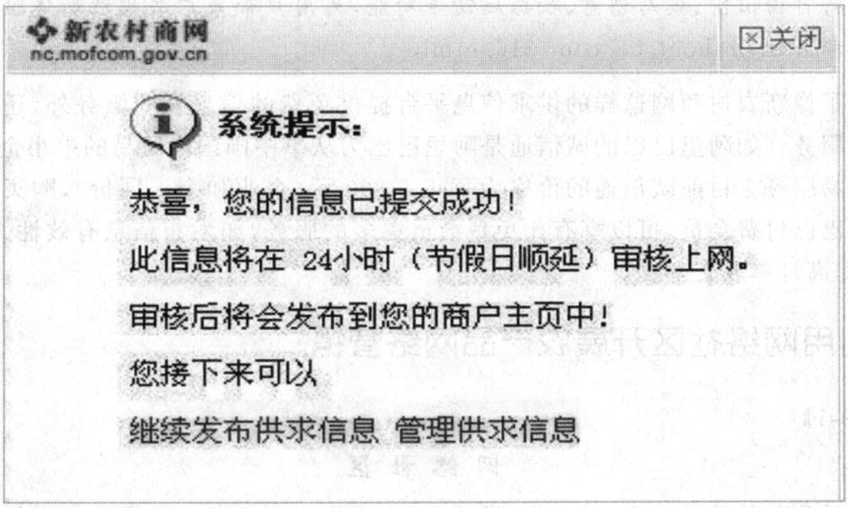

图 9-9　提交成功

这里需要说明的是，为保护买卖双方的合法权益，营销主体必须对所发布信息的真实、合法性负责。否则，新农村商网不予发布，或者即使发布也会根据管理需要撤销已发布信息。

6. 营销推广

成功开通新农村商户主页后，营销主体除了经常进行产品促销、新产品上市等信息发布外(若半年内不发布信息，新农村商网将自动关闭商户主页)，还应该综合利用传统媒体、论坛、贴吧、SNS社区、即时消息等线下线上推广手段塑造品牌形象、推广新农村商户主页、维护客户关系，实现农产品最终销售，提高客户满意度和忠诚度。

【前沿聚焦 9-2】

58 同城网

案例中提到的58同城网，也是一个免费的信息发布平台，经过6年多的发展，58同城网已成为全球领先的生活服务平台，本地、免费、真实、高效是58同城的四大特色。其服务覆盖生活的各个领域，提供房屋租售、招聘求职、商家黄页、二手物品买卖、二手车交易、宠物、票务、旅游、交友、餐饮娱乐等多种生活信息及在线交易服务。信息发布方法可以具体参照 http://about.58.com/fabu.htm。为及时获取销售利润最大化，营销主体仍需要对所发布的信息进行营销推广。除了综合利用传统媒体、论坛、贴吧、SNS社区、即时消息等线下线上推广手段外，58同城网直接在网站内为农产品信息的营销推广提供了信息置顶、精准推广等付费推广服务。

信息置顶是58同城为用户提供的增值服务，对自己已经发布成功的信息，可以用账户余额进行置顶。置顶后该信息就会在该类别的列表页中长时间处在靠前的固定位置，并带醒目图标。信息置顶后，就能够很容易被更多的人关注到。因为客户在浏览信息时都会先浏览靠前的内容，这样发布信息的有效性就得到了保障。同时，还可以根据自己的需求灵活选择置顶的区域页面和置顶的时间，以最高效率达到营销主体发布信息的目的。信息置顶的方法可参考 http://about.58.com/57.html。

精准推广是58同城提供的增值服务，展示在信息列表左侧顶部，按天竞价购买，可以查看效果数据的网络推广产品，为用户带来更精确的投放、更高质的效果。用户可使用推广余额竞价购买。支持自由出价、撰写创意、数据反馈等功能，为用户带来广告投放新体验。精准推广的方法可参考 http://about.58.com/316.html。

目前除了像新农村商网这样的供求信息平台提供免费的信息发布服务外，还有很多收费的信息发布服务。如阿里巴巴的诚信通是阿里巴巴为从事中国国内贸易的中小企业推出的会员制网上贸易服务。目前诚信通的价格为每年2 800元(企业和个人同价)，购买诚信通就可以成为阿里巴巴付费会员，可以享有比免费会员更多的服务，如发布信息有效性、提高营销主体可信度、提高订单成交率。

二、利用网络社区开展农产品网络营销

【知识链接 9-1】

网 络 社 区

网络社区就是社区网络化、信息化，简而言之，就是一个以成熟社区为内容的大型规模性局域网，涉及金融经贸、大型会展、高档办公、企业管理、文体娱乐等综合信息服务功能需求，同

时与所在地的信息平台在电子商务领域进行全面合作。同一主题的网络社区集中了具有共同兴趣爱好的访问者，由于有众多用户的参与，不仅具备交流的功能，实际上也成为一种营销场所。

随着互联网技术的发展，新的网络社区形式不断涌现，目前应用较多的网络社区形式有论坛（BBS）、贴吧、Ask 社区、SNS、视频分享等。下面我们选择几个比较常用方法进行介绍。

（一）贴吧

【知识链接 9-2】

吧

吧是一种基于关键词的主题交流社区，它与搜索紧密结合，通过用户输入的关键词，自动生成讨论区，使用户能立即参与交流，发布或回复自己感兴趣的话题。即如果有用户对某个主题感兴趣，那么就可以在贴吧上建立相应的讨论区。代表网站有百度贴吧等。百度（http://www.baidu.com）目前已经覆盖了 95% 的中国网民，138 个国家，每天响应数亿次的搜索请求，是许多企业首选的营销阵地。

下面我们以百度贴吧为例介绍农产品信息免费发布步骤。

（1）登录百度贴吧（http://tieba.baidu.com/index.html），如图 9-10 所示。

图 9-10　百度贴吧

（2）会员注册和登录。因为百度贴吧注册方法仅需要利用电子邮件地址、密码和验证码或手机号码、短信激活码和密码就可以注册，比较简单，这里就不再用图解表示了。不过需要提醒的是，在利用电子邮件地址注册会员时，为保证营销主体所填写电子邮件地址的正确性，百度贴吧会在点击“注册”后，提醒“验证邮件已发送到所注册的地址，您需要点击邮件中的确认链接来完成注册”。建议营销主体尽快进入自己所注册的电子邮箱，查收“百度账号—账号激活”新邮件，邮件内容会提醒营销主体“点击以下链接，即可激活该账号”，并要求在 48 小时内完成激活，否则账号过期，需要重新注册。

注册成功后，就可以利用营销主体的账号登录百度贴吧了。

(3)创建贴吧。如果贴吧中没有营销主体所需要营销的产品贴吧，可以创建贴吧，按照提示要求填写后提交系统审核，审核通过后即可创建成功，如图 9-11 所示。

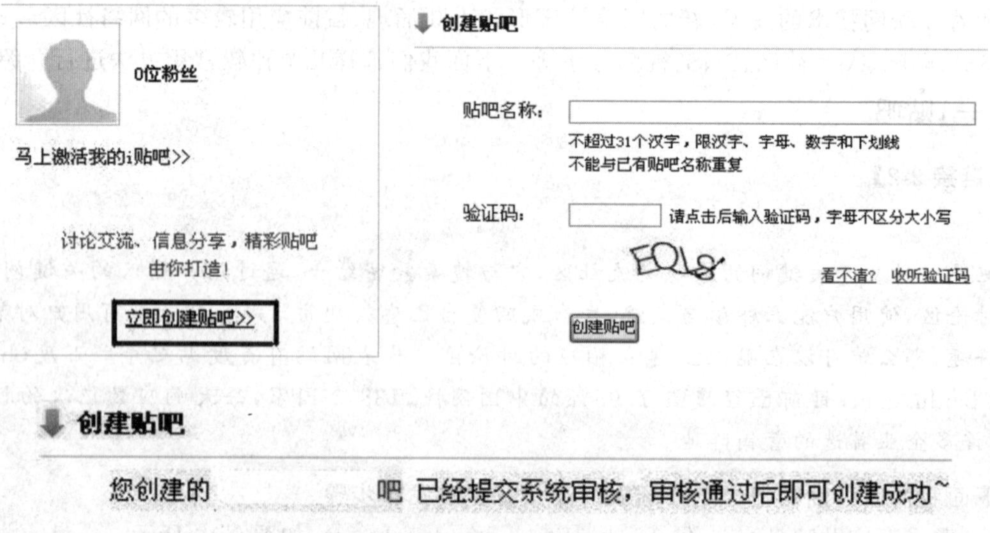

图 9-11 创建贴吧

(4)查询贴吧并发布信息。待营销主体创建的贴吧审核后，即可在搜索条中输入营销主体创建的贴吧名称，点击“进入贴吧”，即可进入所创建的贴吧页面，如图 9-12 所示。或者百度贴吧中已经包含了营销主体所需要发表新贴的主题贴吧，就可以直接在搜索条中输入营销主体所需要的主题贴吧的名称，点击“进入贴吧”。

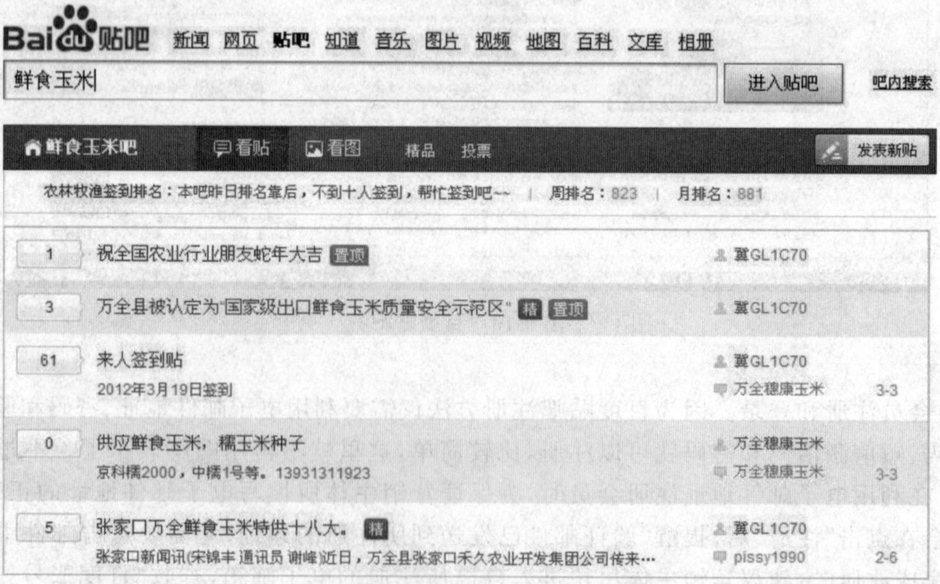

图 9-12 查询贴吧

点击“发表新贴”，营销主体即可进入发表新贴页面，按照提示要求填写相关内容，点击“发表”，即可发布营销信息了，如图 9-13 所示。

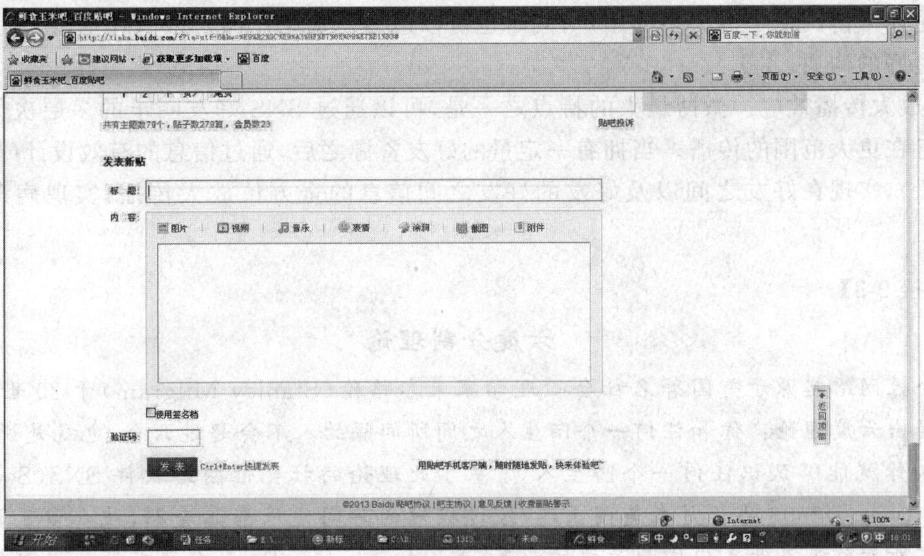

图 9-13 发表新贴

【前沿聚焦 9-3】

百度贴吧手机客户端

针对营销主体不方便上网的情况，百度贴吧推出了手机客户端，即根据营销主体的手机系统，下载相应的软件如 Android 安装包，App Store 等安装在手机上，营销主体即可利用手机随时随地发贴了。

(二)社会性网络软件

社会性网络软件(Social Network Software，SNS)代表性网站有 Facebook、人人网、开心网等。新浪微博、腾讯微博等在一定程度上也属于社会化网络的范畴。

下面以微博平台为例，介绍农产品网络营销的一般步骤。

(1)选择微博平台。应该选择一个用户数量大、有影响力、集中了目标用户群体的微博平台，在此平台上开设营销主体微博账号，获得发布信息的基本资格。

(2)勾画企业形象。通过微博的“个人设置”，让别人通过微博首页了解到营销主体的基本信息(如品牌名称、核心产品、独特优势、与品牌相关的个性 URL 等)并产生信任感，此后发布若干有关营销主体介绍的微博，再开始寻求别人的关注。

(3)微博信息发布。信息发布是一项持久的、连续的工作，微博应保持不断的更新，同时注意微博内容的写作和选择至关重要，营销主体微博虽然是个人操作，但在表现方式上应以企业为主体，尽量避免个人情绪化的表达方式。

(4)营造微博环境。尽可能参与微博平台的互动活动，因为微博是 SNS 的一种形式，独自发布信息而没有关注是没有意义的。参与互动的方式包括关注业内重要机构以及重要人士，关注与营销主体相关的行业动态，关注那些关注自己的人，通过转发、评论他人微博等方式获得他人关注。获得尽可能多的关注，是微博营销的基础。

(5)企业微博推广。通过电子邮件、QQ、名片、印刷品、产品外包装等线上线下推广方式，把营销主体微博网址告诉更多的用户，同时也可以邀请更多用户加入微博阵营，让大家通过微博实现更好的沟通。

(6)放大传播效应。微博最大的特点之一是，可以通过SNS好友圈子的多层次传播快速实现信息在更大范围的传播。当拥有一定量的好友资源之后，通过信息的有效设计(如一定的激励手段)，实现在好友之间以及好友的好友之间信息的全方位放大传播，实现病毒性推广效果。

【知识链接 9-3】

六度分割理论

社会性网络起源于美国著名社会心理学家米尔格伦(Stanley Milgram)于20世纪60年代最先提出六度理论："你和任何一个陌生人之间所间隔的人不会超过六个，也就是说，最多通过六个人你就能够认识任何一个陌生人。"基于此理论的社会性网络软件SNS(Social Network Software)2003年3月在美国出现，经过极短的时间便风靡北美洲，被众多互联网企业和投资家所看作未来两年内增长最快的业务，美国的TheFaceBook今年就获得来自风险投资商的 1 300万元美金的风险投资。

【阅读案例 9-1】

《舌尖上的中国》引发了淘宝的美食购物热潮

2012年央视热播的纪录片《舌尖上的中国》引发了淘宝的美食购物热潮，地方特色美食成了淘宝上的热门搜索词。淘宝数据显示，《舌尖上的中国》开播后，短短5天内就共有580多万人上淘宝淘一淘熟悉的家乡味。各类美食中销售增长最快的是此前冷门的毛豆腐、松茸、诺邓火腿、乳扇等。例如云南的诺邓火腿在纪录片播出后5天内，成交量增加了4.5倍，环比增长17倍。

这一事件表明，SNS营销将成为农产品电子商务的热点。如何借助社会热点进行病毒式人际关系营销，是从事农产品经营的营销主体急需掌握的技能。

(资料来源：http://www.wj001.com/news/wangyanzhiji/2012-05-25/97863.html)

三、利用网上商店平台开展农产品网络营销

网上商店平台是企业与消费者之间进行电子商务交易的网络平台，可以方便地实现产品网络推广和在线销售。网上商店平台如同大型商场，企业可以在商场中租用场地开设产品专柜而不用自行开设专卖店。所以当农产品营销主体实力还不够强大时，可以选择网上商店平台开展农产品网络营销，如产品信息发布、产品促销、客户关系维护等。利用网上商店平台开展农产品网络营销的一般步骤如下。

(一)选择网上商店平台

鉴于不同网上商店平台的功能、服务、操作方式和管理水平相差较大，所以营销主体在开设网上商店前，对网上商店平台的选择非常重要。理想的电子商务平台应该具有如下基本特征：良好的品牌形象、简单快捷的申请手续、稳定的后台技术、快速周到的顾客服务、完善的支

付体系、必要的配送服务以及售后服务保证措施和一定的用户访量等等。目前常见的网上商店平台有淘宝、拍拍等。

(二)在网上商店平台上注册开店

选择好网上商店后就可以在该平台上进行会员注册、实名认证等,并完成产品名称、价格、数量、特色等信息上传。

(三)网上商店平台的推广

在网上开店并发布营销信息是比较简单的事情,但是若想提高农产品销量并获得长久收益,还需要进行一定的营销推广。如营销主体可将所开设网上商店在专业的网上商店推广网站进行免费注册,或者利用已有的论坛、博客、微博、即时聊天工具等进行网络社区营销等。

子任务 2 基于网站的农产品网络营销

当营销主体具备一定的规模和实力后可以建立属于自己的企业网站。相对于无站点营销,在拥有企业网站的情况下,营销主体开展农产品网络营销不仅手段更丰富,而且网络营销效果也更有保证。

【阅读案例 9-2】

云南三七之家:百度草根药材商更有力量

云南网聚科技有限公司主要经营三七药材,在使用百度推广之前,公司主要使用传统渠道进行营销,推广地域受到很大的局限,为扩大推广地域,建立了自己的网站 www.37zj.com,但是效果提升不明显。后来通过百度销售人员的介绍,2007 年 6 月,网聚公司开始使用百度推广,投放的主要关键词是三七花等,以扩大自身的推广地域并增强推广的针对性。

使用百度推广后,不仅咨询电话增加,而且开始接到咨询电子邮件,网站的访问量也在逐渐增加,尤其是来自省外的订单明显增多。在与百度客服不断地沟通和交流中,网聚公司逐渐熟练掌握了网络推广模式,并通过百度后台的数据及时监控推广效果,持续优化推广策略,取得了不错的成效。尤其是在 2008 年金融危机中及时调整战略,充分利用百度搜索引擎推广的优势,保持了业务的稳步发展。

作为一个以网站为销售终端的企业来说,这种方式极大地提升了公司的营销效率,扩大了企业品牌的影响力,市场范围由西南地区拓展到全国,吸引了大批有需求的外省客户,企业盈利能力得到了很大的增长。现在网聚公司已经将网络推广作为最重要的营销手段之一来使用了。

(资料来源:http://e.baidu.com/client/content/2011-04-06/1303578391.html)

鉴于企业网站具有信息主动发布,被动传播的特点,所以为了最大限度地获取农产品网络营销的效果,营销主体首先在策划建立网站时就应该运用正确的网络营销指导思想和专业的网站建设及运营规范。其次,营销主体根据客户需求及时在网站上提供对客户有价值的内容、功能和服务,如发布官方权威信息、提供详尽完整信息帮助客户购买决策等。最后营销主体还应该综合运用传统媒体、手机短信/彩信、搜索引擎营销、网站资源合作、病毒性营销、网络广告、网络会员制营销、许可 E-mail 营销等方法开展基于网站的农产品网络营销，实现网络品牌推广、网站访问量增加以及农产品销售等目的。

具体来说，基于网站的农产品网络营销分为线下推广和线上推广。线下推广，即营销主体把自己的网站印在各种宣传材料、包装盒、名片上，或在报纸、电台电视等传统媒体上做广告。线上推广分为两种，一种是利用免费的渠道和推广工具，如供求信息平台、贴吧、SNS 社区（博客、微博、人人网等）、即时聊天工具等，将所需要发布的信息发布到这些互动工具上，定期更新，与用户及时互动，即可达到推广的目的（这种线上免费推广方法多为无站点网络营销方法，具体请查看子任务 1，这里就不再赘述了）。另外一种是付费推广。付费推广其一是与百度、谷歌等主流搜索引擎合作，利用其强大的搜索引擎功能推广自己的网站及农产品，获得有利的搜索结果排名位置，通过增加用户对企业网站的点击率，将访问者转化为顾客，实现农产品销售，最终实现企业收益。其二可以寻找相关产品的网站销售联盟洽谈并在其网站上链接自己的网站，利用网站销售联盟已有的网站访问量等资源进行农产品销售，并根据卖出数量给予一定比例的提成。

一、利用搜索引擎开展农产品网络营销

营销主体建立好网站后除了进行网页内容维护外，关键就是要进行网站推广，即不断将潜在客户带入网站，提高网站的访问量，并通过为用户提供有价值的产品、服务，将其转化为最终客户。

（一）利用搜索引擎网络营销的一般步骤

根据中国互联网络发展状况统计报告，搜索引擎已经成为互联网的基础应用之一，并且是网民获取信息的重要工具，所以通过搜索引擎为网站带来的访问量通常占总访问量的比重较大，所以重点介绍一下利用搜索引擎开展农产品网络营销的一般步骤。

1. 选择搜索引擎

目前市场上主流的搜索引擎有百度、谷歌、搜狗、360 综合搜索等，营销主体可以根据自己的实际资源情况进行选择。由于百度是市场份额最大的中文搜索引擎，大量的用户搜索量使用企业网站在百度搜索进行的推广可以获得更多的关注和点击，但也需要更多的广告消费投入。若营销主体需要将农产品推往国际市场，可以选择全球最大的搜索引擎谷歌。搜狗虽然相比百度和谷歌市场占有率较低，但营销主体的推广预算有限的话，可以考虑选择搜狗，其广告价格相对较低。不过如果营销主体有足够的推广预算，为获得最好的推广效果，可以选择多个搜索引擎进行营销推广。

2. 构建符合搜索引擎收录规则的网页信息源

在运用正确的网络营销指导思想和专业的网站建设及运营规范建立好网站后，还需要构建符合搜索引擎收录规则的网页信息源，或者符合企业网站建设指导规范的网页信息源，如网页含有一定的文字信息量、网页标题与网页内容有一定的相关性、网页 URL 层次比较合理、网站内部链接关系适当等。

这是利用搜索引擎开展基于网站的农产品网络营销的最基础也是最重要的工作，不仅可以将潜在客户从搜索结果页面中带入网站，而且能够为潜在客户提供有价值的内容、服务、产品等，将潜在客户转化为最终客户。否则即使客户通过搜索引擎检索到网站并进入网站，但由于无法获取有价值的内容、服务、产品等信息，就会很快离开网站，而且会对品牌形象大打折扣。

3. 网页内容被搜索引擎收录

建设专业规范的网页信息源和网站，从一定程度上就可以通过搜索引擎自然检索到，但为获取更好的搜索引擎营销效果来说，需要将建好的网站首页地址提交给搜索引擎，符合收录条件后会自动收录，或者通过其他网站（已被搜索引擎收录）的链接方式。

百度搜索引擎免费登录入口如图 9-14 所示。

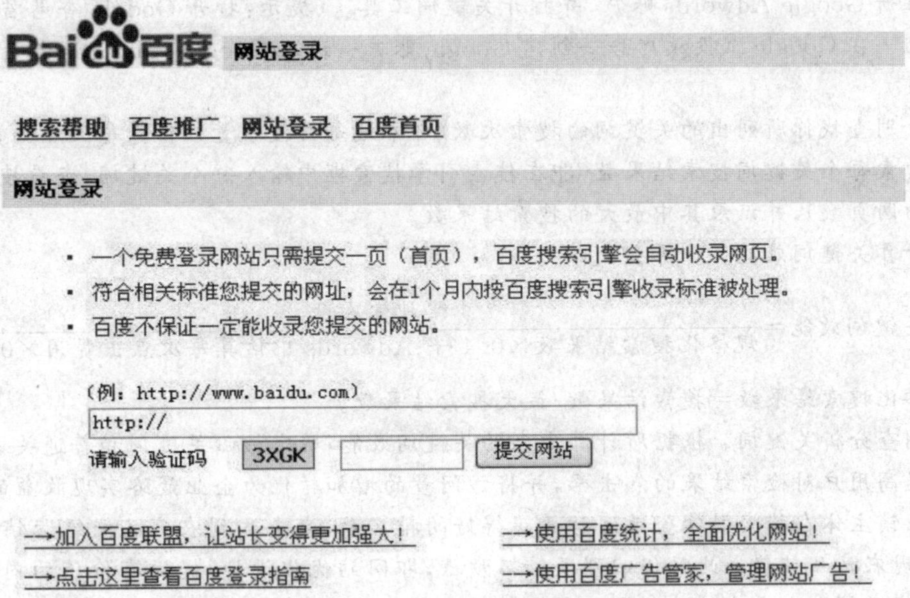

图 9-14　百度搜索引擎免费登录入口

4. 搜索结果中获取好的排名

搜索引擎登录即实现搜索引擎可见度后，为了在搜索结果中获得好的排名需要借助付费分类目录、付费关键词广告等专业服务。

因为免费登录分类目录的方式已经逐步退出网络营销舞台，付费登录分类目录的效果也日益降低，所以优先选择付费关键词广告，如百度推广、谷歌关键词广告等。

【知识链接 9-4】

选择关键词的方法

选择关键词时首先要站在客户的角度思考他们会使用的关键词，然后根据目标，恰当地选择更为宽泛或者更为具体的关键词，首次投放关键词广告时，建议只投放一个关键词广告，跟踪观察第一个广告的投放情况后，再扩大关键词投放范围，充分利用搜索引擎广告管理后台提供的各种分析优化工具对广告进行优化，以便获得最好的广告投放效果，从而在搜索结果中获取好的排名。选择关键词方法如下：

1. 综合以下四种方式，选出大量相关关键词。

◆ 自己如果是用户，会用什么关键词搜索？

◆ 问问其他人会用什么关键词来搜索？

◆ 查看竞争者的网站用了哪些关键词？（提示：可以利用百度高级搜索，包含全部关键词

“汽车音响 网”或者“汽车音响 企业”，指定关键词位置“仅位于网页的标题”，即可查看有关汽车音响网的竞争对手，然后通过浏览器—查看—网页源代码，即可查看竞争者网站所使用的关键词有哪些？）

◆ 搜索引擎本身提供的“相关搜索”有哪些？以及搜索引擎联想关键词列表有哪些？

2. 调查分析关键词。下面以 Google Adwords 为例，具体介绍。

◆ 注册 Google Adwords 账户，并打开关键词工具。（提示：打开 Google 香港首页—加入营销计划—在 Google 上投放广告—创建 Google 账户—进入 Google Adwords 首页—关键词工具）

◆ 分别查找你所列出的关键词的搜索次数（即本地每月搜索量），估算每次点击费用，并查找记录搜索每个关键词搜索结果数（即在搜索引擎搜索框中输入每个关键词，查看搜索引擎返回页面的网页数），并记录其中最大的搜索结果数。

3. 计算关键词效能。计算公式：

$$\text{关键词效能}=\frac{\text{搜索次数}}{\text{规格化搜索结果数}\times 0.4+\text{Adwords 中估算每次点击费用}\times 0.6}$$

其中规格化搜索结果数＝搜索结果数/最大搜索结果数。

4. 调查分析关键词。根据所计算出来的关键词效能，确定核心关键词和普通关键词。

5. 提高用户对检索结果的点击率，并将访问量的增加转化为企业最终实现收益的提高。

当营销主体在搜索引擎登录网站并获得好的排名后，尚未达到农产品网络营销的最终目标，即实现农产品销售。此时仍回到了第二步骤，即网站优化设计，提供有价值的内容、产品、服务等，实现将潜在客户转化为最终客户。

【知识链接 9-5】

搜索引擎营销常见方式

利用搜索引擎营销的常见方式有：

1. 免费登录分类目录。这是最传统的网站推广手段。目前多数重要的搜索引擎都已开始收费，只有少数搜索引擎可以免费登录。但网站访问量主要来源于少数几个重要的搜索引擎，即使登陆大量低质量的搜索引擎，对网络营销的效果也没有太大意义。

2. 搜索引擎优化。即通过对网站栏目结构和网站内容等基本要素的优化设计，提高网站对搜索引擎的友好性，使得网站中尽可能多的网页被搜索引擎收录，并且在搜索结果中获得好的排名效果，从而通过搜索引擎的自然检索获得尽可能多的潜在用户。

3. 付费登录分类目录。类似于原有的免费登录，仅仅是当网站缴纳费用之后才可以获得被收录的资格。

4. 付费关键词广告。关键词广告是付费搜索引擎营销的主要模式之一，也是目前搜索引擎营销方法中发展最快的模式。不同的搜索引擎有不同的关键词广告显示，有的将付费关键词检索结果出现在搜索结果列表最前面，也有的出现在搜索结果页面的专用位置。

5. 关键词竞价排名。所谓竞价排名也是搜索引擎关键词广告的一种形式，即按照付费最高者排名靠前的原则，对购买同一关键词的网站进行排名的一种方式。

6. 网页内容定位广告。基于网页内容定位的网络广告是关键词广告搜索引擎营销模式的进一步延伸。

主要的搜索引擎目前都提供关键词广告，如搜索引擎 Google 关键词广告 Google AdWords，百度关键词广告“百度推广”（2008 年前曾用名称“竞价排名”）。

（二）谷歌关键字广告

谷歌关键字广告（Google AdWords）是通过使用 Google 关键字广告或者 Google 遍布全球的内容联盟网络来推广网站的付费网络推广方式。可以选择包括文字、图片及视频广告在内的多种广告形式。无论广告预算多少都可充分享受其高效广告服务。

AdWords 广告会随搜索结果一起显示在 Google 上，还会显示在日益壮大的 Google 联网中的搜索网站和内容网站上，包括 AOL、EarthLink、HowStuffWorks 和 Blogger 等网站。每天都有为数众多的用户在 Google 上进行搜索，并在 Google 联网上浏览网页，因此，大量的用户将看到企业的 Google AdWords 广告。

◆ 制作投放于 Google 及其搜索合作伙伴网站上的 AdWords 广告时，企业可以选择触发广告的关键字，并指定愿意为每次点击支付的最高金额。仅当有人点击企业的广告时，企业才需要付费。

◆ 制作投放于内容网络上的 AdWords 广告时，可以选择要展示广告的确切展示位置，也可以由内容相关定位实现关键字与内容的匹配。企业既可以选择为广告获得的每次点击出价（CPC），也可以选择为其获得的每千次展示出价（称为 CPM 出价）。

◆ 为了帮助企业进一步节省开支，AdWords 折扣器会自动将企业的实际每次点击费用（CPC）减少到保持企业的广告排名所需支付的最低费用。无论企业选择什么样的展示或出价方式，AdWords 折扣器都会发挥作用。

◆ Google AdWords 中的恶意点击，也叫无效点击，即通过手动重复点击，或者使用漫游器、自动点击工具或其他欺诈性软件等禁用手段产生的点击。

对可能的恶意点击，Google 会通过检测和过滤技术、Google 反恶意点击小组等手段进行无效点击检测。

（三）百度推广

百度推广是国内首创的一种按效果付费的网络推广方式，简单便捷的网页操作即可给企业带来大量潜在客户，有效提升企业知名度及销售额。每天有超过 1 亿人次在百度查找信息，企业在百度注册与产品相关的关键词后，就会被主动查找这些产品的潜在客户找到。

企业在购买百度推广服务后，通过注册提交一定数量的关键词，其推广信息就会率先出现在网民相应的搜索结果中。简单来说，就是当用户利用某一关键词进行检索，在检索结果页面会出现与该关键词相关的广告内容。由于关键词广告是在特定关键词的检索时，才出现在搜索结果页面的显著位置。

如企业主在百度注册提交“鲜食玉米”这个关键词，当消费者或网民寻找“鲜食玉米”的信息时，企业就会优先被找到，百度按照实际点击量（潜在客户访问数）收费，每次有效点击收费从几毛钱到几块钱不等，由企业产品的竞争激烈程度决定。

百度推广具备如下独特优势：

1. 全球最大中文搜索引擎，覆盖面广

每天有超过 6 000 万人次访问百度或查询信息，是使用量最大的中文搜索引擎。经中国电脑教育报万人评测及 IResearch 等著名咨询顾问研究表明，百度成为网民最常使用的和最受欢迎的中文搜索引擎。

2.按效果付费，获得新客户平均成本最低，投资回报高

按照给企业带来潜在新客户的访问量计费，企业可以根据自己的需要，灵活控制推广力度和投入，使企业的网络推广投入获得最大的回报。

3.针对性强，帮企业找到潜在目标客户

让企业注册有针对性的“产品关键字”(即企业产品或服务的具体名称)，使企业产品网页出现在相应搜索结果最靠前的位置，让真正对企业产品感兴趣的潜在客户直接了解产品或服务信息，更容易达成交易。

4.全面支持企业全线产品推广

可以同时注册多个“产品关键字”，数量没有限制，通过注册大量“产品关键字”使得企业的每一种产品都有机会被潜在客户发现。

5.专业服务团队，全程贴心服务

业界最大的专业客户服务中心，为用户提供全程跟踪个性化服务，了解企业的需求，及时解答客户疑问，确保客户利益得到保证。

【阅读案例 9-3】

挑战者百度：年广告收入或超央视

老大的位置央视已经至少坐了22年，自从1991年电视加速进入客厅，众多广告主就对央视趋之若鹜，以至于每年11月份在北京梅地亚中心举行的黄金资源广告招标一票难求。不过，前不久，百度发布财报显示，2012年百度的在线营销(也就是广告收入)为222.46亿元，同比增长率高达53.5%。而据央视内部人士透露，2012年央视的广告收入为269.76亿元，同比增长率低于15%。2013年，如果双方仍然保持上年的增速，央视让出宝座应该不会有什么悬念。

首次，电视不再是第一媒体，不再是广告之王。这个现象也正在大洋彼岸的美国出现。根据市场研究机构IAB的统计，2011年美国互联网的广告收入达到317亿美元，第一次超越有线电视的广告收入，距离广播电视的广告收入也只有70亿美元的差距。

更让央视恐惧的还有其他原因：互联网正在抢夺其安身立命的广告大客户。2013年，剑南春、五粮液、茅台等白酒企业在央视一出手就是五六亿元，与此同时也有一些央视原来的大客户转而在百度上掷下几亿元的营销预算。如果看一下2013年百度准备深耕的潜力行业，央视估计还得倒吸一口冷气：无论是OTC药、饮料还是服装行业，都是央视多年的广告大户所在的领域，其中诞生过多位广告“标王”。

“2013年百度的大客户业务将继续保持高速增长，而且会是销售体系增长的火车头。”主管销售体系的百度副总裁王湛表示。据了解，来自大客户的收入已经占到了百度总收入的30%左右，过去几年增长率更是远远超过了百度总收入的增长率。

2013年1月17日，百度与平安集团签署了JBP(Joint Business Plan，联合发展计划)战略合作协议，百度将为平安量身定制全套的营销解决方案；当然，平安在百度的广告投放金额也会大幅度增长。平安渠道咨询公司总经理助理徐汉华表示：“平安在百度的投放逐年大比例增长，最高增长达200%。合作范围也在扩大，将来会形成涵盖全产品线的合作，包括保险、银行、投资、数据平台等。”另一方面，这也许意味着平安在央视投放比例的减少，虽然绝对值未必减少。

全球最大的广告主宝洁对于电视广告的态度也趋于谨慎。2005—2007年，宝洁曾经连续

三年拿到了央视广告招标的“标王”。而从2012年开始，宝洁在电视广告上的投放出现了明显的减少，甚至为此还放弃了炙手可热的“中国好声音”的冠名机会。2012年年初，宝洁CEO麦睿博表示：“我们的广告费占了公司销售额的9%～11%……我相信广告支出的增速将会放缓，当前新媒体层出不穷……这一领域有更为多元化的广告渠道。”

他所说的“多元化的广告渠道”就是互联网。根据艾瑞咨询的统计，2009年宝洁在中国互联网的广告投入只有4 000万元，2011年这个数字则上升到了2.86亿元。2012年5月10日，宝洁公司副董事长葛斯勒到访百度，宝洁也就此成为百度第一家JBP战略合作伙伴。

为什么有如此之多的大广告主将眼光离开电视，转而投向互联网呢？因为相对于传统的电视媒体，新媒体有着诸多的优势：

首先，人们的注意力正在全面从电视向互联网转移。根据国外媒体分析机构eMarketer的研究，中国城市用户在电视上消耗的时间已经少于互联网，19～30岁的年轻居民，他们每天上网的时间已经是看电视的2倍！

讲求投资回报的广告主们注意到了这个趋势，为他们提供广告投放服务的中介机构们当然也不敢落后。“当客户的眼光从电视转向互联网、从其他媒体转向线上之后，我们也要跟随媒体的脚步，提出更整合性、更优化的解决方案。”群邑中国互动营销总裁陈建豪说道，“我们在三四年前就预测互联网媒体的广告投放将会占到全部媒体的15%以上，这个目标2012年已经实现了。”

与此同时，互联网带来的信息大爆炸和大数据，也让消费者第一次获得了产品购买的主导权；如今，电视等传统媒体那种单向、说教式的广告已无法打动他们的心了。美国西北大学教授唐·舒尔茨提出过著名的整合营销理论，他认为随着互联网大数据时代的到来，企业的营销和广告必须转变为以消费者为中心，重点解决购买的4个关键要素SIVA(Solutions—消费者寻求解决问题的方案、Information—消费者寻找与解决方案相关的信息、Values—消费者衡量各种解决方案的价值、Access—消费者解决问题的入口)。

在这方面，互联网媒体显然占据了优势。如今，当消费者对著名奢侈品牌Burberry(博柏利)感兴趣并用百度搜索之后，首页上出来的第一条结果是模特的走秀视频，视频右边则是一些最新款产品的样图。视频的下面则直接显示出博柏利的新浪官方微博，消费者能够在此看到最新的信息并转发和评论。再往下一行，则分别是博柏利的在线商店、店铺分布、春季礼品、优酷空间和豆瓣小站的链接。

从效果上来看，百度为博柏利量身定制的这个“品牌专区”(所谓“品牌专区”，指的是百度在网页搜索结果首页的最上方为广告主量身定制的整合了文字、图片、视频、App等多种展现结果的内容平台)，相当于博柏利的迷你官方网站。消费者不仅能够通过这里获取很多信息，还能够通过微博等工具与博柏利实时互动。而宝马等汽车厂商甚至还在自己的“品牌专区”中推出了预约试驾这样的互动活动。这样丰富的交流方式，显然比那干巴巴的、单向传播的15秒电视广告要更吸引消费者。因此，当百度在2012年对“品牌专区”升级并加入视频、微博等富媒体和互动媒体之后，受到了广告主们的热烈欢迎。王湛透露，2012年百度的“品牌专区”这款产品“取得了三位数的增长”。

互联网媒体基于大数据的分析能力也颇受广告主的青睐。宝洁公司数字媒体与创新平台经营部市场总监陈万峰回忆，2012年百度帮助宝洁对旗下重点品牌“玉兰油”做了次大数据分析，结果发现与竞品相比，消费者在“玉兰油”关键词后跟着“适合几岁”的比例明显偏高。结合其他数据宝洁最终得出结论：玉兰油产品的年龄定位比较模糊。为此，宝洁及时调整了营销策略，还顺势推出了一款针对25岁人群的细分产品，结果市场反响非常好。

虽然互联网媒体的增速惊人，但陈建豪并不认为其他媒体将会就此消失。“互联网媒体虽然很好，但是不能够单独对待，今天肯定是跨媒体的整合。”2011年在为伊利舒化奶做整合营销的时候，群邑团队就通过将电影《变形金刚3》、电视广告、百度搜索、百度新闻以及网络视频结合起来，才收到了最好的效果。

从这个角度来说，以央视为代表的电视媒体仍然有很大的发展空间；不过，他们也许不会是第一主角了。

（资料来源：http://tech.sina.com.cn/i/2013-03-12/10108136880.shtml，2013年3月12日）

二、利用网站资源合作开展农产品网络营销

每个企业网站均拥有自己的资源，如一定的访问量、注册用户信息、有价值的内容和功能、网络广告空间等，利用这些资源与合作伙伴开展合作，可以实现资源共享、共同扩大收益的目的。在这些资源合作形式中，交换链接是最简单的一种合作方式，有调查表明也是新网站推广的有效方式之一。

下面就以交换链接为例介绍开展基于网站的农产品网络营销的一般步骤。

1. 分析潜在的合作对象

首先分析哪种网站的访问者可能对自己的网站感兴趣，同时分析自己的网站的访问者对这些网站是否会产生兴趣，找到那些双方的访问者可能互相感兴趣的网站，并将这些网站列为重点目标。如考察几个先于自己发布的，和自己实力、规模、经营领域最接近的网站，逐个分析其交换链接对象，发现合适的，先做为备选对象，留待以后主动发出合作邀请。

2. 合作联系与沟通

当营销主体将网站经过充分测试并正常运营（如网站各栏目内容完整、无明显文字及链接错误、网站整体专业建设水平较高、被主要搜索引擎收录等）后，就可以考虑向目标网站发出互换链接的合作邀请了。建议采用电子邮件作为主要沟通工作，但在合作沟通过程中，要注重网络礼仪，以增加合作伙伴的信任，为实现网站链接打下基础。

3. 实施交换链接

得到对方的确认后应尽快为对方做好链接，同时以电子邮件形式回复对方链接完成，邀请对方检查链接是否正确，位置是否合理等，待对方检查无误后，这种网站之间的合作关系就开始建立起来了。

4. 网站交换链接管理

随着时间的推移，合作伙伴的网站可能会发生网站内容改变、网址失效等问题，所以营销主体应不定期地对链接网站进行回访以确认链接的有效性。

【知识链接9-6】

交换链接

交换链接也称互惠链接，是具有一定互补优势的网站之间的简单合作形式，即分别在自己的网站上放置对方网站的LOGO或网站名称并设置对方网站的超级链接，使得用户可以从合作网站中发现自己的网站，达到互相推广的目的。

◈ 分组讨论

1.“没有最好的农产品网络营销方法，只有最适用的网络营销方法。”你觉得这句话对吗？如何理解？

2.无站点农产品网络营销方法是否可以应用于基于网站的农产品网络营销？请举例说明。

3.企业网站建好以后，是否可以一劳永逸了？为最大限度地获取农产品网络营销的效果，营销主体应该如何进行基于网站的农产品网络营销？

◈ 业务技能训练

某大葱专业合作社主要从事富硒大葱的生产及销售，该合作社社长非常重视产品宣传推广，尤其是当他参加了当地的一个名特优农产品展会后受到启发决定要建设网站。起初是花了500元将产品信息链接在别人的网站上，后来发现可以在中国农业网、中国蔬菜网这些网站免费申请黄页。一年后，该社长找到了专业技术人员按照他的要求建立了网站，并且在技术人员的帮助下，该社长自行进入网站后台进行维护管理。

网站建设至今有5年多了，初建网站加上买断5年的域名一共花了3 000元，后期每年需要花1 000多元的管理费和域名费，网站前后花了总共不到1万元，但是网站带来的效益却远远不止1万元。现在该大葱合作社的客户已经遍布了北京、天津、河南、陕西、重庆等地，而且没有出现过大葱滞销现象。

1.请分析该社长都采用了哪些农产品网络营销方法？

2.请你根据该大葱专业合作社的具体情况，为社长制定一个完善的农产品网络营销策略，并写出具体实施步骤。

训练目的

熟练运用农产品网络营销方法手段。

任务十　农产品促销活动

◆ 任务目标

通过完成本任务,你应该能够:

1. 了解农产品促销的作用及农产品促销的方式;
2. 能够根据实际需求选择农产品促销方式;
3. 掌握撰写农产品促销方案的要领,撰写农产品促销方案。

◆ 引导性案例

京东绿谷农事体验园开园

2011 年 5 月 7 日,平谷区东高村镇举办首届农耕文化节暨京东绿谷农事体验园盛装开园仪式。来自农业部、市农委、平谷区委区政府的有关领导及 300 余名市民代表参加。进入体验园区,30 余块农耕文化科普宣传展板映入眼帘。展板涵盖农业文化传说、农具的发明与传承、农耕制作与技术、现代农业等内容,游客可在体验农耕的同时,了解农业文化,增长科普知识。

活动中,农业部市场司司长隋鹏飞和平谷区区长张吉福共同为京东绿谷农事体验园揭牌。数百名市民现场参观了农耕文化知识展板,采收无公害蔬菜,体验犁地、播种、田间管理等农耕生活,数十名市民当场与农园签订认养协议。市民每年只需交纳 1 200 元,便可领种一分地(66.7 米^2),节假日“地主”便可以到自家的地里种植自己喜爱的瓜果蔬菜,一分地收获的果蔬可供园主一家三口食用一年。体验园还为工作繁忙的园主,开展了托管服务,不管您在哪,在忙什么,您的一分地有人浇水捉虫、施肥松土,体验园还可根据农园主的需要,将园内收获的有机蔬菜送到指定的亲友家中,共享农耕的乐趣。

据了解,京东绿谷市民体验园紧邻京平高速崔杏路出口,距离市区车程仅 30 分钟。基地总面积 200 亩,其中日光温室 100 栋,陆地面积 100 亩,园内水电路、绿化等设施齐备,并有 40 人组成的专业团队为农园主提供农耕指导。园内设有休息区、陶艺制作体验区、大型露天餐饮区及有机肥循环农业加工厂。

东高村镇是平谷的南大门,蔬菜种植和乐器制造的传统悠久,具有“平谷蔬菜特色镇”、“中国提琴产业基地”的美誉。京东绿谷农事体验园是北京京东绿谷蔬菜产销联合社主创的集蔬菜生产、农事体验、音乐欣赏、旅游观光、休闲采摘、餐饮娱乐多功能为一体的现代农业产业示范园区,规模在全市处于领先地位,成为都市型现代农业的又一大亮点。

(资料来源:http://news.163.com/11/0509/09/73JQFL2T00014JB6.html)

思考

通过举办开园仪式进行宣传与直接通过广告宣传两种方式有何不同?

子任务1　选择农产品促销方式

农产品促销的基本方式包括广告、人员推销、公共关系、营业推广等，也就是通常所说的促销组合，企业的促销活动要互相配合、协调一致，最大限度地发挥整体效果，从而才能顺利实现企业目标。

【知识链接 10-1】

促　销

促销是指企业利用各种有效的方法和手段，使消费者了解和注意企业的产品、激发消费者的购买欲望，并促使其实现最终的购买行为。促销的实质是信息沟通。企业为了促进销售，把信息传递的一般原理运用于企业的促销活动中，在企业与中间商和消费者之间建立起稳定有效的信息联系，实现有效的信息沟通。总体来讲，促销有如下几个作用：传递产品销售信息；创造需求，扩大销售；突出产品特色，增强市场竞争力；反馈信息，提高经济效益。

一、农产品广告

广告作为一种传递信息的活动，它是企业在促销中应用最广的促销方式。它以促进销售为目的，是需要付出一定的费用，通过特定的媒体传播商品或劳务等有关经济信息的大众传播活动。

【阅读案例 10-1】

一条扶贫广告带动520亿农产品销售

我国许多贫困县和农产品主产区自然生态环境优良，生产的农产品安全无害，但由于地处偏僻地区，信息相对闭塞，农民种植的粮食、蔬菜、瓜果等农产品尽管被商家普遍看好，却常常出现“卖难”等问题。2006年，国务院扶贫办联合中华全国工商业联合会、中国民生银行等单位推出了“全国农产品应急销售免费广告”，在CCTV-7农业频道为全国贫困县和农产品主产区免费播出。活动推出后，许多采购商、投资商闻讯而至，为贫困县和农产品主产区的农产品销售与招商打造了立竿见影的有效平台。

2009年5月17日起，河北巨鹿县的红杏在央视连续播出3个月，这场“及时雨”使得该县的红杏一下子供不应求，价格也随之上涨，2008年三四毛一斤到2009年就卖到八九毛一斤，全县共6.5万亩杏，按一般亩产三四千斤计算，仅此一项就比2008年增收1.56亿元。随着价格上涨，红杏的种植面积进一步扩大，杏产品加工能力也进一步增强。目前，全县加工杏脯和杏饮料的企业，已由原来的10家增加到30多家，还带动了运输、餐饮等行业的发展，解决了该县相当一部分剩余劳动力的就业问题。

在经济周期波动过程中，抗风险能力相对较弱的农业和农产品最容易受到冲击。2008年国际金融危机爆发后，贫困县和农产品主产区的农产品销售受到了重创。“中国苹果之乡”陕西省淳化县由于受金融危机的影响，销售不畅的现象比较突出，到2008年11月26日前只销售了20万吨苹果，占总量的35%。苹果销售应急广告在央视播出后，截至2009年2月，全县剩余的38万吨苹果已销售告罄，且平均价格较去年每斤高出2毛钱，仅此一项就使当地果农增收 1.52 亿元。

湖北省也有不少类似的成功案例。2008 年年初南方遭遇大面积雨雪冰冻灾害，当年 10 月份的四川广元柑橘事件及金融危机的发生，宜昌市的大批柑橘卖不出去，积压程度非常严重。2008 年 11 月初，在柑橘销售的最关键时刻，俄罗斯、哈萨克斯坦的商家通过央视播出的宜昌柑橘广告了解到产品信息后，与宜昌市晓曦红柑橘专业合作社签订了 3 000 多吨的销售合同，这是宜昌柑橘第一次真正走向国际市场。

数据显示，"信息扶贫广告模式"实施四年来，已帮助全国 300 多个县市推销近 520 多亿千克农产品，促进了贫困地区和农产品主产区的农产品销售。

（资料来源 http://finance.ce.cn/rolling/201003/06/t20100306_15576843.shtml）

目前，我国商业广告已十分发达，但农产品广告在整体比例中所占据份额较小。而事实上我国地大物博，各地特色农产品种类繁多，"酒香也怕巷子深"，在农产品营销过程中，进行广告宣传是非常必要的。农产品广告要注意选择广告类型和广告媒体。

（一）选择农产品广告类型

(1)生活信息广告。这主要是针对理智购买的消费者而采用的广告策略。这种广告通过类似新闻报道的手法，让消费者马上能够获得有益于生活的信息。

(2)塑造企业形象广告。这种广告一般来说，适合于传统优质名牌产品。这种广告主要是强调企业规模的大小及其历史性，从而诱使消费者依赖其商品服务形式。

(3)象征广告。这种广告主要是为了调动心理效应而制定的。企业或商品通过借用一种东西、符号或人物来代表商品，以此种形式来塑造企业的形象，给予人们以情感上的感染，唤起人们对产品质地、特点、效益的联想。

(4)承诺式广告。这是企业为使其产品赢得用户的依赖而在广告中做出某种承诺式保证的广告。承诺式广告的真谛是：所作出的承诺，必须确实能够达到。否则，就变成更加地道的欺骗广告了。

(5)推荐式广告。企业与商品自卖自夸的保证，未必一定能说服人。于是，就要采用第三者向消费者强调某商品或某企业的特征的推荐式广告，以取得消费者的信赖。所以这种广告又可称为证言形式。对于某种商品，专家权威的肯定，科研部门的鉴定，历史资料的印证，科学原理的论证，都是一种很有力的证言，可以产生"威信效应"，从而导致信任。在许多场合，人们产生购买动机，是因为接受了有威信的宣传。

(6)比较性广告。这是一种针对竞争对手而采用的广告，即是将两种商品同时并列，加以比较。欧美的一些国家广告较多的运用。"不怕不识货，就怕货比货"。比较可以体现产品的特异性能，是调动信任的有效方法。

(7)人性广告。这是把人类心理上变化万千的感受，加以提炼和概括，结合商品的性能、功能和用途，以喜怒哀乐的情感在广告中表现出来。其最佳的表现手法是塑造消费者使用该产品后的欢乐气氛，通过表现消费者心理上的满足，来保持该产品的长期性好感。

(8)如实广告。这是一种貌似否定商品，实际强化商品形象，争取信任的广告策略。这与竭力宣传本商品各种优点，唯恐令人不信的广告有很大区别。如实广告就是针对消费者不了解商品的情况，如实告诉消费者应当了解的情况。

【阅读案例 10-2】

会说话的稻草人

阿甘管理着一个上百亩的樱桃园。为了提高樱桃的质量和丰富樱桃的品种，她花费了大量的心血和资金。三年之后，鲜艳的红樱桃挂满枝头。可是由于附近的果园太多，阿甘的樱桃价格又偏高，没有吸引到多少顾客，从而出现了销路不畅的问题。阿甘冥思苦想而不得其解，经人点拨，她在靠近樱桃园的大路旁竖起了一个巨大的稻草人，旁边有一个樱桃形状的大广告牌，上面有如下内容：

稻草人苗苗请您途中小憩，这有各式各样的樱桃供您挑选，来这儿的各界朋友很多，大部分是“回头客”。因为这儿的樱桃特别甜，品种也很齐全，并且是纯天然的绿色食品。唯一一个缺点是，这儿的樱桃价格有些偏高哦。不过，苗苗向您保证，在您品尝之后马上会忘记这项缺点。不信，请您试试看。

您的好朋友：苗苗

果不其然，从此阿甘的果园每到采摘季节就热闹非凡。

（资料来源：全琳琛.1分钟学营销.人民邮电出版社）

（二）选择广告媒体

广告媒体种类很多，按表现形式分为印刷媒体和电子媒体，其中，印刷媒体是通过在纸张上印制一些广告而进行广告宣传的媒体，例如常见的报纸、杂志、说明书等都属这一类广告媒体。电子媒体是以一定的电子手段，通过先进的电子信息技术来进行广告宣传的媒体。常见到的电视、广播及 Internet 等属这一类。随着科技、基础设施等的发展，手机媒体、交互网络电视、移动电视、墙体广告、博客、播客、户外广告等的应用也逐渐广泛。不同的媒体有不同的特点，农产品经营企业选择广告媒体时，应该考虑：

1. 目标市场的媒体习惯

不同的观众通常会接触特定的媒体。有针对性地选择为广告对象所易于接收的媒体，是增强广告促销效果的有效方法。例如，对于青少年，广播、电视是最有效的广告媒体；而生产或销售蛋奶类的企业，在把家庭主妇或老年人作为目标沟通对象的情况下，在电视和报纸上做广告是比较合适的。

2. 产品

选择广告媒体，应当根据企业所推销的产品或服务的性质与特征而定。因为各类媒体在展示、解释、可信度、注意力与吸引力等各方面具有不同的特点。

3. 广告内容

广告媒体选择要受到广告信息内容的制约。如果广告内容是宣布明日的销售活动，报纸、电视、广播媒体最及时。而如果广告信息中有大量的技术资料，则宜登载在专业杂志上或邮寄广告媒体上。

4. 广告传播范围

选择广告媒体，必须将媒体所能触及的影响范围与企业所要求的信息传播范围相适应。如果企业产品是行销全国的，宜在全国性报纸或中央电视台、中央广播电台做广告。而在某一地区或城市销售的产品，则可以选择地方性报纸、电台等传播媒体。

5. 成本

不同媒体所需成本也是选择广告媒体的依据因素。依据各类媒体成本选择广告媒体，最重要的不是绝对成本数字的差异，而是媒体成本与广告接收者之间的相对关系，即千人成本。比较千人成本，再考虑媒体的传播速度、传播范围、记忆率等因素之后择优确定广告媒体，可以收到较好的效果。一般来说，电视是最昂贵的媒体，而报纸则较便宜。但如果用每千人成本来计算，可能会表明：在电视上做广告比在报纸上做广告更便宜。

【阅读案例 10-3】

QQ 里卖鸡蛋

"刘老弟，给我装 50 千克柴鸡蛋，我一会儿开车去拉。"7 月 4 日，赞皇县富强农产品专卖店的经理王洪亮通过 QQ 向该县农民刘勇超订购柴鸡蛋。

刘勇超 2008 年大学毕业后到家乡赞皇县承包了 30 多亩地，搭设了鸡舍，决心靠创业带动群众发展高效农业。

创业初期，刘勇超饲养的几百只柴鸡产下的优质柴鸡蛋销售并不怎么顺畅。一次，刘勇超和同学通过 QQ 闲聊，同学一句"通过网络销售"提醒了他。于是，他不断通过 QQ 群发出售优质柴鸡蛋的信息，同时把设在野外的鸡舍、周边的环境、新鲜的柴鸡蛋等图片上传到中国食品网、中国农产品网上。

很快，山西运城的一位商户在网上订购了 1 000 千克，柴鸡蛋的市场瞬间打开。现在，通过 QQ 订购或前来鸡场购买柴鸡蛋者络绎不绝。

（资料来源：http://www.ahhzs.com/college/xs/wl/2010/1014/16413.html）

二、农产品的人员推销

人员推销是销售人员帮助和说服购买者购买某种商品或劳务的过程。

（一）选择人员推销的形式

（1）建立自己的销售队伍，使用本企业推销人员来推销产品。在西方国家，企业自己推销队伍的成员叫推销员、销售代表、业务经理、销售工程师。

（2）使用专业合同推销员。例如制造商、销售代理商、经纪人等，按照期待销售额付给佣金。

（3）雇佣兼职的销售推销员，在各种零售营业场所，用各种方式促销，按销售额比例提取佣金，方式如产品食用演示、现场模特、咨询介绍等。

【知识链接 10-2】

人员推销的特点

人员推销可满足潜在顾客的特定需要，针对不同类型的顾客，推销员可采取不同的、有针对性的推销；可在推销后立即成交；可直接从顾客处，得到信息反馈；可提供售后服务和追踪，及时发现并解决产品在售后和使用及消费时出现的问题；人员推销成本高，所需人力、物力、财力和时间量大。

（二）选择农产品推销人员

（1）推销员必须熟悉企业全面情况。如熟悉发展历史、财务、人员状况、领导状况等，有助于增强顾客对推销员的信任感；熟悉公司的经营目标和营销策略，以便能够灵活运用和解释它们;巧妙运用统计资料来说明公司的地位,力争在顾客心目中树立起良好的公司形象。

(2)推销员应该是农产品专家。应全面了解所销售农产品的性能、特点、使用、价格等。还应全面掌握产品种类、服务项目、定价原则、交货方式、付款方式、库存、运输条件等。另外,还必须了解竞争产品情况。

(3)推销员一方面需要了解顾客购买的可能性及希望从中得到的利益,另一方面还需要了解顾客购买决策依据,顾客购买决策权在谁手中,谁是购买者,谁是使用者和消费者。了解顾客的购买条件、方式和时间,深入分析不同顾客的心理、习惯、爱好和要求。

(4)推销员还要掌握营销策略、市场供求情况、潜在顾客数量、分布、购买动机、购买能力、有关法规等。

(5)推销员还应具备良好的文化素质。对推销员来说,同行竞争的焦点往往是文化素质的差异。在文化素质方面,要求推销员具有一定的专业知识,如经济学、市场学、心理学、经济法、社会学等,除此之外,还应在文学、艺术、地理、历史、哲学、自然科学、国际时事、外语等方面充实自己。博学多才是推销员成功的重要因素。

(6)推销员也应具备相应的法律意识和丰富的法律知识。推销工作是一种复杂的社会活动,受到一定的法律法规制约。推销过程中,推销员应注意衡量自己的言行是否合法,以及会给社会带来什么后果。

(7)推销人员要讲究必要的礼仪。

三、农产品营业推广

营业推广(Sales Promotion)也称销售促进,它是企业用来刺激早期需求或强烈的市场反映而采取的各种短期性促销方式的总称。

营业推广的方式多种多样,针对不同的对象,营业推广的方式具有较大的差别。

1. 面向消费者的推广方式

◆ 赠送。向消费者赠送样品或试用品,这是介绍新产品最有效的方法,缺点是费用高。样品可以选择在商店或闹市区散发,或在其他产品中附送,也可以公开广告赠送,或入户派送。

◆ 折价券。在购买某种商品时,持券可以免付一定金额的钱。折价券可以通过广告或直邮的方式发送。

◆ 包装。以较优惠的价格提供组合包装和搭配包装的产品。

◆ 抽奖。消费者购买一定的产品之后可获得抽奖券,凭券进行抽奖获得奖品或奖金,抽奖可以有各种形式。

◆ 现场演示。企业派促销员在销售现场演示本企业的产品,向消费者介绍产品的特点、用途和使用方法等。

◆ 联合推广。企业与零售商联合将一些能显示企业优势和特征的产品在商场集中陈列,边展销边销售。

◆ 参与促销。通过消费者参与各种促销活动,如参与技能竞赛、知识比赛等活动获取企业的奖励。

◆ 会议。各类展销会、博览会、业务洽谈会期间的各种现场产品介绍、推广和销售活动。

2. 面向中间商的推广方式

◆ 批发回扣。为争取批发商或零售商多购进自己的产品，在某一时期内给经销本企业产品的批发商或零售商加大回扣比例。

◆ 推广津贴。为促使中间商购进产品并帮助推销产品，可以支付给中间商一定的推广津贴。

◆ 销售竞赛。根据各个中间商销售本企业产品的实绩，分别给优胜者以不同的奖励，如现金奖、实物奖、免费旅游、度假奖等，以起到激励的作用。

◆ 扶持零售商。对零售商专柜的装潢予以资助，提供 POP 广告，以强化零售网络，还可派遣信息员或代培销售人员等。目的是提高中间商推销本企业产品的积极性和能力。

3. 面对内部员工的推广方式

主要是针对企业内部的销售人员，鼓励他们热情推销产品或处理某些老产品，或促使他们积极开拓新市场。一般可采用方法有：销售竞赛、免费提供人员培训、技术指导等形式。

【阅读案例 10-4】

疯狂的天猫“光棍节”促销

11 月 11 日，光棍节。不过，从 2009 年开始，光棍节还有另外一个主题——网上大促销。2012 年 11 月 11 日，阿里集团旗下的天猫、淘宝连续第四年推出双“十一”网购大促销活动。延续前两年的疯狂，2012 年天猫 1111 购物狂欢节的“吸金”数额继续被不断刷新。11 月 12 日零点十分，支付宝总销售额 191 亿元，继续缔造网购的疯狂。本来略显落寞的光棍节，在天猫、淘宝的导演下，硬是被众多中国网友过成了网购血拼节。11 月 11 日凌晨，不少人已经熟睡的时候，全国各地数以亿计的网民却在屏幕前摩拳擦掌。零点一过，天猫 1111 购物狂欢节拉开序幕。伴随着无数鼠标键盘的快速敲打声，促销开始一分钟，就有 1 000 万用户如潮水般涌入淘宝、天猫，而去年，这个数据是 342 万用户。十分钟后，天猫和淘宝的累计交易额突破 2.5 亿元。2.5 亿元是什么概念，相当于中国网友 10 分钟就花去美国总统 100 年的薪水。

第 37 分钟，支付宝总交易额超 10 亿元；第 70 分钟，支付宝总交易额超 20 亿元。截至凌晨 2:19，支付宝总交易额超 33.7 亿元。刷新了 2011 年天猫双“十一”全天的支付宝交易额。

截至 11 月 11 日早上 8 点，有 53 家天猫商城的店铺支付宝成交额突破千万元。其中销量超 4 000 万的 1 家，超 3 000 万的 9 家；此外，还有超过 634 家店铺的支付宝成交额突破百万元。

11 月 11 日早上 8 点 16 分，支付宝总销售额冲到了 50 亿元。这个数字接近 2011 年双十一全天淘宝和天猫的总交易额，相当于今年十一黄金周上海 395 家主要零售企业 6 天的销售总额。据上海市商务委员会数据，今年十一黄金周上海 395 家大中型商业企业 5 000 多网点总营业收入 64.3 亿元，日均营业额为 8 亿元。

网友们用了 8 个小时，就完成了黄金周六天的交易额。

（资料来源：http://www.hangzhou.gov.cn/main/zwdt/bmdt/gongjing/T421496.shtml）

【知识链接 10-3】

营业推广的特点及注意事项

首先，营业推广促销效果显著。只要能选择合理的营业推广方式，就会很快地收到明显的增销效果。因此，营业推广适合于在一定时期、一定任务的短期性的促销活动中使用。

其次，营业推广是一种辅助性促销方式。人员推销、广告和公关都是常规性的促销方式，营业推广方式一般不单独使用，常常配合其他促销方式使用。营业推广方式的运用能使与其配合的促销方式更好地发挥作用。

第三，营业推广有贬低产品之意。营业推广的一些做法也常使顾客认为卖者有急于抛售的意图。若频繁使用或使用不当，往往会引起顾客对产品质量、价格产生怀疑。因此，企业在开展营业推广活动时，要注意选择恰当的方式和时机。

采用营业推广这一促销手段时，要特别注意不同国家或地区对销售推广活动的限制、经销商的合作态度以及当地市场的竞争程度等因素的影响。

在不同的国家或地区，对销售推广方式在当地市场上采取不同程度的限制。有的国家规定，企业在当地市场上进行营业推广活动时要事先征得政府部门的同意；有的国家则限制企业销售推广活动的规模。如法国政府规定：禁止抽奖，免费赠送的物品不得超过消费者所购买商品价值的5%。还有的国家对销售推广的形式进行限制，规定赠送的物品必须与推销的商品有关，诸如杯子可作为咖啡购买者的赠品，而餐具就不能作为推销洗衣机的随赠礼品。因此，在各地出现了各式各样的推广方式。有一项研究表明：在法国，最有效的销售推广方式是降价、贸易折扣和免费样品；在巴西，最有效的方式是附送礼品；在匈牙利、荷兰和希腊，最有效的方式是贸易折扣。

同中间商合作是扩展营销规模的有效途径，但要得到当地经销商或者中间商的支持与协助，还需要作一定的促销活动。能否由经销商代为分发赠品或优惠券，由零售商来负责现场示范或者商店陈列等，对于拓宽销售市场非常关键。

进行销售推广活动一般有两种情况：一是为了扩大市场份额；二是迫于竞争对手的压力。市场的竞争程度、竞争对手在促销方面的动向或措施，将会直接影响到企业的销售推广活动。比如，当竞争对手推出新的促销举措来吸引顾客时，企业就不能不采取相应的对策，否则就有失去顾客而丧失市场的危险。

四、公共关系促销

公共关系促销并不是推销某个具体的产品，而是利用公共关系，把企业的经营目标、经营理念、政策措施等传递给社会公众，使公众对企业有充分了解；对内协调各部门的关系，对外密切企业与公众的关系，扩大企业的知名度、信誉度、美誉度。为企业营造一个和谐、亲善、友好的营销环境，从而间接地促进产品销售。农产品通常采用如下方式开展公共关系促销：

(一)农业节庆活动

【知识链接10-4】

农业节庆活动

农业节庆活动是利用农业场地、农事生产或农产品资源等，以观赏、采摘、品尝、体验、娱乐、健身等活动为载体，在一定时间内举办的、综合了文化、社会、经济等诸多因素的、形式多样的大型社会活动，是宣传推介、聚集人气和农产品促销的重要手段。农业节庆活动追求社会影响力、经济效益和消费者满意率最大化，农产品营销和节庆活动结合起来，农事体验和休闲踏青结合起来，单纯的农业生产拓展为多功能体现，市民体验了收获的乐趣，农民直接面对消费市场，时令水果有了销路，农村注入了活力，农业生产增加了动力。特色明显，形式活跃，内容丰富，组织有力的农业节庆活动可实现几方共赢的效果。

策划农业节庆活动的程序如下：

(1)确定农业节庆活动的主题。

(2)确定农业节庆活动初步方案。

(3)策划启动和拟订方案：

◆ 成立活动组委会

◆ 确定具体而详细的策划操作方案。在这个环节要确立活动组织机构和制定具体的策划方案。具体的策划方案包括如下内容：确立活动的具体内容；费用预算方案；招募公关方案；活动宣传方案。

活动宣传方案要：明确目的和主题；确定宣传口号；确定宣传策略和表现创意；媒体选择运用方案。

(4)项目落实、推进阶段。这个阶段要做的工作有：实现潜在参与者向现实参与者的转变；与有关部门协调；继续在各种媒体上进行宣传；活动实施中所需实体设施的设计与制作。

(5)节庆活动策划评估。这个环节要确定评估方法和评估结果。评估方法有客观的定量评估和主观的定性评价。

客观定量评估主要有主办者、承办者方的量化分析；参与企业方的量化分析。

主观定性评价主要从主办方、承办方、参与企业或个人对活动的整体评价；各种媒体对活动的评价。

【知识链接 10-5】

主要农业节庆归类

有学者对当前主要农业节庆活动归为：农作物类节庆，主要为各类花卉节庆、水果节庆、蔬菜节庆等；民俗文化类节庆，包括了少数民族和汉族的节庆活动，传统的二十四节气演变的农业节庆和部分传统民俗节庆也属于此类；活动开发类节庆，如“农业嘉年华”。

【阅读案例 10-5】

观农业盛典，享花样年华

2013 年 3 月 23 日，首届北京农业嘉年华开幕。此次农业嘉年华是由北京市农村工作委员会、北京市科学技术委员会、北京市教育委员会、北京市文化局、昌平区人民政府主办。这是农业与嘉年华首次组合在北京亮相，农业嘉年华采用“三馆两园”寓农于乐的运作方式，为农民和消费者搭建一个交流、互动、发展的良好平台。据了解，首届北京农业嘉年华将以昌平区的优良生态、优势产业和地域文化为依托，以创意农业体验馆、精品农业展销馆、草莓科技展示馆、主题狂欢乐园、采摘体验乐园为平台，以科技体验、休闲观光、娱乐狂欢、品尝购物为形式，充分展示农业的发展方式、实现形式和经营模式，深刻诠释都市型现代农业的本质特征，在满足市民物质及精神需求的同时，拓展农民增收致富的渠道。活动期间有 200 多家国内外农业企业参展，300 多种新奇特农产品展示，700 多种优质农产品展销，同时进行 30 多个农业创意体验项目、40 多个娱乐游艺项目、1 500 多栋温室大棚观光采摘、60 多家企业提供中华传统特色美食和表演，众多市民游客前来参观游赏。

(资料来源：http://www.cprt.com.cn/nyjnh/wl/2013322/n753091036.html)

(二)农产品展览展销

农产品展览展销是一种十分直观、形象生动的复合型传播方式。农产品展览展销会为社会组织和公众提供直接的双向交流、沟通的机会。它可以同时用产品说明书、宣传手册、活页广告等文字媒介，照片、幻灯片、录像片及电影等音像媒介，讲解、交谈和现场广播等声音媒介，现场表演、示范等动作语言媒介以及实物媒介等多种形式，进行全方位的宣传。

对于公众来讲，可以触摸、使用、品尝或其他方式对展览商品加以检验，能形成较完整的感性认识；同时，由于展览展销会集中许多行业不同的产品，而且价格也较优惠，可以为公众节约大量的时间和费用。因此，很多公众都比较喜欢这种形式，新闻媒介也常对其追踪报道。

农产品展览展销会特别是大型的展览展销会，是一项综合性的、多维的、立体式的传播活动。办好一个展览会需要精心的组织，需要有关部门的密切配合以及必要的展览费用。

【知识链接 10-6】

办好农产品展览展销会需要注意的环节

1. 确定展览展销会的主题和目的。据此确定参展单位、参展项目与参展标准，然后采取广告和发邀请信的方式召集参展者。这时，还要根据交通条件、服务设施、天气情况以及时间长短等情况，确定展会的时间和地点。另外，预测参观人数和参观者的类型或层次，也是一项必须完成的工作。

2. 培训讲解及示范操作人员。展览展销会既是组织产品、服务的展示，也是组织员工精神面貌和综合素质的展示。展览展销会上，公众当然可以通过自己的眼、耳、口、鼻、舌、皮肤等直接感知展销物品，但如果辅之以人员讲解及操作示范，则效果无疑会更佳。这就要求在举办展览展销会之前，就精心挑选和训练工作人员，如讲解员、接待员、示范员等有关专业人员。

培训内容包括：各项目、内容的专业基础知识；公关接待和公关礼仪方面的基本知识；各自的职责、各种可能发生的突发性事件的处理原则和基本程序。

3. 成立专门对外发布新闻的机构。该机构的工作内容是：在展览展销日期、地点确定后，举办记者招待会发布消息，邀请新闻界人士参加开幕式，尽可能多地在报刊、广播、电视上报道开幕式的消息和实况。这样做可以在展览展销开始之前就产生重要的宣传作用，也可以吸引更多的参观者。安排好新闻发布室，并准备新闻报道所需的各种辅助宣传材料。

在展览展销会期间，新闻发布室应自始至终开放，随时收集参观者及展览展销会的有关信息，并与新闻媒体保持密切联系。

4. 展览展销会结束后，公共关系人员应注意收集新闻媒介对展览展销会的有关报道，总结经验教训，留档保存，作为下次举办展览展销会的参考依据。

(三)开放参观

农业企业为了让公众更好地了解自己，获得公众对其各项活动的支持，可以有计划地邀请员工家属、社会公众、新闻工作者及其他对企业感兴趣的人到企业进行现场参观。利用这种机会向公众宣传，也是塑造组织形象的方法之一。

【阅读案例 10-6】

伊利工厂开放参观：一起见证透明品质

2013 年，我国乳制品龙头企业伊利官方宣布，自 3 月下旬开始，将在全国范围内开放伊利工厂，邀请广大消费者和热心中国乳制品事业发展的各界朋友，一起见证“透明品质”。本着诚恳、务实的态度，实现乳制品生产过程的透明化、公开化。伊利方面相关发言人表示，在过去一年，伊利已经在乌鲁木齐、成都、济南等地举办了多次类似的工厂开放活动，邀请当地媒体、经销商和消费者走进伊利乳品王国，亲身体验伊利工厂的先进技术，以及伊利人对产品安全的苛刻要求。本次“开放工厂”活动计划自3月下旬启动，并持续贯穿2013年全年。各地消费者只需登录伊利官网，按照页面提示操作即可完成预约，在确认时间及行程安排后，便可以参观距离消费者最近的伊利工厂。伊利方面将在工厂所在城市，在每个周末安排专车全程接送消费者，并配备专业的讲解员全程陪同，一一解答消费者对于伊利产品的任何疑问。

在时下乳制品行业面临信任危机的低谷时期，业内知名企业伊利能够本着低调、朴实的原则，主动接受社会监督，这为整个中国乳制品行业开了一个重塑公信力的好头，其敞开的不仅是工厂的大门，更是对消费者负责的诚意。

（资料来源：http://news.liao1.com/newspage/2013/03/4729224.html）

【知识链接 10-7】

开放参观的注意事项

1. 确定参观日期。注意参观日期不要和重要的节日或社会组织的重要活动发生冲突。因为在重要节日，公众一般都有自己的安排；在社会组织举办重要活动期间，参观者一方面看不到日常工作的场面，另一方面也会给接待工作造成极大的麻烦。

2. 成立专门机构，配备专门人员来负责此事。该机构中应至少有1名决策层的人来总协调，应有相关部门的负责人和具体的工作人员参加。

3. 宣传准备工作。应充分重视宣传工作，最好事先通知新闻部门，利用新闻媒介来扩大影响。同时，也应对组织内部的全体员工做好宣传工作，使每个人明白对外开放参观工作的意义与目的，人人自觉地参与这项活动。

4. 确定对外开放参观的内容。其内容一般包括情况介绍、现场观摩和实物展览三种。情况介绍一般是事先准备好深入浅出、图文并茂、印刷精良的宣传小册子，发给参观的公众；也可在现场观摩时，以口头讲解的形式，边走边结合具体场景进行介绍。现场观摩就是让公众参观工作现场，以厂房布置、厂区环境、工作流程或员工的实际工作来说明社会组织的内在面貌。实物展览是以资料、模型、样品的陈列等，对公众作补充说明。

5. 选择参观路线。选择参观路线的主要要求是：既可以引起参观者的兴趣并保证他们的安全，又对组织正常工作的持续干扰最小。参观路线应有明确的路标，且事先需采取安全措施；安全人员应在必要的地方设置警告信号和障碍，以防止意外发生。

6. 做好解说和接待工作。对导游或解说人员要事先进行挑选、培训，使他们熟练掌握参观过程中每一个参观点的解说内容。参观点的员工应佩戴印有个人名字的标牌，并要礼貌、耐心、认真地回答来宾提出的各种问题。要热情周到地做好参观者的接待工作，安排合适的休息场所，提供必要的服务，如茶水、饮料和电话等。

7. 做好欢送工作，收集参观者意见。参观结束后，要做好欢送工作，并认真听取他们对组织的看法和建议，注意收集参观者的意见，整理分析后提交有关部门。对组织予以采纳的意见，还应把实施情况反馈给提议者。

（四）赞助活动

赞助是组织或团体通过提供资金、产品、设备、设施和免费服务的形式资助社会事业的活动。赞助活动形式多样，主要包括赞助体育事业、赞助文化教育事业、赞助社会福利事业等。

赞助是一种既可以赢得社会好感，又可以提高自己知名度的公共关系活动。

【知识链接 10-8】

赞助活动中应注意的问题

1. 明确目的。开展赞助活动必须是有目的的，从原则上讲，赞助的目的就是提高组织的声誉，增进公众的理解，塑造良好的组织形象。

2. 调查研究。为了取得良好的赞助效果，应事先组织调查研究工作。在明确赞助的情况下，从本企业的经营管理目标、政策、公共关系政策入手，调查外部需要赞助的公益事业情况，考察活动本身是否对公众有益，是否对企业有益，从而确定本企业的赞助方向和政策，以指导赞助活动。

3. 制订计划。在调查基础上，根据企业的赞助方向和政策制订出年度赞助计划，该计划一般包括赞助对象的范围、费用预算、赞助形式和宗旨等。

4. 审核评定。实施赞助前，应对某一个具体赞助项目进行详细的分析研究，结合年度赞助计划逐次审核评定，确定其可行性和赞助的具体方式、款项、时机等，从而最终确定赞助活动的具体实施方案。

5. 具体实施。组织应派专人负责各项具体赞助方案的落实。在实施过程中，应充分运用各种有效的公共关系技巧，使社会组织能尽量帮助该活动扩大其社会影响；应该建立经常性的检查制度，使计划能保质、保量地完成，同时亦可避免费用超出预算。

6. 效果测定。赞助活动完成后，应对赞助效果进行调查测定，对照计划检查完成了哪些预定的目标，分析完成目标任务或未完成的原因，将效果测定成文入档，以备以后参考。

子任务 2　撰写农产品促销方案

一份全面系统的促销活动方案是促销活动成功的保障。撰写一份完善的促销活动方案应包含以下十二部分。

一、活动目的

这部分主要是对市场现状及活动目的进行阐述。市场现状如何？开展这次活动的目的是什么？是处理库存？是提升销量？是打击竞争对手？是新品上市？还是提升品牌认知度及美誉度？只有目的明确，才能使活动有的放矢。

二、活动对象

活动针对的是目标市场的每一个人还是某一特定群体？活动控制在范围多大内？哪些人是促销的主要目标？哪些人是促销的次要目标？这些选择的正确与否会直接影响到促销的最终效果。

三、活动主题

在这一部分，主要是解决两个问题：

(1)确定活动主题;

(2)包装活动主题。

在降价、价格折扣、赠品、抽奖、礼券、服务促销、演示促销、消费信用等促销形式中选择其一,还是其他促销工具?选择什么样的促销工具和什么样的促销主题,要考虑到活动的目标、竞争条件和环境及促销的费用预算和分配。

在确定了主题之后要尽可能艺术化地"扯虎皮做大旗",淡化促销的商业目的,使活动更接近于消费者,更能打动消费者。这一部分是促销活动方案的核心部分,应该力求创新,使活动具有震撼力和排他性。

四、活动方式

这一部分主要阐述活动开展的具体方式。有两个问题要重点考虑:

(1)确定伙伴。政府和媒体是需要考虑的对象,另外是厂家单独行动,还是和经销商联手?或是与其他厂家联合促销?和政府或媒体合作,有助于借势和造势;与经销商或其他厂家联合可整合资源,降低费用及风险。

(2)确定刺激程度。要使促销取得成功,必须使活动具有刺激性,能刺激目标对象参与。刺激程度越高,促进销售的反应越大。但这种刺激也存在边际效应。因此必须根据促销实践进行分析和总结,并结合客观市场环境确定适当的刺激程度和相应的费用投入。

五、活动时间和地点

促销活动的时间和地点选择得当会事半功倍,选择不当则会费力不讨好。在时间上尽量让消费者有空闲参与,在地点上也要让消费者方便,而且要事前与城管、工商等部门沟通好。不仅发动促销战役的时机和地点很重要,持续多长时间效果会最好也要深入分析。持续时间过短会导致在这一时间内无法实现重复购买,很多应获得的利益不能实现;持续时间过长,又会引起费用过高而且市场形不成热度,并降低顾客心目中的身价。

六、广告配合方式

一个成功的促销活动,需要全方位的广告配合。选择什么样的广告创意及表现手法?选择什么样的媒介炒作?这些都意味着不同的受众抵达率和费用投入。

七、前期准备

前期准备分三部分,人员安排、物资准备和试验方案。

(1)人员安排方面要"人人有事做,事事有人管",无空白点,也无交叉点。谁负责与政府、媒体的沟通?谁负责文案写作?谁负责现场管理?谁负责礼品发放?谁负责顾客投诉?要各个环节都考虑清楚,否则就会临阵出麻烦,顾此失彼。

(2)物资准备方面,要事无巨细,大到车辆,小到螺丝钉,都要罗列出来,然后按单清点,确保万无一失,否则必然导致现场的忙乱。

(3)试验方案。由于活动方案是在经验的基础上确定,因此有必要进行必要的试验来判断促销工具的选择是否正确,刺激程度是否合适,现有的途径是否理想。试验方式可以是询问消费者,填调查表或在特定的区域试行方案等。

八、中期操作

中期操作主要是活动纪律和现场控制。在方案中对应对参与活动人员各方面纪律作出细致的规定。现场控制主要是把各个环节安排清楚，要做到忙而不乱，有条有理。同时，在实施方案过程中，应及时对促销范围、强度、额度和重点进行调整，保持对促销方案的控制。

九、后期延续

后期延续主要是媒体宣传的问题，对这次活动将采取何种方式在哪些媒体进行后续宣传都是需要考虑的问题。

十、费用预算

对促销活动的费用投入和产出应做出预算。

十一、意外防范

每次活动都有可能出现一些意外必须对各个可能出现的意外事件作必要的人力、物力、财力方面的准备。

十二、效果预估

预测这次活动会达到什么样的效果，以利于活动结束后与实际情况进行比较，从刺激程度、促销时机、促销媒介等各方面总结成功点和失败点。

以上十二个部分是促销活动方案的一个框架，在实际操作中，应大胆想象，小心求证，进行分析比较和优化组合，以实现最佳效益。

【阅读案例 10-7】

“山水人家”农家乐端午促销方案

一、促销目的

利用端午佳节小长假期间，进行大规模促销活动，提高产品销量，扩大本农家乐知名度，刺激消费渠道，有效掌握消费者的顾客资料。

二、促销对象

山水人家农家乐的目标消费群。

三、促销时间

20××年6月××——××日(根据需要可适当提前或者延长促销区间，以保证促销活动最大量接触消费者)。

四、促销方式

运用强有效的价格利器，采用多重优惠组合，传统端午节文化，活动复兴的冲击以造成的气势，凸显强势品牌和强势营销的风范。

五、促销主题

“感受传统文化 品尝特色美食”

副标题：“山水人家农家乐粽子选秀大赛期待您的参与”

广告宣传＊＊＊＊＊＊

六、促销产品

本农家乐特色文化与美食。

七、促销操作

策略：为扩大本农家乐知名度，提高市场竞争力，本次促销活动以向消费者让利为主要操作手段；为了展示山水人家农家乐的特色文化，向消费者传达正统农家乐的全面形象，以产生足够销量，新上市产品适当让利，以与消费者终端接触为目的，并产生一定的销量与消费者的认同。

方式：本活动以粽子为主打促销产品，以及咸宁地方特色端午美食，进行不同食品搭配销售、节日礼包赠送等。

1.举行农家粽子选秀大赛，邀请十里八乡手艺出众的农人参与比赛；邀请乡镇政府部门人员观赛并进行公证与监督；邀请本农家乐消费者代表进行评分(外观和味道)。得胜者均有丰厚奖金及奖品发放。

2.推出端午节团圆餐，凡以家庭为单位的消费者均可享五折优惠。

3.给异地大学生节日的问候，凡在校异地大学生均可凭学生证领取节日礼包一份(咸宁地区端午特色食品)。

4.重现传统端午文化，从起源、发展、变迁、现状等方面进行现场解说，并包含趣味答题互动环节，答对者可获得节日礼包一份。

八、大型促销活动准备

1.活动期间活动点派销售人员在各入口处派发活动传单；

2.活动点可进行悬挂菖蒲、艾草，洒雄黄酒，扎龙舟等活动，用于吸引消费者驻足观望并烘托主题活动氛围；

3.在活动地点醒目处放置主题背景及内容说明物料等；

4.活动面积至少保证 50 米^2 以上，可选择营业点前露天广场；

5.为加强活动的吸引力和现场的气氛，可同时在活动场地举办歌舞表演或当地老百姓喜欢的特色娱乐活动。在搞这些活动时，准备工作一定要做好，现场舞台的搭置、主持人的挑选，演员的确定，娱乐活动内容的选择都要细致、周到。

九、人员安排

本次活动由本农家乐按照方案自行操作，为保障此次活动的顺利执行，针对活动执行过程中的两个细节，需要指定专人负责。

1.单页派发人员

活动期间每天在营业时间于活动场地人流量最大的通道派发传单，负责向消费者传递活动的第一手信息，要求：形象、气质佳，着装整洁，并配有本农家乐明显标志。(建议统一服装)

2.大赛活动管理人员

为保证活动有序进行，必须指定专人对比赛材料、奖券、奖品进行管理，避免发生不必要的纠纷，影响到品牌形象。

(资料来源：http://www.5ykj.com/Article/cygwssfa/70765.htm)

◈ 分组讨论

1. 农业会展对农产品的营销有何作用?

2. 营业推广策略在使用时应注意哪些问题?

3. 企业选择促销方式时应考虑哪些因素?

◈ 业务技能训练

以小组为单位,选择某一农产品经营企业或其中的一种产品,搜集整理分析相关信息,为其制订促销策略,并撰写促销策划方案。

训练目的

根据环境要求灵活运用各种促销方式。

任务十一　农产品物流配送

◈ 任务目标

通过完成本任务，你应该能够：

1. 了解农产品仓储、运输的方式、方法；

2. 了解农产品配送的基本环节和工艺流程，能够合理根据农产品的特征，合理选择运输方法；

3. 能够设计农产品配送方案及配送计划。

◈ 引导性案例

蒙牛物流运输解密

物流运输是乳品企业重大挑战之一(图 11-1)。蒙牛目前的触角已经伸向全国各个角落，其产品远销到香港、澳门，甚至还出口东南亚。蒙牛特仑苏有机奶源自世界唯一的天然“有机谷”——35 万亩被草场、森林覆盖的“世外桃源”。据蒙牛特仑苏人士介绍，出产于此的蒙牛特仑苏有机奶，在延续了特仑苏家族富含 3.3 克优质蛋白的同时，特仑苏有机奶中维生素 A 的含量比普通牛奶高出 50%。

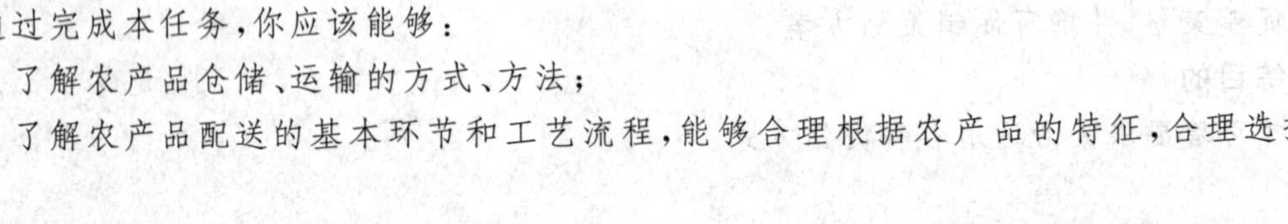

图 11-1　乳品物流

蒙牛要如何突破运输配送的瓶颈，把产自大草原的奶送到更广阔的市场呢？另外一个重要的问题是，巴氏奶和酸奶的货架期非常短，巴氏奶仅 10 天，酸奶也不过 21 天左右，而且对冷链的要求最高。从牛奶挤出运送到车间加工，直到运到市场销售，全过程巴氏奶都必须保持在 0～4℃之间，酸奶则必须保持在 2～6℃之间贮存。这对运输的时间控制和温度控制提出了更高的要求。为了能在最短的时间内、有效的存储条件下，以最低的成本将牛奶送到商超的货架上，蒙牛采取了以下措施：

1. 缩短运输半径。对于酸奶这样的低温产品，由于其保质日期较短，加上消费者对新鲜度的要求很高，一般产品超过生产日期 3 天以后送达商超，商超就会拒绝该批产品，因此，对于这样的低温产品，蒙牛要保证在 2～3 天内送到销售终端。

为了保证产品及时送达，蒙牛尽量缩短运输半径。在成立初期，蒙牛主打常温液态奶，因此奶源基地和工厂基本上都集中在内蒙古，以发挥内蒙古草原的天然优势。当蒙牛的产品线扩张到酸奶后，蒙牛的生产布局也逐渐向黄河沿线以及长江沿线伸展，使牛奶产地尽量接近市场，以保证低温产品快速送达至卖场、超市的要求。

2. 合理选择运输方式。目前，蒙牛的产品的运输方式主要有两种，汽车和火车集装箱。蒙牛在保证产品质量的原则下，尽量选择费用较低的运输方式。

对于路途较远的低温产品运输，为了保证产品能够快速的送达消费者手中，保证产品的质量，蒙牛往往采用成本较为高昂的汽车运输。例如，北京销往广州等地的低温产品，全部走汽运，虽然成本较铁运高出很多，但在时间上能有保证。

为了更好地了解汽车运行的状况，蒙牛还在一些运输车上装上了 GPS 系统，GPS 系统可以跟踪了解车辆的情况，比如是否正常行驶、所处位置、车速、车厢内温度等。蒙牛管理人员在网站上可以查看所有安装此系统的车辆信息。GPS 的安装，给物流以及相关人员包括客户带来了方便，避免了有些司机在途中长时间停车而影响货物未及时送达或者产品途中变质等情况的发生。

而像利乐包、利乐砖这样保质期比较长的产品，则尽量依靠内蒙古的工厂供应，因为这里有最好的奶源。产品远离市场的长途运输问题就依靠火车集装箱来解决，与公路运输相比，这样更能节省费用。

在火车集装箱运输方面，蒙牛与中铁集装箱运输公司开创了牛奶集装箱“五定”班列这一铁路运输的新模式。“五定”即“定点、定线、定时间、定价格、定编组”，“五定”班列定时、定点，一站直达有效地保证了牛奶运输的及时、准确和安全。

2003 年 7 月 20 日，首列由呼和浩特至广州的牛奶集装箱“五定”班列开出，将来自于内蒙古的优质牛奶运送到了祖国大江南北，打通了蒙牛的运输“瓶颈”。目前，蒙牛销往华东华南的牛奶 80%依靠铁路运到上海、广州，然后再向其他周边城市分拨。现在，通过“五定”列车，上海消费者在 70 小时内就能喝上草原鲜奶。

3. 全程运输中的冷链保障。低温奶产品必须全过程都保持 2～6℃之间，这样才能保证产品的质量。蒙牛牛奶在“奶牛—奶站—奶罐车—工厂”这一运行序列中，采用低温、封闭式的运输。无论在茫茫草原的哪个角落，“蒙牛”的冷藏运输系统都能保证将刚挤下来的原奶在 6 个小时内送到生产车间，确保牛奶新鲜的口味和丰富的营养。出厂后，在运输过程中，则采用冷藏车保障低温运输。在零售终端，蒙牛在其每个小店、零售店、批发店等零售终端投放冰柜，以保证其低温产品的质量。

4. 使运输的每一笔单子做大。物流成本控制是乳品企业成本控制中一个非常重要的环节。蒙牛减少物流费用的方法是尽量使每一笔单子变大，形成规模后，在运输的各个环节上就都能得到优惠。比如利乐包产品走的铁路，每年运送货物达到一定量后，在配箱等方面可以得到很好的折扣。而利乐枕产品走的汽运，走 5 吨的车和走 3 吨的车，成本要相差很多。此外，蒙牛的每一次运输活动都经过了严密的计划和安排，运输车辆每次往返都会将运进来的外包装箱、利乐包装等原材料和运出去的产成品做一个基本结合，使车辆的使用率提高了很多。

（资料来源：http://www.chinawuliu.com.cn/cflp/newss/content1/201008/765_33437.html. 中国物流与采购网. 2010-08-19.）

思考

1. 酸奶贮存温度一般是多少？农产品仓储有什么作用？如何使仓储合理化？

2.农产品仓储分哪几类？蒙牛酸奶一般要用哪种贮存方式？

3.什么叫冷链运输？蒙牛产品运输一般采用哪些运输方式？如何选择运输方式。

子任务1 农产品仓储

【知识链接11-1】

农产品仓储

农产品仓储就是指通过仓库对农产品进行储存和保管的过程。农产品仓储也是农产品物流活动三大支柱之一。当农产品不能被即时消耗掉，需要专门的场所存放时，就产生了静态农产品仓储；将农产品存入仓库，并对其进行保管、控制、提供使用时就产生了动态农产品仓储。仓储活动主要通过改变农产品的时间来创造价值。由于农产品的生化特性，需要在仓储过程中进行冷藏与保鲜措施，因此农产品仓储活动所创造的价值的成本也相对较高。

一、明确农产品仓储要求

农产品仓储的要求就是实现农产品仓储的合理化，即用经济合理的方式通过仓储和保管保证社会对农产品需求的满足。农产品仓储合理化主要体现在如下几个方面：

(1)保证农产品的质量。这是完成农产品仓储功能的根本要求。只有这样农产品的使用价值才能通过物流之后得以最终实现。

(2)确定合理的存储数量。在消耗稳定、资源及运输可控的约束条件下，形成农产品储存合理数量范围。

(3)寻求合理的储存时间。这是和数量有关的问题，储存量越大而消耗速率越慢，则储存的时间必然长，相反则必然短。

(4)不同品种农产品的储存数量的比例关系恰当。尤其是具有相关性的农产品之间的比例关系更能反映储存合理与否。

(5)不同地区农产品储存的数量比例关系恰当。以此判断对需求的保障程度以及对整个物流的影响。

(6)仓租费、维护费、保管费、损失费、资金占用利息支出合理。

二、选择农产品仓储保管方法

农产品一般含水分量比较高，对农产品的保管和维护既要注意通风，又要注意防潮。农产品仓储保管方法有以下几种。

1.常规储存

常规储存是指采用一般库房 ，不配备其他特殊技术设施的储存方式。其特点是简单易行，适宜储存水分含量较少的干性耐储农产品，应注意通风和储存时期不宜过长。

2.沟藏或堆藏

沟藏是将农产品堆放在沟或坑内，达到一定的厚度，面上一般只用土覆盖。沟藏的保温保湿性能比堆藏好，广泛运用于我国北方地区，多用来储藏根菜，如北京萝卜的储藏，山东、江苏、浙江等地姜的储存。沟越深,保温越好,降温则越困难。埋藏沟的宽度一般为1.0～1.5米。堆藏是将农产品直接堆放在田间地面或浅坑中,或者在荫棚里堆成圆形或长条形的垛,表面用土壤、席子或秸秆等覆盖,储藏堆的宽度和高度应根据当地气候特点、产品本身的种类和用途而定。

3. 窖窑储存

这种储藏方式在我国各地都有,形式繁多,有棚窖、井窖和窑洞(西北的黄土高原常采取这种方式)等。窑洞通常是在土质坚实的山坡或土丘上挖的,为避免阳光直射,窑身多是坐南朝北或坐西朝东。这是民间的传统储存农产品方法,其特点是储存环境氧气稀薄,二氧化碳浓度大,既能抑制微生物活动和各种害虫的繁殖,又不易受外界温度、湿度和气压变化的影响,可采用散堆、架堆和筐储。产品中间应保持适当的空间距离,以利于空气流通和散热,可测定其温度,并把温度控制在适宜的范围之内。

4. 通风库储存

通风库是砖、木、水泥结构的固定式建筑。利用空气对流的原理,引入外界的冷空气而起降温作用,在建造时设置了完善的通风系统和隔热结构,可以常年和长期使用,主要适用于北方地区,但上海、南京等地也有使用。

5. 冷藏储存

在温暖的地区和季节,缺乏自然条件降温时,就采用人工降温的方法以达到低温,即人工冷藏,它包括:

◆ 冰藏。主要在华北、东北地区采用较多,西北地区也有使用。产品在加冰储藏时,散发出的热量被冰块吸收。冰不断融化就使产品温度不断下降。目前蒜薹多用冰窖储藏或恒温库气调储藏,冰窖最好建在冰源附近。

◆ 机械冷藏。机械冷藏是在一个适当设计的绝缘建筑设备中借助机械冷凝系统的作用,将库内的热传到库外,使库内温度降低并保持在有利于延长农产品的储藏时间之内。其特点是效果好,但费用较高。常见的有冷库、冷藏车、冷藏柜和电冰箱,一般多用于储存动物类鲜活农产品和鲜果类农产品。

6. 气调保鲜储存

气调保鲜储存是调整储存环境的气体成分的冷藏方法。它是一种由冷藏、减少环境中氧气、增加二氧化碳构成的综合保鲜方法。气调保鲜的方法主要有快速降氧、自然降氧和降压降氧。在气调中要恰当地掌握每一种农产品的储藏温度和袋内的二氧化碳,通过硅窗向外扩散,使氧气进入袋内,充氮降氧及气调冷库等。其适用范围较广,特别适宜储存鲜活农产品,如果品、蔬菜等。随着塑料工业的兴起和发展,果蔬自发气调储存的容器已被各种类型的塑料薄膜代替,并且迅速推广。有些单位选用不同配方和厚度的塑料薄膜做成袋或大帐,将水果或蔬菜封闭在袋或帐中进行储存。由于薄膜有一定的透气性,在比较稳定适宜的低温下,袋或帐内可较长期地保持二氧化碳和氧气的恒定浓度和比例,符合果蔬储存的气调环境要求。

气调贮藏是世界上最有效、最先进的果蔬保鲜方法。其特点是能保持果蔬的稳定性,抑制它的成熟过程;大大降低果蔬的低温伤害,减少生理损伤和微生物的损害,降低果蔬的损失;延长贮藏时间,很好地保持果蔬的生理结构,保持果蔬原有的色香味,提高产品质量。气调贮藏有自发气调和人工气调两种类型。

三、制定农产品仓储管理制度

农产品仓储管理制度一般包括如下制度：

(1)农产品仓库管理员岗位职责；

(2)农产品验收入库仓库管理制度；

(3)农产品仓库保管管理制度；

(4)农产品出库管理制度；

(5)农产品包装管理规定；

(6)奖惩规定。

【知识链接 11-2】

仓储管理制度

仓储管理制度是指对仓库各方面的流程操作、作业要求、注意细节、5S 管理、奖惩规定、其他管理要求等进行明确的规定，给出工作的方向和目标，工作的方法和措施；且在广的范畴内是由一系列流程文件和管理规定形成的，例如“仓库安全作业指导书”、“仓库日常作业管理流程”、“仓库单据及账务处理流程”、“仓库盘点管理流程”等。制定必要的管理制度和操作规程并严格执行，是保证农产品质量、数量、包装完好的重要基础。

【知识链接 11-3】

5S 管理

5S 是 5 个日文词汇罗马字的首字母：Seiri（整理）；Seiton（整顿）；Seiso（清扫）；Seiketsu（清洁）和 Shitsuke（修养）。

子任务 2 农产品运输

一、选择农产品运输方式

1. 公路运输

公路运输是我国最重要和最常用的短途运输方式。虽然存在成本高、运量小、耗能大等缺点，但其灵活性强、速度快、适应地区广。主要工具有各种大小车辆、汽车、拖拉机等。随着高速公路的建成，高速冷藏集装箱运输将成为今后公路运输的主流。

2. 水路运输

利用各种轮船进行水路运输具有运输量大、成本低、行驶平稳等优点，尤其是海运是最便宜的运输方式。在国外，海运价格只是铁路的 1/8，公路的 1/40。但其受自然条件限制较大，运输的连续性差，速度慢，因此水路运输农产品的种类受到限制。发展冷藏船运输农产品，是我国水路运输的发展方向。

3. 空运

空运的最大特点是速度快，但装载量很小，运价昂贵，适于运输特供高档农产品，如草莓、鲜猴头菇、松蘑、高档切花等。美国草莓空运出口日本的利润很高。我国出口日本的鲜香菇、蒜等也有采用空运的。

由于空运的时间短，在数小时的航程中常无需使用制冷装置，只要农产品在装机前预冷至一定温度，并采取一定的保温措施即取得满意的效果。在较长时间的飞行中，则一般用干冰做冷却剂，因干冰装置简单，重量轻，不易出故障，十分适合航空运输的要求。用于冷却果蔬的干冰制冷装置常采用间接冷却，因此，干冰升华后产生的 CO_2 不会在产品环境中积存而导致 CO_2 中毒。

4. 铁路运输

铁路运输具有运输量大、速度快、运输震动小、运费较低（运费高于水运，低于陆运），连续性强等优点，适合于长途运输。其缺点是机动性能差。

【知识链接 11-4】

农产品运输的基本要求

1. 快装快运。农产品来后仍然是一个活的有机体，新陈代谢作用旺盛。运输只不过是农产品流通的一种手段，它的最终目的地是销售市场、贮藏库或包装厂。一般而言，运输过程中的环境条件是难以控制的，很难满足运输要求，特别是气候的变化和道路的颠簸，极易对农产品质量造成不良影响。因此，运输中的各个环节一定要快，使农产品迅速到达目的地。

2. 轻装轻卸，防止机械损伤。因为绝大多数农产品的含水量为 80%～90%，属于鲜嫩易腐性产品。如果装卸粗放，产品极易受伤而导致腐烂，这是目前运输中存在的普遍问题，也是引起农产品采后损失的一个主要原因。因此，装卸过程中一定要做到轻装轻卸。

3. 防热防冻。任何农产品对温度都有严格的要求，温度过高，会加快产品衰老，使品质下降；温度过低，使产品容易遭受冷害或冻害。此外，运输过程中温度波动频繁或过大都对保持产品质量不利。

二、选择农产品运输工具

目前农产品短途公路运输所用的运输工具包括汽车、拖拉机、畜力车和人力拖车等。汽车有普通运货卡车、冷藏汽车、冷藏拖车和平板冷藏拖车。水路运输工具用于短途转运或销售的一般为木船、小艇、拖驳和帆船，远途运输的则用大型船舶、远洋货轮等，远途运输的轮船有普通舱和冷藏舱。铁路运输工具有普通棚车、通风隔热车、加冰冷藏车、冷冻板冷藏车。集装箱有冷藏集装箱和气调集装箱，集装箱也可在汽车上作业。以下重点介绍几种运输工具。

1. 普通棚车

在我国新鲜农产品运输中普通棚货车仍为重要的运输工具。车厢内没有温度调节控制设备，受自然气温的影响大。车厢内的温度和湿度通过通风、草帘棉毯覆盖、炉温加热、夹冰等措施调节。但以上方法保温难以达到理想的温度效果，常导致农产品腐烂损失严重，损失率随着运程的延长而增加。

2. 通风隔热车

隔热车是一种仅具有隔热功能的车体，车内无任何制冷设备和加温设备。在货物运输的过程中，主要依靠隔热性能良好的车体的保温作用来减少车内外的热交换，以保证货物在运输期间温度的波动不超过允许的范围。这种车辆具有投资少、造价低、耗能少和节省运营费等优点，在国外已得到广泛运用。

3. 冷藏车

冷藏车的特点是车体隔热，密封性好，车内有冷却装置，在温热季节能在车内保持比外界气温低的温度，在寒季还可以用于不加冷的保温运送或加温运送，在车内保持比外界气温高的温度。目前我国的冷藏车有加冰冷藏车、机械冷藏车和冷冻板冷藏车。

4. 集装箱

集装箱是当今世界上发展非常迅速的一种运输工具，既省人力、时间，又保证产品质量。集装箱突出的特点是：抗压强度大，可以长期反复使用；便于机械化装卸，货物周转迅速；能创造良好的贮运条件，保护产品不受伤害。

【知识链接 11-5】

农产品运输的特点

农产品运输可以分为两大类：一是大宗农产品运输；二是生鲜农产品运输。这两种农产品在运输上具有各自独特的特点。

1. 大宗农产品运输的特点

◆ 大宗农产品生产的季节性对运输提出了很大的挑战。大宗农产品的生产具有明显的季节性，比如大米、玉米等，而所提供的运力却具有一定的刚性，这样就容易造成大宗农产品运输需求和供给之间的不平衡，出现运力浪费或运力紧张的局面。

◆ 大宗农产品运输作业的要求高。由于大宗农产品水分含量比较高，运输过程中要注意通风，避免大宗农产品形成水珠，使货物遭受汗渍。同时，大宗农产品又怕受潮，运输过程中要加强密封，避免运输过程中遭受雨淋，从而导致货物受损。所以大宗农产品运输的作业要求非常严格。

◆ 大宗农产品运输要求各环节协调能力强。大宗农产品由农户收割，通过分散运输归仓，再把分散在各家各户的大宗农产品集中在一起进行集中运输，最后则通过分散运输把大宗农产品输送给各个消费者，在整个过程中，对运输的协调工作提出了挑战，如果运输之间协调不得当，就会大大提高运输成本，降低市场竞争力。

2. 生鲜农产品运输的特点

◆ 需要先进的运输保鲜和加工技术支持。运输保鲜技术和加工能力是制约农产品运输质量的关键问题。"新鲜"是生鲜农产品的价值所在。但大部分生鲜农产品极易腐烂变质，从而大大限制了运输半径和交易时间。同时，造成农产品在运输过程中损耗特别大。

◆ 要求运输时间比较短。生鲜农产品从进入销售程序后，保质时间比较短，这样要求生鲜农产品运输时间尽可能短，尽快进入消费状态。同时，还要对生鲜农产品的运输环境进行不间断的监测，使生鲜农产品处于适宜的环境之中。

◆ 运输应该实行"绿色通道"。在运输之前或之后再去完成运输过程中的各种手续，这样就能大大降低生鲜农产品在运输过程中的损耗，并且减少农产品在运输中的时间，为农产品的销售创造有利条件。

【前沿聚焦 11-1】

山东省每年 25 亿千克粮食毁于储存不当

据大众日报报道，由于储粮方式不当，山东省每年损失粮食 25 亿千克左右，相当于 250 万亩"吨粮田"的粮食毁于产后粮食物流过程中的虫害、霉变。而山东省粮食年产量是 425 亿千克，通过科学储粮，减少不必要的损失，成为需要迫切解决的问题。

农产品产后流通是农业再生产过程中的“二产经济”，发达国家均把产后贮藏加工放在农业的首要位置，除了带来的高附加值，仅减少现有的损失，就可以为社会带来近千亿元的效益。

据中国食品产业网信息部资料显示，我国每年粮食因贮藏方法不当，直接造成每年损失粮食高达150亿～200亿千克。在我国粮食储存中，农户仍是储粮的主体，是保证国家粮食安全的重要蓄水池。我国农村有2.4亿多农户存粮，每年储存量约占全国粮食总产量的60%以上。据悉，粮食巨大损失的具体原因是，我国农户储粮设施简陋，方法不科学。比如：农户用编织袋、麻袋、木柜、陶瓷罐、围席囤等贮器贮藏，外加鼠害、虫害、霉变问题严重，农民缺乏科学储粮知识，造成我国农户储粮损失巨大。

（资料来源：http://finance.qq.com/a/20100831/004073.htm）

子任务3　农产品配送

【知识链接11-6】

农产品配送

农产品配送的内涵是指按照农产品消费者的需求，在农产品配送中心、农产品批发市场、连锁超市或其他农产品集散地进行加工、整理、分类、配货、配装和末端运输等一系列活动，最后将农产品交给消费者的过程。其外延主要包括农产品供应商配送和超市连锁配送两方面。其中，前者主要包括农产品配送企业、农产品批发市场、农产品生产者的专业协会等配送主体向超市、学校、宾馆和社区家庭等消费终端配送农产品的过程，而后者主要是经营农产品的超市由总部配送中心向各连锁分店和其他组织配送农产品的过程。农产品的配送具有装卸的多次性、运输的不均衡性以及对运输的技术要求高等特点。具体表现在以下几个方面：农产品配送网点分布众多；农产品流通配送的区域性；农产品物流配送的相对风险较大。

一、选择农产品配送形式

（一）定时配送

即按规定时间和时间间隔进行配送。定时配送的时间由配送的供给与需求双方通过协议确认。每次配送的品种及数量可预先在协议中确定，实行计划配送；也可以在配送之前以商定的联络方式（如电话、传真、计算机网络等）通知配送品种及数量。定时配送又分为以下几种。

1. 日配

接到订货要求之后，在24小时之内将货物送达的配送方式。一般而言，日配的时间要求大体上是，上午的配送订货下午可送达，下午的配送订货第二天早上送达。

2. 准时配送

按照对方协议时间，准时将货物配送到用户的一种方式。这种方式和时配、日配的主要区别在于：时配、日配是向社会普遍承诺的配送服务方式，针对社会上不确定的、随机性的需求，准时方式则是两方面协议，往往是根据用户的生产节奏，按指定的时间将货送达。这种方式比日配方式更为精密，可以利用这种方式，连“暂存”的微量库存也可以取消，绝对地实现零库存。

3. 快递方式

一种快速送达服务的配送方式。快递方式能在较短时间实现送达的服务,但不明确送达的具体时间,在农产品快递服务中,必须注意时间问题,一般这种方式比较少,所以一般用作向社会广泛服务的方式。

(二)定量配送

按事先协议规定的数量进行配送。这种方式数量固定,备货工作有较强的计划性,比较容易管理。定量配送有利于配送供给企业的科学管理,有利于人力、装装卸机具、贮存设施的配备。

(三)定时定量配送

按照规定的配送时间和配送数量进行配送。比如农产品配送中心对一些超市,每天定时定量进行农产品配送。

(四)定时定路线配送

在规定的运行路线上,制订配送车辆到达的时间表,按运行时间表进行配送,可以按照配送企业规定的路线及规定的时间选择这种配送服务,并到指定地点指定时间接货。一般大型连锁集团针对连锁超市实行此种方式。

(五)应急配送

完全按用户突然提出的配送要求随即进行配送方式。这是对各种配送服务进行补充和完善的一种配送方式,这种配送方式主要应对用户由于事故、灾害、生产计划的突然变化等因素所产生的突发性需求;也应对一般消费者经常出现的突发性需求。这种配送服务实际成本很高,难以用作经常性的服务方式。比如奥运期间农产品应急配送。

二、熟悉农产品配送作业一般流程

农产品配送作业是农业配送企业或部门运作的核心内容,配送作业流程的合理性以及配送作业效率的高低直接影响整个农产品物流系统的正常运行。虽然因配送中心的个性或企业规模不同,其营运涵盖的作业项目和作业流程不完全相同,但配送作业的一般流程如图 11-2 所示。

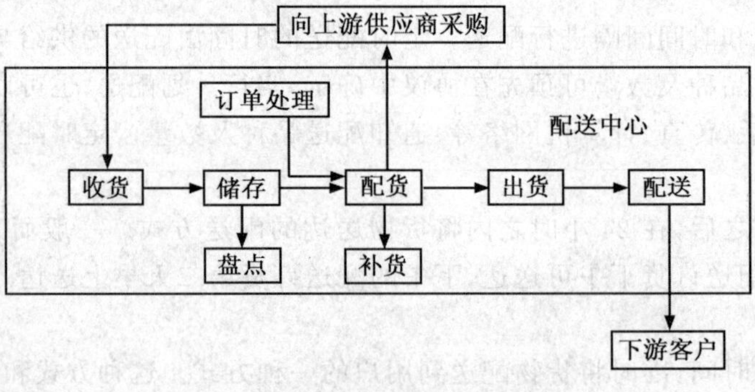

图 11-2　配送中心作业的一般流程

由供应商供应农产品到达配送中心开始,经“进货或理货”作业确认物品后便依次将物品

“储存”入库，其中有的物品不需要经过储存这一环节直接配货到分拣区。而有的物品仅仅在配送中心中转即可，不经过储存环节，这类物品直接越库配送或接驳式转运到下游物流结点。为确保在库品受到良好的保护管理，需进行定期或不定期的“盘点”检查。

当接到客户订单后，先将订单依其性质作“订单处理”，之后即可按处理后的订单信息，将客户需求物品从分拣区取出作“配货作业”。配发完成后一旦发现拣货区所剩的存量过低，则必须由储存区来“补货”；当然，若整个储存区的存量也低于标准，便应向上游供应商采购进货。分拣出的物品，经包装后即可准备“出货”，等到一切出货作业完成后，转运配送人员便可将出货物品装上配送车，进而“送货”到各个客户点完成交货。在所有作业进行过程中，可发现只要涉及物的流动作业，其间的过程就一定有“搬运”作业。

由于自然特性和市场要求的不同，不同农产品的集散要求也会有所不同，但在农产品从生产者到消费者的流通过程中，不同农产品均经历着大批进货小批量发送的配送环节。农产品经营者或配送商的基本作业流程也大体相同，主要包括进货作业、搬运作业、储存作业、盘点作业、订单处理作业、拣货作业、出货作业等。

三、掌握农产品配送的基本作业环节

(一)备货

备货是准备货物的系列活动，包括筹集货物和存储货物。

筹集货物是由订货、进货、集货及相关的验货、结算等一系列活动组成的。存储货物是订货、进货活动的延续。在配送活动中，货物存储有两种表现形态：

◆ 暂停形态。就是按照分拣、配货工序要求，在理货场地储存少量货物。

◆ 储备形态。就是按照一定时期配送活动要求和根据货源的到货情况有计划地确定的，它是使配送持续运作的资源保证。

用于支持配送的货物储备有两种具体形态，即周转储备和保险储备。然而不管是哪一种形态的储备，相对来说，数量都比较多。因此，货物储备合理与否会直接影响配送的整体效益。

(二)理货

理货是配送的一项重要内容，也是配送区别于一般送货的重要标志。理货包括分拣、配货、分类和包装等项经济活动。

◆ 分拣是从储存的货物中选出用户所需要的货物。分拣货物需要采用适当的方式和手段。分拣一般采取两种方式来操作：一种是摘果式，一种是播种式。

【知识链接 11-7】

摘果式、播种式分拣

摘果式分拣，就好像在果园中摘果子那样去拣选货物。具体做法是：作业人员拉着集货箱(或分拣箱)巡回走动，按照订单处理后的分拣单上所列的品种、规格、数量等信息，将客户所需要的货物拣出并装入集货箱内。在一般情况下，每次拣选只为一个客户配装。

摘果式分拣的优点：作业方法单纯；订单处理前置时间短；作业人员责任明确，派工容易、公平；拣货后不必再进行分拣作业，适用于数量大、品种少的订单的处理。其缺点是：商品品种多时，拣货行走路线过长，拣取效率低；拣取区域大时，搬运系统设计困难；少量、多批次拣取时，会造成拣取路径重复费时，效率降低。

播种式分拣，形似于田野中的播种操作那样去拣选货物。其做法是：将一批客户的订单汇总，以同品种商品为配货单位形成若干拣货单，分拣时先持拣货单从储存仓位上集中取出某商品，然后搬运到理货场，将商品按客户各自需求量分放到对应货位，暂储待运。再按同样的方法去拣取其他商品，直至全部订单配货完毕。

播种式分拣的优点：可以缩短拣取时的行走搬运距离，增加单位时间的拣取量。适合订单数量大的系统。缺点是：由于必须等订单达到一定数量时才做一次处理，因此订单处理前置时间长。

(三)送货

送货是配送活动的核心，也是备货和理货工序的延伸。在物流活动中，送货实际上就是货物的运输。由于配送中的送货需面对众多的客户，并且要多方向运动。因此，在送货过程中，常常进行三种选择：运输方式、运输路线和运输工具。按照配送合理化的要求，必须在全面计划的基础上，制订科学的、距离较短的货运路线，选择经济、迅速、安全的运输方式和选用适宜的运输工具。通常，农产品配供中汽车是主要的运输工具。

四、制订农产品配送计划

制订配送计划一般按以下步骤进行：

1. 确定配送计划的目的

物流业务的经营运作是以满足客户需求为导向的，并且需要与企业自身拥有的资源、运作能力相匹配。但是，往往由于企业受到自身能力和资源的限制，对满足客户需求的多变性、复杂性有一定难度。这就要求企业在制订配送计划时必须考虑制订配送计划的目的。例如，配送业务是为了满足短期实效性要求，还是长期稳定性要求；配送业务是服务于临时性特定顾客还是服务于长期固定客户。不同的配送目的，需要有不同的配送计划作支撑。

2. 搜集相关数据资料

搜集整理服务对象的相关数据资料是提高配送服务水平的关键。就长期固定客户而言，对该农产品近年来的需求量以及淡季和旺季的需求量变化等相关统计数据是制订配送计划时必不可少的第一手数据资料。如果不了解客户淡旺季需求差异的变化，对于突然增加的配送任务是无法积极有效应对的，必然会出现车辆调配紧张、不能及时送达目的地、甚至发生由于不能及时配送而导致丧失市场机会等一系列严重问题。

3. 整理农产品配送的七要素

配送七要素是指：货物、客户、车辆、人员、路线、地点、时间这七项内容，也称作配送的功能要素。在制订配送计划时应对此七项内容作深入了解并加以分析整理。

◆ 货物指配送标的农产品的种类、形状、重量、包装、材质、装运要求等。

◆ 客户指委托人、收货人。

◆ 车辆指配送工具，需根据货物的特征、数量、配送地点以及车辆容积、载重量等来决定选用什么样的车辆配送。

◆ 人员指司机或者配送业务员。由于需面对不同的客户以及环境，因此对人员配置也有一定的要求。

◆ 路线指配送路线。可以根据一定的原则指定配送路线，例如，配送线路最短原则、送货量最大原则、订单时间序原则等,并要求司机或者配送人员执行,但是根据配送地点复杂和交通拥堵、交通管制等情况也可根据司机经验适当调整。

◆ 地点指配送的起点和终点。主要了解这些地点的数目、距离、周边环境、停车卸货空间大小以及相关附属设施,例如有无卸货月台、叉车等。

◆ 时间不仅指在途时间,还包括搬运装卸时间。了解配送起点和终点的装货和收货的时间限制以及要求,提前做好安排,避免不必要的装卸等候,避免由于超过客户要求的时间范围造成的货物拒收。

4. 制订初步配送计划

在完成上述三个步骤之后,结合自身能力以及客户需求,便可以初步确定配送计划。初步配送计划应该包括:配送线路的确定原则、每日最大配送量、配送业务的起止时间(也可以24小时不间断作业)、使用车辆的种类等,并且可以有针对性地解决客户现存的问题,如果客户需要甚至可以精确到到达每一个配送地点的时间、具体路线的选择、货运量发生突然变化时的应急办法等方面。

5. 与客户协调沟通

在制订了初步的配送计划之后,一定要与客户进行沟通,请客户充分参与意见,共同完善配送计划。并且应该让客户了解其现有的各项作业环节在未来操作时可能出现的各种变化情况,以免客户的期望与具体操作产生重大落差。在具体业务的操作上,要取得良好的配送服务质量,是需要客户与配送公司密切配合的,并不是单纯某一方的责任。

6. 确定配送计划

经过与客户几次协调沟通之后,初步配送计划经过反复修改最终确定。已经确定的配送计划应该成为配送合同中的重要组成部分,并且应该让执行此配送计划的双方或者多方人员全面了解,确保具体配送业务的顺利操作,确保配送服务质量。

【知识链接 11-8】

配送计划的内容

1. 分配地点、数量与配送任务

2. 确定车辆数量

3. 确定车队构成以及车辆组合

4. 控制车辆最长行驶里程

5. 车辆容积、载重限制

6. 路网结构的选择。通常情况下,配送中心辐射范围为60千米,也就是说以配送中心所在地为圆点,半径60千米以内的配送地点,均属于配送中心服务范围。

7. 时间范围的确定

8. 与客户作业层面的衔接。如有无装卸搬运辅助设备,客户方面是否有作业配合,是否提供随到随装条件,是否需要搬运装卸等候,停车地点距货物存放地点远近等。

9. 达到最佳化目标。按"四最"的标准,在客户指定的时间内,准确无误地按客户需求将货物送达指定地点。"四最"是指:配送路线最短、所用车辆最少、作业总成本最低、服务水平最高。

五、优化农产品配送的路径

（一）确定配送路线

配送路线是指各送货车辆向各个用户送货时所要经过的线路。配送路线合理与否对配送速度、车辆的合理利用和配送费用都有直接影响。因此，配送线路的优化问题是配送工作的主要问题之一。

1. 确定目标

目标的选择是根据配送的具体要求、配送中心的实力及客观条件来确定的。配送线路规划的目标可以有多种选择：

◆ 以效益最高为目标。指计算时以利润最大化为目标。

◆ 以成本最低为目标。实际上也是选择了以效益最高为目标。

◆ 以路程最短为目标。如果成本与路程相关性较强，而和其他因素的相关性较小时，可以选它作为目标。

◆ 以吨千米数最小为目标。在"节约里程法"的计算中，采用这一目标。

◆ 以准确性最高为目标。它是配送中心重要的服务指标。

◆ 以选择运力利用最合理、劳动消耗最低作为目标。

2. 确定配送路线的约束条件

一般配送的约束条件有以下几项：

◆ 满足所有收货人对货物品种、规格、数量的要求；

◆ 满足收货人对货物送达时间范围的要求；

◆ 在允许通行的时间段内进行配送；

◆ 各配送路线的货物量不得超过车辆容积和载重量的限制；

◆ 在配送中心现有运力允许的范围内。

（二）优化配送路线

随着配送的复杂化，配送线路的优化一般要结合数学方法及计算机求解的方法来制订合理的配送方案，下面主要介绍确定优化配送方案的一个较成熟的方法—节约里程法。

【知识链接 11-9】

节约里程法的基本原理

节约里程法又称车辆运行计划法，适用于实际工作中要求得较优解或最优的近似解，而不一定需要求得最优解的情况，它的基本原理是三角形的一边之长必定小于另外两边之和。其基本思路如图 11-3，已知 O 点为配送中心，它分别向用户 A 和 B 送货。

设 O 点到用户 A 和用户 B 的距离分别为 a 和 b。用户 A 和用户 B 之间的距离为 c，现有两种送货方案，如图 11-3A 和图 11-3B 所示。

在图 11-3A 中配送距离 $2(a+b)$；图 11-3B 中，配送距离为 $a+b+c$。对比两个方案，哪个更合理呢？这就要看哪个配送距离最小，配送距离越小，则说明方案越合理。由图 11-3A 中的配送距离，减去图 11-3B 中的配送距离可得出：

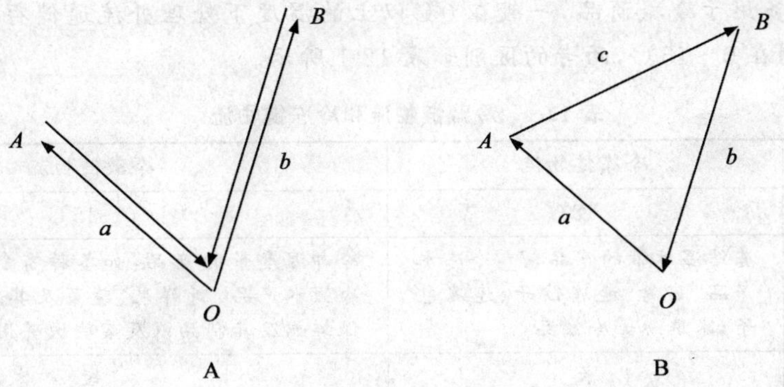

图 11-3　节约里程法

$$2(a+b)-(a+b+c)=(2a+2b)-a-b-c=a+b-c \quad (1)$$

如果把图 11-3B 看成一个三角形，那么 a、b、c 则是这个三角形三条边的长度。由三角形的几何性质可知，三角形中任意两条边的边长之和，大于第三边的边长。因此，可以认定式(1)中结果是大于零的。

即：

$$a+b-c>0 \quad (2)$$

由式(2)可知，B 方案优于 A 方案，节约了$(a+b-c)$的里程，这种分析方案的优劣式的思想，就是节约里程法的基本思想。

利用节约法确定配送路线的主要出发点是，根据配送中心的运输能力和配送中心到各个用户以及各个用户之间的距离来制定使总的车辆运输的吨千米数最小的配送方案。另还需满足以下条件：满足所有用户的要求；不使任何一辆车超载；每辆车每天的总运行时间或行驶里程不超过规定的上限；用户到货时间要求。节约里程法具体做法如下：

◆ 要计算出配送中心至各用户之间的最短距离；

◆ 再计算各用户相互间的“节约里程”(起始两地之间，有两条或两条以上运输路线，彼此经过比较，减少的行驶里程就是节约里程)；

◆ 按“节约里程”的大小和各用户订货量和重量，在车辆载重允许的情况下，将各可能入选的送货点衔接起来，形成一条配送路线，如果一辆卡车不能满足全部送货要求，可先安排一辆，再按上述程序继续安排第二、第三或更多辆，直到全部门店连续在多条配送路线中为止。

【知识链接 11-10】

冷链物流

冷链物流也叫低温物流(Low Temperature Logistics)，是一种特殊的物流形式，其主要对象是易腐食品(包括原料及产品)，所以国外普遍称其为易腐食品冷藏链(Perishable Food Cold Chain)。它是随着科学技术的进步、制冷技术的发展而建立起来的，是以冷冻工艺学为基础、以制冷技术为手段的低温物流过程。冷链适用于初级农产品(果蔬、肉类、水产品、花卉等)、加工食品(速冻食品、包装熟食、奶制品等)和特殊商品(如药品等)。

按冷链物流的对象的存储、运输、销售的温度，可将冷链物流分为冷冻链物流和冷藏链物流。前者多用于冷冻商品，一般在－30℃以下的温度快速冻结食物，然后－18℃以下流通贮存;而冷藏链物流多用于冷藏商品,一般在0℃以上的温度下处理并流通储存,国内冷藏链物流流通贮存多控制在0～15℃,两者的区别如表12-1所示。

表12-1 冷藏链物流和冷冻链物流

比较项目	冷冻链物流	冷藏链物流
流通贮藏温度	−18℃	0～15℃
服务对象	冻结温度带的产品,如:冷冻水产品、畜禽、速冻饺子、速冻包子、冰淇淋等冷饮品	冷却温度带的产品:如各种畜禽熟食、冷却肉、冷藏水产品、新鲜果、蔬菜及其加工产品,低温保鲜奶及其制品以及某些医药用品等
食品贮藏期	长	短
食品鲜度	由于食品的一部分细胞死亡,且在解冻时出现汁液流出,不能保持食品的原有风味	由于食品解冻后不脱水,水溶性的维生素和水溶性蛋白质极少随水流出,保存住了食品的营养价值及其鲜度

【前沿聚焦11-2】

断裂的冷链

两难境地中的物流业,违反规则,冷冻农产品阳光下暴晒,消费者为什么浑然不觉?降低成本,新鲜果蔬常温运输损耗严重,这一账该如何算?由于一些农产品物流企业不重视冷链物流运输,一味压缩成本,于是在冷链物流行业出现了一个怪现象,一些不规范的冷藏车大受欢迎,那些正规的冷链运输企业却因为规范运营成本明显要高过普通的货车导致效益低下,处于濒临倒闭的境地。如何连接断裂的农产品冷链?(视频资料引入)

分析:

我国是鲜活农产品生产大国,蔬菜、水果、畜禽等多种鲜活农产品的产量位居世界前列。20世纪90年代以来,我国鲜活农产品消费模式已由温饱型向品质型、服务型转变。由于缺乏保鲜技术、加工能力不足、流通环节多、效率低,农产品集中上市期间,物流、信息流不畅,产销脱节问题严重。

农产品有不同于一般工业品的自然特性、物理特性、生产供应特性和需求特性,这些特性使得鲜活农产品的物流运作比一般工业品物流困难多、难度大。农产品特性要求物流业需要冷链运输、销售,但高额的成本与超低的利润点之间矛盾日益突出,已成为农产品物流发展的瓶颈。

(资料来源:2012-09-08 http://tv.cntv.cn/video/C10465/VIDE100138170493)

◆ 分组讨论

1. 农产品仓储、运输及配送的特征、方式是什么?
2. 农产品配送有哪些基本环节和工艺流程?
3. 如何选择合理的运输方法?
4. 如何设计农产品配送方案及配送计划?

◆ 业务技能训练

1. 背景资料

某快餐企业在北京的配送中心位于北京市亦庄经济技术开发区宏达路20号。每天凌晨

3点之前其上游供货商就企业当天所需的各种原料送到该配送中心，然后由配送中心的工作人员按照各分店当天的需求进行分拣配货，要在凌晨5点之前将原料分送到各分店。下表是6月20日下午4点配送中心收到的企业各分店6月21日早晨主要原料的需求数量统计表。

序号	分店名称	生菜丝	青椒条	黄瓜条	汉堡坯	薯条	鸡块	鸡翅	合计
1	阜成门店	26	10	5.4	47	30	80	111	
2	西直门店	43	20	12	81	19	100	63	
3	马甸桥南店	54	30	22	100	44	201	151	
4	嘉园二里店	34	10	39	81	50	160	100	
5	宣武门店	50	31	22	80	41	120	99	
6	西单店	160	45	30	320	89	430	320	
7	白纸坊店	11	5	15	36	10	47	38	
8	广安门店	37	13	19	81	60	43	107	
9	金正阳桥北店	40	20	18	116	48	56	70	
10	六里桥店	37	10	9	61	35	76	34	
11	三里屯店	80	56	50	307	208	182	190	
12	万惠餐厅	40	6	5	71	20	72	38	
13	工体东大街店	12	30	15	230	65	350	85	
14	华普店	60	20	18	130	102	40	48	
15	京源餐厅	30	19	10	100	63	60	53	
16	酒仙桥店	51	10	8	81	30	91	70	
17	北太平庄店	35	8	5	60	35	75	80	
18	魏公村店	70	16	8	120	18	80	65	
19	紫竹桥店	25	15	15	33	200	240	205	
20	中关村大街店	50	30	15	45	230	155	55	
21	海淀店	28	22	10	160	45	120	66	
22	海淀大街	25	33	18	185	48	150	75	
23	丰台北路店	68	12	10	145	30	120	130	
24	团结湖店	33	40	22	190	80	250	210	
25	朝阳店	55	60	30	60	57	130	124	
26	花园北路店	30	17	153	357	221	272	238	
27	红桥店	33	50	24	240	152	137	112	
28	十里堡店	38	44	39	67	168	95	73	
29	安外店	28	32	28	480	310	63	74	
30	方庄店	39	63	74	78	30	97	74	

2.训练准备

(1)全班学生分组,每组成员控制在3～5人。

(2)器材准备:北京市城区交通图、直尺、细线、白纸、电脑、北京市电子地图以组为单位进行农产品市场调研,收集相关资料。

3.训练步骤

(1)从网上搜索或通过有关服务咨询电话确定该企业在五环内的各分店数量及具体地址;

(2)将各分店的位置在地图中准确标出;

(3)利用电子地图求出各分店及配送中心之间最短路径及距离并标在地图上;

(4)根据各点之间的距离绘制出各点之间的交通网络图;

(5)采用节约里程法编制配送方案;

(6)将最终配送方案编制成表格,并完成实训报告。

4.训练效果评价

考评内容	考评标准	分值(分)	自评(分)	小组评价(分)	教师评价(分)	实际得分(分)
训练完成情况	地图标识完整及准确性	10				
	交通网络图	20				
	配送方案完整性	50				
其他	态度积极、遵守纪律、有团队协作精神	20				
合计		100				

注:实际得分=自我评价×20%+小组评价×30%+教师评价×50%。

训练目标

了解配送方案制定所需基本数据资料及其收集方法;掌握配送运输方案的制订及优化方法的应用。

任务十二　销售队伍设计与管理

◈ 任务目标

通过完成本任务,你应该能够:

1. 熟悉销售队伍的甄选、培训、考核、激励等方法;
2. 掌握对销售人员的考核评价方法,制定销售人员考核评价制度;
3. 掌握对销售人员的薪酬激励方法,制定销售人员薪酬激励制度;
4. 了解农产品经纪人,学会做一个合格的农产品经纪人。

◈ 引导性案例

生态农产品需要专业销售队伍

每家只养三两头,吃素食,常散步,有专门的打滚撒欢的场所,完全按照无公害养殖方式生长起来的"快乐猪"曾经是河南省兰考县南马庄村民的骄傲。南马庄村民还为"快乐猪"写了"快乐宣言":猪吃得自然就活得快乐;猪活得快乐,猪就健康;猪快乐,猪健康,人就健康;人健康了,社会就会和谐。"快乐猪"的养殖成本大概在1 500元左右,市场价格却能达到4 000元,"快乐猪"养殖合作社的社员贾改芹2010年养了四头猪,第二年收入近万元,在春节前后甚至出现了"抢购潮"。于是,许多村民准备再多养几头,2011年年底,"快乐猪"的存栏量从上年的40头上升到150头。

南马庄村"快乐猪"养殖合作社理事长杨士祥从2012年春节前就开始多方联系销售渠道,但情况并不理想。年关已过,一直到2012年2月份,南马庄村的"快乐猪"依然剩下40多头猪没有卖出去。同时,"快乐猪"在郑州市国仁超市设立的专营柜台销售情况也不理想,两个月的时间仅销售出两头。

"快乐猪"养殖量不受限制地增加,不仅增加了猪仔的成本,也增加了后期市场风险,增产未必就能增收。生态健康的农产品不仅仅是注册一个品牌就可以了,在这个品牌背后要有良好的质量做基础,还需要培养专业化的销售人才团队,这样农民才能从单打独斗到抱团起来闯市场。

(资料来源:http://finance.sina.com.cn/money/future/20120306/170111526753.shtml)

思考

1. "快乐猪"为什么会出现滞销?
2. 如何进行销售队伍的建设?

子任务1 设计销售队伍

一、设计销售队伍结构

农产品销售的效率很大程度上取决于销售队伍的结构。在构建销售队伍时，应考虑农产品销售的范围、消费者的构成和产品组合等因素。可供选择的销售队伍结构形式有四种：

1.按地区划分的结构

即按地理区域设置销售机构，配备销售人员，销售人员在规定的区域负责销售各种农产品。这种情况需要设置销售管理层次，销售经理更多的是进行销售的管理而不是销售产品。规划区域时既要考虑区域的大小、特征、自然界限的位置、相邻地区的一致性以及交通的便利等因素，还要分析区域是否易于管理，同时还要考虑各个区域销售潜力以及销售工作量是否相等。

优点是责任明确、有助于与消费者建立牢固的关系，节省销售费用。这种方式适用于所销售的农产品品种单一、市场类似程度高的情况。在划分区域时，可以按同等销售潜力和相等工作量设计。

◆ 按同等销售潜力设计时，要考虑各个区域消费者密度不同，要达到相同的销售额，付出的努力是不同的。可以将消费者密度低地区的报酬提高，以弥补额外的努力和付出。

◆ 按相同销售工作量设计时，可以考虑对销售潜力较高的地区给予较低的报酬，或派经验丰富的人员到销售潜力较低地区。

2.按农产品品种划分的结构

即按农产品品种配备销售人员，设置销售机构，每组销售人员负责一个或多个农产品在所有地区市场的销售。优点是利于销售工作专门化，便于销售人员掌握各种农产品的生产和销售情况。这种方式适合于产品之间相关性很小，目标消费者相关性也很小或产品类别很多时的情况。

3.按消费者类别划分的结构

即按某种标准（如行业、消费者规模）把消费者分类，再据此配备销售人员，设置销售结构。优点是能满足不同用户需求，提高销售成功率。缺点是如果消费者分布在不同的区域会增加销售费用，同时难以覆盖更广市场。

4.综合式的结构

即将上述三种结构结合起来，或按区域—产品，或按区域—消费者，或按区域—产品—消费者来组建销售机构或分配销售人员。通常当规模大，产品种类多，市场范围广，消费者分散时适宜采取这种结构。

总之，销售队伍结构必须根据自身的具体情况而定，同时，在确定销售队伍结构时，也要确定销售人员的分工。

二、设计销售队伍规模

销售队伍结构确定之后，就要着手设计队伍规模。销售队伍规模的确定，主要依据其结构形式，同时还要考虑成本、销售效率及组织发展的需要等。通常用“工作量法”来确定销售队伍的规模，其步骤如下：

(1)按照年销售量将客户分成大小类型；

(2)确定每类客户所需的访问次数(对每个顾客每年的销售访问次数)，这反映了与竞争对手相比要达到的访问密度是多少；

(3)每一类客户数乘上各自所需的访问数便是整个地区的访问工作量，即每年总的销售访问次数；

(4)确定销售人员年平均访问次数；

(5)将总的年访问次数除以销售人员年平均访问数即得所需的销售人数。

例如：某农产品销售公司估计某区域有 1 000 个 A 类顾客和 2 000 个 B 类顾客；A 类顾客一年需要访问 36 次，B 类顾客需要访问 12 次。这就意味着公司在该区域每年总的访问次数是 60 000 次，假设每个销售人员平均每年可以做 1 000 次访问，那么该地区需要 60 个专职销售人员。

子任务 2　销售队伍的管理

一、确定销售队伍目标

销售人员除了销售产品之外(完成或超额完成销售定额)，还将执行下述一个或几个特定的任务：

(1)寻找客户：销售人员负责寻找新客户或主要客户；

(2)传播信息：销售人员应能熟练地将产品和服务的信息传递出去；

(3)推销农产品：销售人员要懂得“推销术”这门艺术——与客户接洽、向客户报价、回答客户的疑问并达成交易；

(4)提供服务：销售人员要为顾客提供各种服务，如对顾客的问题进行解答、安排资金融通、加速交货；

(5)收集信息：销售人员要进行市场调查和情报工作，并认真填写访问报告；

(6)分配产品：销售人员要对消费者的信誉作出评价，并在农产品短缺时将稀缺产品分配给消费者。

许多公司对其销售队伍的目标和活动都有比较明确的规定。如某农产品销售公司要求它的销售人员，要将 80％的时间花在现有顾客的身上，20％的时间花在潜在客户身上；85％的时间用于销售既有产品，15％的时间用于销售新产品。如果公司不规定这样的比例，那么销售人员很可能会把大部分时间花在向现有顾客推销既有产品上，因而忽略新产品和新客户方面的工作。

此外，销售人员应该了解如何分析销售数据、测定市场潜力、收集市场情报、制定营销战略和计划，这对销售管理部门的人员来说尤其重要。

二、甄选销售人员

销售人员素质高低直接关系到农产品销售的成功与否,销售人员的甄选和培训对于构建强有力的销售队伍至关重要。甄选销售人员要做好以下工作。

1. 确定选择标准

合格的销售人员应该具备以下素质:强烈的责任心;良好的心理素质,能承受风险;良好的仪态和修养;良好的社交能力;较强的应变力;具备一定的农产品专业知识和销售经验。

2. 确定招聘途径

通常的招聘途径有:现有销售人员引荐;职业介绍所;人才市场;刊登招聘广告(报纸、电视、电台、互联网等);合作社或公司内部等招聘途径。

3. 甄选销售人员

采用具体的人员甄选方式和方法选出销售人员。

三、培训销售人员

销售管理人员要根据销售人员的成长阶段、个性特征、心理状态等因素,在为其提供标准、统一销售培训的同时,针对每个人的特点,因材施教,帮助其成长和提升。培训销售人员要做的工作主要有:

1. 确定培训内容

培训内容通常包括合作社或公司基本情况、农产品基本知识、市场知识、心理学知识、政策法规等内容。

◆ 新入职的销售人员培训,主要是有关销售知识和技能、合作社或公司基本情况和农产品基本情况等;

◆ 在岗销售人员的培训,主要是关于新的农产品知识、新的经营计划和新的市场营销策略等。

2. 确定培训方式

常被采用的销售人员培训方法有:

◆ 讲授培训:由专家和有丰富销售经验的优秀销售员来讲授农产品基础理论和专业知识,介绍销售方法和技巧。

◆ 模拟培训:由受训人员扮演各种角色,模拟销售过程。

◆ 实战培训:销售人员直接上岗与有经验的销售人员建立师徒关系,通过传、帮、带使受训人员逐渐熟悉业务,成为合格的农产品销售人员。

3. 明确培训目标

通过培训,销售人员应达到如下目标:

◆ 了解合作社或公司各方面的情况。如合作社或公司的历史和经营目标、组织机构设置和权限情况、主要的负责人员、财务状况和措施,以及主要的产品与销量等。

◆ 通晓合作社或公司的产品情况。包括各种农产品的生产过程和用途。

◆ 深入了解合作社或公司各类消费者和竞争对手的特点。了解各种类型的消费者的购买动机、习惯。

◆ 了解销售的基本原理、每种农产品的销售要点以及销售说明。

◆ 懂得实地销售的工作程序和责任。销售人员要懂得怎样在现有客户和潜在客户之间分配时间,合理支配费用,如何撰写销售报告,拟定有效销售路线等。

四、考核与评价销售人员

销售人员的薪酬结构一般是基本工资＋奖金或者提成。科学地计算并管理销售人员的奖金,既能调动销售人员的积极性,又能使销售人员的行为尽可能的符合公司的利益。为此,需要对销售人员进行考核和评价。

1. 建立考评标准

绩效考评标准的确定既要遵循基本标准的一致性,又要考虑推销人员在工作环境和区域市场拓展潜力等方面的差异性,不能一概而论。绩效考核的总体标准应与销售增长、利润增加和企业发展目标相一致。制定公平而富有激励作用的绩效考评标准,需要管理人员根据过去的经验,结合销售人员的个人行为来综合制定,并需要在实践中不断加以修整与完善。

2. 确立销售人员的关键业绩指标

把销售人员的奖金跟一系列的关键业绩指标(KPI)挂钩。销售人员要想拿到高的奖金,必须尽可能多地完成各项 KPI 指标。销售人员的关键业绩指标有:

◆ 销售量或销售金额。销量是销售人员 KPI 考核最基本的指标。

◆ 利润。单纯地对销售人员设定销售量或销售金额指标,会出现销售人员为了完成指标,大力销售那些很容易完成任务的产品。这样往往造成销售人员的销量是完成了,但公司有可能是不赚钱甚至亏损的,这样下去是不利于合作社或公司的持续经营的。因此,还需设立与利润挂钩的指标,如"毛利"、"回款"、"高端产品比重"等。

【阅读案例 12-1】

宁夏某枸杞酒公司的销售考核

宁夏某枸杞酒公司给某区域的销售人员下达了月 10 000 箱的销量指标,该枸杞酒公司的产品包括毛利率最高的特级枸杞酒、毛利率一般的普通枸杞酒和毛利率很低主要用来打击竞争对手的红运枸杞酒,结果一个月下来,该区域完成了 12 000 箱,其中低毛利的红运枸杞酒就占了 10 000 多箱,占整体销量的 90%以上。单从总销量上来说,该区域可以说是超额完成了公司的指标,该区域的销售人员也普遍拿到了很高的奖金,但是公司的财务人员月底一核算,由于占该区域整体销量 90%以上的是低毛利的红运枸杞酒,除掉经销商的毛利、运输费、促销费、销售人员的工资,公司在该区域是亏损的。后来该公司决定改革,该区域的销售任务仍然是 10 000 箱没有变,但是把任务细分到了产品种类上,10 000 箱任务里面含 2 000 箱高毛利的特级枸杞酒,6 000 箱一般利润的枸杞酒,2 000 箱低毛利的红运枸杞酒,这样销售人员不光要完成 10 000 箱的总任务,还必须的完成一定数量较高毛利的产品,这两项指标如果有一项不达标则销售人员拿不到 100%的奖金或者提成就会相应的减少,这样驱使销售人员在完成总体销量的同时也去努力推销公司的高毛利产品,为公司多创造利润。

3. 确立其他业绩指标

这些指标包括"新开客户数"指标,用来督促销售人员多开发新客户;"活跃客户数"指标,用来督促销售人员管理好现有的客户,保持与客户的一定成交率;"渠道管理"、"是否有窜货"、"价格管理"等指标,用来督促销售人员加强对渠道的管理,使渠道运作顺畅。

【阅读案例 12-2】

可口可乐公司考核销售人员的KPI指标

可口可乐公司在针对销售人员考核的KPI指标里面设定了“终端生动化表现”、“促销活动执行”等市场指标，从而使得销售人员在完成销售指标的同时，也去主动关心公司产品在市场上的表现，这样，销售人员执行好了促销、陈列等市场任务，反过来又推动了销量的增长，从而使可口可乐的销量呈良性增长的态势。比如可口可乐公司对普通销售人员的KPI考核如下所示：

指标	销量	终端生动化	某新产品铺货率	活跃客户数	灌装产品完成率
比例/%	60	10	10	10	10

诺基亚公司，在为销售人员设定销售指标的同时，还设定了市场份额指标，公司专门聘请第三方调查公司进行市场占有率的调查，如果销售人员完成了销售指标，但是市场份额再掉的话，同样是不合格的。

【阅读案例 12-3】

不同环境下销售人员的KPI指标

某农产品企业处于市场导入阶段，销量不大，公司更多的希望销售人员能做好一些基础工作，比如新开客户数、铺货率、生动化等等，各指标的比例如下表：

指标	新开客户数目	终端铺货率	生动化	销量
比例/%	30	30	20	20

当该企业的产品发展到成熟阶段以后，企业这个时候更多希望销售人员能实现销量的最大化并尽快回笼资金，这个时候企业对销售人员的考核指标里面更多的是销量、回款、利润、渠道管理等销售指标，销售人员的KPI考核就变成了如下表：

指标	销量	利润	市场表现	渠道管理
比例/%	50	30	10	10

对比这两个指标表我们可以看出，企业在不同的时期不同的环境下，针对销售人员的KPI指标是经常变换的，变换的不仅包括指标本身，还包括它们之间的比例。

【阅读资料 12-1】

销售考核指标发展趋势

1. 考核指标由单一向多指标发展。现代市场条件下，对销售人员的考核已经不再设定唯一KPI的指标，而是设定多个指标，涵盖销售、市场、管理等多个方面，从而对销售人员进行全面综合的评价，为企业发现和培养综合性的人才。这些指标有：

◆ 市场表现。很多公司发现，虽然有些销售人员的每个月销量指标完成很好，利润也不差，但是市场上几乎看不到该公司的产品，因为产品全部压在经销商的仓库；终端上也很少看到该公司产品曝光，因为业务员很少拜访终端客户；该公司产品在当地的市场份额不断萎缩等。针对这些情况，在考核销售人员的KPI指标中加入市场的因素，使销售人员在关注销售指标的同时主动去承担市场的职能，有利于整个市场健康发展。

◆ 管理能力。销售管理人员的职责不仅是要完成销量和市场指标，还应该承担管理的职能以及为公司不断培养人才。针对销售管理人员的 KPI 指标一般包括："是否有下属投诉"、"团队人员流失率"、"是否发生客户重大投诉"、"是否为公司培养人才"等。例如，某农产品公司给该公司某区域销售经理设定的年度人才流失率为不超过 10%，如果超过这个数字，则意味着该区域经理年度奖金的减少或者晋升机会的丧失，这就引导该区域销售经理在做好销售的同时，多点关心下属，培养下属团队意识和归宿感，尽可能地减少员工的流失率。

2. 从静态指标向动态指标发展。现代企业对销售人员设定的 KPI 考核指标是根据企业经营发展的需要以及外部环境的变化来不断进行调整的，而且调整的不仅是指标本身，还包括他们在这个考核指标体系里面的比重。

3. 从指标向指引发展。一个科学的 KPI 考核体系不仅仅是一系列的指标，更是一个工作指引，引导销售人员如何去计划和开展他的工作，引导销售人员用全局的思想去耕耘合作社或公司分配给他的那块市场，引导对销售人员进行一个科学、公正、客观的评价，引导销售人员根据合作社或公司和外部的环境不断调整自己工作的侧重点，从而使销售人员的行为时刻与合作社或公司的发展以及管理层思路保持一致。

4. 收集考评资料

考评资料包括以下几种：

◆ 农产品销售活动计划和销售绩效报告。

◆ 销售记录：包括顾客记录、区域销售记录、销售费用支出的时间和数额等信息，是考评销售业绩的宝贵基础资料。

◆ 消费者及社会公众的评价：通过对顾客投诉和定期消费者调查结果的分析，可以透视出不同的销售人员在完成工作时，其言行对企业整体形象的影响。

◆ 内部员工的意见：销售经理和其他非销售部门有关人员的意见及销售人员之间的意见，通过这些资料可以了解销售人员的合作态度和领导才干等方面的信息。

5. 选择业绩考评方法

销售人员业绩考评方法有以下几种：

◆ 横向比较法。就是把各位终端销售人员的销售业绩进行比较和排队。这里并不是对业务完成的销售额进行对比，而应考虑到业务人员的终端销售成本、终端销售利润、终端风险控制和客户关系等。

◆ 纵向分析法。就是将同一终端销售人员现在和过去的工作实绩进行比较，包括对终端的销售额、销售费用、新增的终端客户数、失去的终端数、终端的死账率以及每个终端平均销售额等数量指标的分析。这种方法有利于衡量销售人员工作的改善状况。

◆ 尺度考评法。就是将考评的各个项目都配上考评尺度，制作出一份考核比例表加以评核的方法。在考核表中，可以将每项考评因素划分出不同的等级考核标准，然后根据每个销售人员的表现按依据评分，并可对不同的考评因素按其重要程度给予不同的权数，最后核算出总的得分。

五、建立报酬与激励制度

由于销售工作具有较大的独立性、流动性和自主性，难以对其进行日常控制，而且销售人员的工作环境很不稳定，风险较大。销售人员的报酬制度应当具有较大的灵活性，一般有以下几种形式：

1. 薪金制

即固定工资制，没有与其销售业绩挂钩的工资收入部分。这种方式使用时间不能超过6个月，然后必须实施加以佣金和红利的方式。

【知识链接 12-1】

薪金制利弊与适用条件

薪金制能够给销售人员稳定的收入，使他们更愿意完成非销售活动，并非用刺激来增加对客户的销售，使管理简化并降低了队伍的流动性，容易根据合作社或公司需要调整销售人员的工作。但薪金制与销售人员的销售业绩不存在联系，不能够有效调动销售人员主观能动性，且其平均式的分配方式会造成销售团队内部出现消极行为，不利于合作社或公司销售目标的顺利达成。这种方式主要用于以下情况：

◆ 侧重于现有客户服务和关系维持而不是开发新的销售额；
◆ 在新的销售人员建立起他们自己的客户之前保证他们的收入；
◆ 新老销售人员不得不花大量时间来熟悉新产品和服务体系。

2. 底薪＋奖金

销售人员的薪酬收入由合作社或公司按期支付的基本工资和完成一定销售目标的奖金两部分构成。基本工资的获得是稳定的，奖金是指在销售人员完成期初制定的销售目标之后给予的激励奖赏。

【知识链接 12-2】

底薪＋奖金利弊

底薪＋奖金薪酬模式的优点是在确保销售人员有保障收入基础上，通过奖金激励为销售人员设定一系列与合作社或公司发展相关的指标，引导其合理的销售行为，促进合作社或公司的和谐、持续发展。但由于该薪酬模式下销售人员的当期销售额与薪酬并不直接关联，会使销售人员对销售额的获得缺乏必要的动力。

3. 底薪＋业务提成

销售人员的工资收入由合作社或公司按期支付的基本工资和与其销售业绩直接挂钩的销售提成两部分构成。一般情况下，销售越是困难，销售业绩对销售人员的主观能动性依赖越大，则相应的销售业务提成比例就会相对高。

【知识链接 12-3】

底薪＋业务提成利弊

底薪＋业务提成薪酬模式在为销售人员生活提供基本保障的同时，对销售业绩良好的销售人员具有很大的激励性，是目前广泛采用的一种销售人员的薪酬模式。但是，该薪酬模式会引致销售人员时刻关注自身利益，而忽视了销售团队的凝聚力和企业的整体利益。

底薪＋业务提成的薪酬模式又可区分为“高底薪＋低提成”与“低底薪＋高提成”两种薪酬模式。前者更注重的是销售人员的稳定性，用较高的稳定工资收入稳定销售人员与合作社或公司之间的工作关系；后者则以销售人员的工作业绩为导向，以销售人员的业绩核定其绝大部分的工资收入。

4.底薪＋业务提成＋奖金

销售人员的薪酬收入由合作社或公司按期支付的基本工资、按期根据销售业绩发放的业务提成及完成一定销售目标的奖金三部分构成。

【知识链接 12-4】

底薪＋业务提成＋奖金利弊

底薪＋业务提成＋奖金薪酬模式同时综合了基本工资、业务提成和奖金三种报酬的优势，能充分发挥薪酬在调动销售人员主观能动性方面的激励性。其中，业务提成能激励销售人员追求优秀的业绩，而奖金则会促使销售人员更加关注其销售行为。但是该薪酬模式在无形中增加了合作社或公司的薪酬管理成本，增加了薪酬制度操作的专业性，并且销售额的核定、业务提成率、奖金发放率等方面的核定也存在较大的困难。

5.佣金制

销售人员的工资收入没有固定的部分，全部由浮动工资部分组成，即由销售人员一定比例的业务提成构成。

【知识链接 12-5】

佣金制利弊

佣金制薪酬模式的优点显著，激励性很强、操作简便，维护成本低。但是在该薪酬模式下，销售人员面临着全部的销售风险，一旦受经济和市场因素影响，其收入会非常不稳定，并且此种情况下销售人员会受经济利益驱使，热衷于进行有利可图的交易，为了其个人的短期收益甚至会出现损害企业形象及长远利益的情况。同时，该薪酬模式还会导致销售人员之间的恶性竞争，削弱了销售队伍的稳定性和凝聚力。

以上五种薪酬模式都各有其优劣势，在什么情况下采用何种薪酬模式，一般要考虑销售人员的素质和合作社或公司销售的产品。一般情况下，稳定收入较低而浮动收入较高的薪酬模式，比较适合具有丰富的销售经验、个人能力较强的销售人员；稳定收入较高而浮动收入较低的薪酬模式比较适合暂时经验不够，但有销售潜力的销售人员，并且对销售队伍的建设比较有利。

由于工作性质、人的本性、个人问题等方面的因素作用，销售人员需要一定的鼓励和特殊的刺激，从而使其作出更大的努力。研究表明：最有价值的奖励是工资，随后是提升个人的发展和作为某群体成员的成就感；价值最低的奖励是好感与尊敬、安全感和表扬，销售定额也是一种有效的激励因素。此外，销售会议、销售竞赛等也是一些辅助性的激励因素。

【阅读案例 12-4】

薪酬激励：如何给销售打鸡血

兴发公司是一家主要从事农业机械产品代理销售的供应商，成立8年来销售业绩一直节节攀升，人员规模也迅速扩大到了数百人。然而公司的销售队伍在去年出现了动荡，一股不满的情绪开始蔓延，销售人员消极怠工，优秀销售员的业绩开始下滑，这迫使公司高层下决心聘请外部顾问，制定销售人员的薪酬激励方案。

这家公司的销售部门按销售区域划分，同一个区域的业务员既可以卖大型设备，也可以卖小型设备。后来公司对销售部进行组织结构调整，将一个销售团队按两类不同的产品线一分为二，建立了大型项目和小型设备两个销售团队，他们有各自的主攻方向和潜在客户群。但是组织结构虽然调整了，两部门的工资奖金方案没有跟着调整，仍然沿用以前的销售返点模式，即将销售额按一定百分比作为提成返还给业务员。这种做法，看似是不偏不向，非常透明，但没能起到应有的激励作用，造成两部门之间的矛盾，于是出现了上面讲到的现象。

经诊断分析，这种分配机制产生的不合理现象具体有：

1. 对于大型设备的销售，产品成本很难界定，无法清晰合理地确定返点数。同时，很多时候由于竞争激烈，为了争取客户的长期合作，大型设备销售往往是低于成本价销售，根本无利润可以返点。

2. 销售返点模式一般一季度一考核，而大型设备销售周期长，有时长达一两年，客户经常拖欠付款，这就使得考核周期很难界定。周期过短，公司看不见利润，无从回报销售人员；周期过长，考核前期销售人员工作松散，经常找不到订单。

3. 大型设备成交额很大，业务员的销售提成远远高于小型设备的销售，这导致小型设备的业务员心理不平衡，感到自己无法得到更高的收入，公司对自己不够重视，于是工作态度开始变得消极。

4. 大型项目一般是团队合作，由公司总经理，副总经理亲自领导，需要公司其他部门紧密配合，如何将利润分给所有参与项目的人，分配原则是什么，这些问题都是销售返点模式难以回答的。

通过对以上问题的分析，这个公司设计了一套量身定做的工资奖金方案：

首先，对两个销售团队重新进行职责定位，分别撰写部门职责和岗位职责，明确工作分工，保证其他部门的配合和支持，同时对基本工资进行了不同幅度的调整。

然后，将两个团队工资分配体系彻底分开，即为两个团队分别设计一套完整的自成一体的工资奖金方案：小型设备销售采取以成本利润为基础的返点模式，而大型项目采取的是以目标绩效为基础的年薪制；小型设备采取个人激励，而大型设备采取团队激励；小型设备考核周期为季度考核，大型设备是以项目为周期的考核。

最后，根据两类设备的特点为销售人员设计不同的能力要求。一个企业组织结构的调整，往往会带来员工薪酬结构和绩效目标的变化，工资奖金的变化应为公司战略和新的管理模式服务。

（资料来源：http://www.chinahrd.net/compensation-benefits/）

子任务3　培养农产品经纪人

【阅读案例12-5】

农产品经纪人带旺农产品销售

张保昌是一名农产品经纪人。“张老板，我家的八角都晒干了，你过来收吧。”“我把田心村的装上车就过来。”目前，藤县古龙镇八角销售经纪人张保昌正在田心村收八角，邻村的八角种植户就迫不及待地催他上门收购。今年入秋以来，张保昌已在古龙镇收购了约1.5万千克八角，准备外运到山东、上海等地销售。

在藤县，像张保昌这样的农村经纪人有4 000多人，他们活跃在城镇乡村，懂市场营销，有客户资源，对解决农产品难卖问题起到积极作用，被农民亲切地称为“经济红娘”。

近年来，藤县在大力发展无籽西瓜、大红八角、砂糖橘、荔枝等特色作物种植的同时，注重培育农村经纪人队伍，通过举办培训班等形式，对农村经纪人进行市场营销、产品质量标准等方面培训，让他们成为掌握现代市场营销本领的“经济红娘”，为种植户解决销售难题。此外，针对农村经纪人原有活动分散、经营规模较小等状况，该县积极引导其建立行业组织，推行“市场＋经纪人＋农户”、“基地＋经纪人＋农户”、“经纪人＋公司＋农户”等运作模式，在经纪人与农户、客户之间架起一座沟通桥梁，让经纪人一手“牵”着农民，一手“连”着市场，从而激活农产品产销市场。据了解，今年藤县农村经纪人已为本地农户销售无籽西瓜、大红八角、荔枝、龙眼等农产品400多万吨。

（资料来源：http://www.people.com.cn/h/2011/1025/c25408-2877651638.html）

农产品经纪人是从事农产品收购、储运、销售以及销售代理、信息传递、服务等中介活动而获取佣金或利润的人员。农产品经纪人作为从事农产品收购、储运、销售等市场中介服务的职业群体，是把农业生产与市场需求紧密连接起来的桥梁和纽带，对于提高农民进入市场的组织化程度，解决农产品“卖难和买贵”问题，促进现代农业发展，推动农村经济结构调整，帮助农民增收致富，提升我国农业参与国际合作和竞争的能力与水平等都有着十分重要的作用。

【阅读资料12-2】

农产品经纪人的队伍不断壮大

据中国农产品流通经纪人协会调查统计，全国目前已经形成一支600多万人的农产品经纪人队伍。他们常年活跃在流通领域，成为经销“菜篮子”、“果盒子”、“米袋子”产品的生力军。“买全国、卖全国”已逐步成为常态，农产品供应的季节差别、地区差别不断缩小，市场繁荣，购销两旺。据浙江省提供的资料显示，蔬菜、水果、花卉、生猪等主要农产品流通量的80%以上由农产品经纪人完成。据青海、内蒙古、甘肃、宁夏等农产品经纪人协会调查，土豆、蔬菜、小杂粮的90%以上的流通量由经纪人完成。目前各类农贸市场、农产品批发市场90%的货源来自于农产品经纪人。山东金乡县大蒜信息协会提供的信息表明，所有外销的大蒜基本由经纪人所掌控。根据中国农产品流通经纪人协会的调查估计，2010年经由农产品经纪人完成的农产品在2万多亿元以上（不含加工品）。

据调查了解60%以上的农民专业合作社是农产品经纪人领办的，据吉林延边朝鲜族自治州农产品经纪人协会调查统计，全州现有州、县、乡农产品经纪人协会75个，90%的专业合作社理事长由经纪人担任。目前，一些大学已开始探索设立农产品经纪专业，从在校大学生中培养新型农产品经纪人。

一、获取农产品经纪人资格

目前根据我国实行的行业准入制度，为规范全国各地大量存在的农产品流通领域的各种中介行为，国家劳动和社会保障部制定了农产品经纪人职业资格，所有在农村从事农产品经营中介活动的人员都需要经过培训取得农产品经纪人职业资格证书，持证上岗。

国家劳动和社会保障部已将农产品经纪人职业资格的管理行为授权给中华全国供销合作总社，由中华全国供销合作总社根据授权实施行业培训，制定行业标准以及资格证书的管理工作。

【知识链接 12-6】

农产品经纪人类型

由于农产品的范围较广、不同地区的经济发展水平差异较大、各地经营方式和习惯不同，所以划分农产品经纪人类型的标准也较多。从中国农产品流通经纪人协会的调研情况看，目前农产品经纪人大致有三种类型：

1. 销售型。主要为当地农产品找市场，把农产品销售出去，即直接从事购销业务。从事这方面业务的，绝大多数属于初入市场的。

2. 信息型。主要提供需求信息，指导农民进行生产销售，经纪人本身不从事购销活动，其收入主要来自农民的销售提成。比如，河北唐山市一部分经纪人自己开设专业网站搜集和提供蔬菜、果品等方面的供需信息，新的品种、种植、保鲜、储藏、加工技术信息，为农民的产品找到好的销路、卖出好的价格打下基础。山东金乡县大蒜信息协会就是把周围四省七个主产县的大蒜经纪人联合起来，分片包干，将种植面积、产量、储藏量、成交量、价格等信息及时汇总，很快用手机发布给农户、经营户及政府有关部门，同时从中收取一定的信息服务费。

3. 复合型。既从事农业生产，又利用自身信息优势搞销售；或者既搞加工储运业务，又从事农产品的购销业务。这一类的综合实力比较强，在中国农产品流通经纪人协会组织的2010年度全国百强农产品经纪人评选活动中，进入百强的农产品经纪人年经营额在亿元以上的有71名，销售额最高28亿元，平均年经营额3.1亿元；利润最高3.128 9亿元，平均年利润2 173万元；资产总额最高27.414 8亿元，平均资产总额1.4亿元；安排就业最高2.12万人，平均安排就业数2 123人；带动农户数最高33万户，平均带动农户数2.6万户。这些百强经纪人的一个共同点，就是综合经营。

二、农产品经纪人知识要求

作为农产品经纪人，要在市场当中生存，更好地服务于农村经济，就应该掌握一定的知识。

(一)一定的文化水准

从事农产品经纪活动应具有初中以上文化程度，对相关的基本知识或常识能理解、会运用；同时还应会运用现代化的通讯工具，并以此作为一种手段去捕捉信息、传递信息，为供需双方起到沟通的作用。文化基础程度越高，对业务变化的适应能力越强，成为优秀经纪人的可能性就越大。

(二)相应的专业知识

农产品经纪活动专业知识主要涉及以下几个方面：

1. 农产品基础知识

农产品涉及的范围非常广泛，而且随着市场经济的发展，农产品细分化的趋势愈加明显。作为农产品的经纪人来讲，应根据自己的实际情况有针对性地掌握自己所经纪的农产品的分布范围、品种类别、等级鉴定、市场价格、总体数量等相关内容，做到心中有数。同时，也应多了解经纪范围之外的农产品情况，抓住机会，拓宽经纪领域。

2. 农产品包装储运知识

农产品经纪人应掌握农产品的包装、储藏、运输等基本知识，才可使农产品品质在一定期限内保持原样，使自己的经纪工作顺利进行。

3. 财务会计知识

农产品经纪人在具体的经纪活动中，不仅要核定自己的经营成本、利润等问题，而且还要给交易双方做些涉及农产品成本、利润等相应的咨询服务，掌握财务会计知识是必要的。

4. 经营管理知识

经纪活动不是简单地联系农产品供需双方，而是一系列的经营活动。在这个经营活动中，需要经纪人了解市场需求，掌握农产品的采购、销售的若干方法，能根据实际情况对农产品发展趋势做出合理的判断与预测，对农产品成本做出正确的核算。

5. 经济地理知识

作为农产品的经纪人，应该多掌握农产品的分布概况、具体产地、交通状况等基本地理知识。必要的时候，还要对国外相关的农产品分布情况加以了解和熟悉，以扩大经纪空间。

6. 相关法律知识

农产品经纪人要依法进行活动，精通政策和法律、法规，使自己的中介活动合理、合法，不仅能很好地完成委托人交给的任务，而且也可以运用法律武器保护自己的合法权益。

7. 信息技术应用知识

农产品经纪人通常居住在乡村，信息传递时常有一定的困难。所以，经纪人必须要克服不利的客观条件，不断学习掌握现代信息技术知识及手段，使自己在最有利的时间内掌握最新的信息，这样才可能走在市场的前面。另外，作为农产品经纪人，还应根据本行业经纪项目的特点，了解相关的安全卫生知识，使自己经纪的农产品符合食用、使用的标准。

8. 辅助知识

农产品经纪人还需要：

◆ 了解并掌握必要的公关知识，和各种人员建立密切联系，更多地去了解人们的需求，使经纪活动的质量更高、更好。

◆ 通晓谈判程序，掌握高超的谈判技巧对于一个农产品经纪人来讲是至关重要的。

◆ 及时、准确地了解各方面的信息。

三、农产品经纪人能力素质要求

(一)农产品经纪人的能力要求

在经纪活动中，良好的事物观察、信息筛选能力，一定的社交和应变能力，都是农产品经纪人顺利工作的根本保障。

1. 捕捉信息的能力

农产品经纪人以自己经纪的业务为核心，围绕着相关的项目主动、及时地去捕捉信息，为经纪活动提供有预见性的、指导性的参考信息。

2. 信息鉴别能力

获取一定的信息资料后，应学会运用科学的方法，把原始的信息通过归纳、分析、对比、综合等手段，去粗取精、去伪存真，提炼出有价值的信息。

3. 良好的社交公关能力

社交公关能力反映的是一个人与社会融和、与他人交往沟通的能力，农产品经纪人是买卖双方的纽带，连接着城乡之间，活动的范围比较广泛，良好的社交能力可以充当经纪活动的润滑剂，调整经纪人与他人之间的各种关系；一定的公关手段，可以让经纪人迅速打开经纪局面。

(二)农产品经纪人的素质要求

农产品经纪人的内在素质在很大程度上也影响着经纪业绩，农产品经纪人必须不断提高自身的素质，使自己的经纪活动建立在更为合理和科学的基础之上。综合而言，农产品经纪人应具备以下基本素质：

1.政治思想素质

作为经纪人来讲，必须有着比较高的政治思想觉悟，正确领会和贯彻党和国家的各项方针政策，有强烈的时代感和责任心，使自己成为一个有理想、有道德、有文化、有纪律的新型农产品经纪人。讲求职业道德，使经纪活动建立在良性发展的轨道之上。

2.心理素质

良好的心理素质，是经纪人取得成功必备的条件之一。一般而言，农产品经纪人的心理素质包括以下几个方面：

◆良好的性格，稳定的情绪。农产品经纪人在开展业务活动过程中，要做到冷静而礼貌、耐心而果断，避免喜形于色、怒而变色；要经常保持较为平和的心态，使自己有比较好的心理承受能力。

◆坚强的意志，坚定的信心。农产品经纪人要有持之以恒、百折不挠的意志品质，遇败不馁、树立必胜的信心。

3.身体素质

农产品经纪人的经纪领域有很强的地域性，经常走村串户，往返于城乡之间，旺盛的精力是农产品经纪人必须具备的身体素质。

◆ 分组讨论

1.对一家农业企业进行调研，分析这家公司销售队伍情况。

2.为调研的农业企业制定行之有效的考核和薪酬制度。

◆ 业务技能训练

训练1.农产品销售队伍建设

背景资料：宏远农产品销售公司，一开始给销售人员只下达了销量指标，这样导致销售人员为了完成销售数量，总是按照公司的底价跟客户成交，销售人员的业绩是完成了但公司的利润一般，后来公司改革，销售人员不仅要完成销售数量，还要完成一定的利润指标，规定销售人员一个月必须达到多少的利润，超过利润之外的才能提成，改革以后，销售人员不仅努力地完成了销售数量，还纷纷都争取以用户所能接受的最高价格成交，公司的利润从而也大幅提高，实现了良性循环。

训练要求：调研同类企业销售队伍的构建、考核、激励等情况；总结在对销售队伍进行构建和管理的一些注意事项。

训练目的

掌握农产品销售队伍管理方法。

训练2.农产品经纪人能力、素质要求

分小组调查当地农产品经纪人情况，并为当地农产品经纪人提出培训方案。

训练目的

掌握农产品经纪人应具备的知识和素质能力要求。

参考文献

[1] 周玉泉.农户经营管理.长春:吉林科学技术出版社,2010.

[2] 农业部农民科技教育培训中心,北京农业职业学院.现代农户生产经营管理问答.北京:中国农业大学出版社,2011.

[3] 李季圣,李志荣.农产品营销理论与实务.北京:中国农业大学出版社,2005.

[4] 卫海英.市场营销学.北京:经济科学出版社,2009.

[5] 惠琳.市场营销学.北京:清华大学出版社,2012.

[6] 贾丹华.现代市场营销.北京:清华大学出版社,2007.

[7] 市场营销环境分析的重要性.慧聪网.http://info.nh.hc360.com/2009/02/21144811114.shtml.

[8] 孙洪霞,苗成栋.市场调查.北京:电子工业出版社,2012.

[9] 陈伟.市场调查与预测.哈尔滨:哈尔滨工程大学出版社,2012.

[10] 吴勇.市场调查.广州:广东高等教育出版社,2011.

[11] 李文柱.市场调查实务.北京:机械工业出版社,2010.

[12] 李国强,苗杰.市场调查与市场分析.北京:中国人民大学出版社,2010.

[13] 魏颖,岁磊.市场调查与预测.北京:经济科学出版社,2010.

[14] 徐红.农产品营销技法.南昌:江西科学技术出版社,2006.

[15] 赵苏.商品学.北京:清华大学出版社,2006.

[16] 迈克尔·波特.竞争战略.北京:华夏出版社,2005.

[17] 奚国泉,李岳云.中国农产品品牌战略研究.中国农村经济,2001(9):65-68.

[18] 周修亭.农产品品牌推广的主要方式和成功要领.蔬菜,2008(1):38-41.

[19] 陈璠,陈阳.地理标志商标与农产品品牌创建——基于USP理论的研究.http://www.zz.fjaic.gov.cn/gsbst/Article/ArticleShow.asp? ArticleID=3578.

[20] 周朝琦,侯龙文.品牌经营.北京:经济管理出版社,2002.

[21] 陈祝平.品牌管理.北京:中国发展出版社,2005.

[23] 凯勒.战略品牌管理.李乃和,等译.北京:中国人民大学出版社,2003.

[24] 侯可.区域品牌建设初探.科技和产业,2007(1):10-11.

[25] 周修亭,王明明.农产品多渠道系统内部冲突影响品牌塑造.蔬菜,2010(10):42-45.

[26] 冯英健.网络营销基础与实践.3版.北京:清华大学出版社,2007.

[27] 冯英健.实用网络营销教程.北京:清华大学出版社,2012.

[28] 刘真真.农民网络营销之路还有多远.济南:农村大众,2013.1.24.

[29] 张瑞东.陈亮.农产品电子商务白皮书(2012).

[30] 中国互联网络信息中心(CNNIC).第31次中国互联网络发展状况统计报告.

[31] 百度.http://www.baidu.com.

[32] 谷歌.http://www.google.com.hk.

[33] 58同城网.http://about.58.com/fabu.htm.

[34] 新农村商网. http://nc. mofcom. gov. cn.
[35] 后东升,周伟. 零售店商品促销策略. 深圳:海天出版社,2007.
[36] 贺康庄. 现代广告实务. 南京:东南大学出版社,2010.
[37] 刘昱. 经典营销案例新编. 北京:经济管理出版社,2008.
[38] 马占丽,张丽娟. 市场营销学. 呼和浩特:内蒙古大学出版社,2009.
[39] 尼合迈提·霍嘉. 市场营销学. 北京:中国农业出版社,2004.
[40] 惠碧仙,王军旗. 市场营销:基本理论与案例分析. 北京:中国人民大学出版社,2004.
[41] 赵敏. 农产品物流. 北京:中国物资出版社,2007.
[42] 张敏. 农产品物流与运营实务. 北京:中国物资出版社,2009.
[43] 张志乔. 生鲜农产品营销与物流. 北京:北京大学出版社,2012.
[44] 周洁红,许莹. 农产品物流管理. 杭州:浙江大学出版社,2011.
[45] 章建浩. 生鲜食品贮藏保鲜包装技术. 北京:化学工业出版社,2009.
[46] 邓汝春. 冷链物流运营实物. 北京:中国物资出版社,2007.
[47] 程月英. 果蔬贮藏技术. 北京:化学工业出版社,2008.
[48] 袁以星,等. 农业标准化与农产品认证. 上海:上海科学技术出版社,2003.
[49] 李季圣. 农产品营销理论与实务. 北京:中国农业大学出版社,2005.
[50] 兰丕武,吉小琴. 现代农产品物流配送模式探析. 中国合作经济,2005(6):46-47.
[51] 吴勇,邵国良. 市场营销. 北京:高等教育出版社,2008.
[52] 王维,刘岗. 市场营销学. 北京:经济科学出版社,2006.
[53] 万后芬,汤定娜,杨智. 市场营销学教程. 北京:高等教育出版社,2009.
[54] 梁红波. 现代推销实务. 北京:人民邮电出版社,2010.
[55] 张元宗. 农产品经纪人发展报告,2012.